本书是湖北省社科基金项目"欠发达地区弱势农业主体市场化服务体系创新研究"(批准号：2014024)和"基于'互联网＋'的湖北现代农业发展研究"（批准号：2016012）等项目研究成果的总结，在此表示感谢

"互联网+"驱动的欠发达地区

农业现代化路径研究

刘松◎著

中国社会科学出版社

图书在版编目（CIP）数据

"互联网+"驱动的欠发达地区农业现代化路径研究/刘松著. —北京：中国社会科学出版社，2017.12
ISBN 978 - 7 - 5203 - 1651 - 4

Ⅰ.①互… Ⅱ.①刘… Ⅲ.①互联网络—影响—不发达地区—农业现代化—研究—湖北 Ⅳ.①F327.63 - 39

中国版本图书馆 CIP 数据核字（2017）第 299595 号

出 版 人	赵剑英
责任编辑	王　曦
责任校对	王纪慧
责任印制	戴　宽

出　　版	中国社会科学出版社
社　　址	北京鼓楼西大街甲 158 号
邮　　编	100720
网　　址	http：//www.csspw.cn
发 行 部	010 - 84083685
门 市 部	010 - 84029450
经　　销	新华书店及其他书店

印　　刷	北京明恒达印务有限公司
装　　订	廊坊市广阳区广增装订厂
版　　次	2017 年 12 月第 1 版
印　　次	2017 年 12 月第 1 次印刷

开　　本	710×1000　1/16
印　　张	16.5
插　　页	2
字　　数	238 千字
定　　价	78.00 元

前　言

　　"互联网＋"农业行动计划的提出，使互联网在金融、工业、商业等领域应用的成功经验和创新成果与农业发展实现深度融合。针对"互联网＋"的农业变革已经在全国迅速展开，未来在政府支持、行业发力、多方协同之下，"互联网＋"农业将成为各地区农业竞争中的热点问题。由于欠发达地区农业竞争力相对于发达区域显然处于弱势地位，区域内的新型农业主体总体上仍然处于农业生产、流通、消费全过程缺乏组织化的大环境之中，只是一定程度上改变了区域农产品的生产形式、生产规模和生产效率，对完成生产与市场的对接，保证农业生产稳定、质量安全、低成本流通以及提高区域农业主体收益的作用有限，甚至在局部区域内还造成了更严重的农业主体增产不增收的尴尬局面。如何在宏微观条件欠佳的条件下，抓住"互联网＋"农业行动计划推进的机遇，促进欠发达地区各类新型农业主体持续发展，并带动比重更大的传统农业生产主体共同发展是全面实现我国农业现代化所面临的重要问题。它有利于促进我国欠发达地区农业技术进步、效率提升和组织变革，提升农业主体农业生产的内生动力，对我国形成以互联网为基础设施和创新要素的农业产业发展新形态及补齐现代农业发展短板具有重要的战略意义。

　　本书主要以湖北省欠发达地区农业现代化为研究对象，在凝练国内外发达地区农业现代化经验和分析湖北省欠发达地区农业现代化弱势情境的基础上，结合国家重大涉农政策的导向，提出"互联网＋"驱动的欠发达地区农业现代化路径。该路径具有"多阶段双链协同三产融合"的特征，即欠发达地区以挖掘"适应性优势"为突破口，分为替代性食物网络（Alternative Food Networks，AFNs）建设、AFNs

规模化、农业产业链集成以及农业产业融合发展四个阶段，按照农业生产现代化和农业服务现代化协同发展的要求，逐渐改善农业产业发展条件和农业产业链结构，最终实现"三产融合发展"的农业现代化目标。全书的结构安排如下：

第一章提出欠发达地区农业现代化路径研究的背景，对照当前国家各项涉农政策赋予农业现代化的新要求，总结现有农业现代化路径研究存在的不足。基于 AFNs 促进国内外欠发达地区农业发展的成功经验，提出了欠发达地区充分利用国家推行"互联网＋"农业的机遇，以 AFNs 建设为主线，以"互联网＋"技术为支撑，实现区域农业现代化的总体思路。

第二章从我国"互联网＋"农业发展的现状出发，总结出了我国"互联网＋"农业发展的主要问题和模式；同时，对日本、美国和德国等发达国家的"互联网＋"农业发展经验进行总结，得出了对欠发达地区利用"互联网＋"优势，加速实现农业现代化的重要启示。

第三章通过对湖北省典型欠发达地区的实地调查，研究欠发达地区农业主体所处的弱势情境，提出了"弱势农业主体"的概念，强调欠发达地区农业现代化需兼顾新型农业主体与传统农业主体利益的统一性。基于欠发达地区的弱势情境和国家当前重要涉农政策导向，提出了"互联网＋"驱动的欠发达地区农业现代化路径。该路径将欠发达地区农业现代化分为 AFNs 建设、AFNs 规模化、农业产业链集成、农业产业融合发展四个发展阶段，强调以 AFNs 建设和发展为基础，实现农业生产链现代化；以"互联网＋"平台建设及其运营模式创新为基础，实现农业服务链现代化；最终通过区域农业生产现代化和农业服务现代化的协同发展，实现"三产融合发展"的目标。

第四章研究欠发达地区 AFNs 建设阶段的"互联网＋"策略。针对欠发达地区弱势农业主体提出了"适应性优势"的这一新概念，构建起挖掘区域弱势农业主体市场化潜力的"适应性优势分析模型"。主张弱势农业主体在挖掘"适应性优势"的基础上，因地制宜地建立起形式多样的 AFNs。为支持 AFNs 构建以及整合各类 AFNs 的供给优势，该阶段需建立"适应性优势集成服务平台"。利用该互联网平台，欠发达地区弱势农业主体可充分利用地理位置优势，通过以 O2O 为特征的"农厨对接"和"虚拟家庭农场"等交易模式创新，实现区域内各类 AFNs 的线上交易，促进包含在各类 AFNs 内的零散"适应性优势"快速而统一的对接。

第五章研究欠发达地区 AFNs 规模化阶段的"互联网＋"策略。由于欠发达地区农业生产的上游农资供给难以受农业生产主体控制，在规模化的情况下，消费者更担心农资供给不能满足 AFNs 生态化农产品生产的需求。因此，控制绿色农资供给渠道是 AFNs 规模化阶段的关键问题。在研究湖北垄上行新公社三农服务有限公司运作实践的基础上，提出基于区域媒体的 OTT 互联网服务模式，主张欠发达地区利用区域媒体的品牌效应和影响力，开发面向 AFNs 规模化生产的"互联网＋"服务平台，实现绿色农资供应商与规模化农业生产主体的无缝对接，并提供配套的农业生产技术服务，保障 AFNs 在规模化生产的情况下也能供应高品质的农产品。

第六章研究欠发达地区农业产业链集成阶段的"互联网＋"策略。欠发达地区 AFNs 的发展始终处于主流农业产品供应链占主导地位的宏观环境之中。由此，主张 AFNs 不会独立于主流农业产业链而发展，相反二者具有很强的共生关系。在 AFNs 产生扩张市场占有率的需求后，会呈现出 AFNs 与主流农业产业链集成发展的态势。欠发达地区农业产业链集成的主要模式是将 AFNs 生产环节的扩展与主流农业产业链的上游农资厂商、中游生产商、下游零售经销商和消费者整合在一起，从而使 AFNs 能充分利用主流农业产业链的渠道优势。在这个过程中，通常需要依靠以政府为主导的力量打造农业产业链集成实体和服务平台，以期为区域农业产业链集成提供整套"互联网＋"思维、商业模式和互联网技术等全方位支持。

第七章研究欠发达地区农业产业融合发展阶段的"互联网＋"策略。在融合发展阶段要最大限度地汇聚区域内外的农业要素，推动农业与其他产业融合创新。特别要促进农业生产性服务业与农业产业链的融合发展，增进农业服务业对农业产业链转型升级的引领能力。欠发达地区为此要建立"农业产业融合发展服务平台"，平台构建主体是区域性农产品交易龙头企业，涉及实体服务平台和虚拟服务平台。欠发达地区以实体服务平台为依托，集成区域内规模化的农业资源，促进区域内特色农业产业链的延伸；同时，利用虚拟服务平台优势，实现区域农业产业链内外优势资源的虚拟集成，有针对性地开展多种形式的项目合作，从而实现区域三产融合发展以及农业竞争优势向区域外溢出。

第八章研究"互联网＋"驱动的欠发达地区农业现代化保障体系。涉及做好欠发达地区农业现代化的顶层设计、夯实欠发达地区农业现代化发展的基础、完善欠发达地区农业现代化主体培育体系、建立欠发达地区农业产业链发展服务机制、优化欠发达地区农业现代化的区域环境、规避欠发达地区农业现代化的误区等内容。其关键点是确保政策支撑体系能与"互联网＋"行动计划、"五化同步"、国家粮食安全保障、农业供给侧结构性改革及欠发达地区扶贫等政策实现对接。欠发达地区要准确把握"互联网＋"农业的发展趋势，循序渐进地打好农业现代化各阶段的发展基础，从多渠道、多角度挖掘政策潜力、社会潜力，理性地推进"互联网＋"农业驱动的农业现代化进程。

本书将研究视角定位于我国全面实现农业现代化最薄弱的环节，专门研究欠发达地区弱势农业主体的农业现代化路径，弥补了目前理论研究主要关注农业优势突出、经济发达区域的不足，具有明显的问题导向性。其在理论和方法上的创新主要体现在以下几点。

（1）奠定了国家涉农政策新要求下欠发达地区农业现代化实施的理论基础。基于国家涉农政策在国家粮食安全保障、落实"绿色化"发展、农产品供给侧结构性改革和弱势农业主体利益联结机制缔结等方面的新要求与AFNs存在的本质性契合点，构建起欠发达地区在弱势情境下以"适应性优势"挖掘为基础，以AFNs建设为主线，以发挥"互联网＋"技术优势为手段，按"多阶段双链协同三产融合"的思路实现农业现代化的基础理论。

（2）建立基于AFNs的欠发达地区农业生产现代化路径。突破主流农产品供应链和农业产业化思维，基于AFNs的社会性、生态性和本土性，围绕欠发达地区农业竞争优势培育与农业产业链发展的关系，创造性地建立了欠发达地区农业"适应性优势分析模型"，主张欠发达地区在挖掘"适应性优势"的基础上建立 AFNs，开展区域农产品供给侧结构性改革，再围绕 AFNs"空间拓展"的核心任务，加强 AFNs 与工业化食物网络的融合，从而分阶段逐步实现区域农业生产现代化。

（3）建立了基于"互联网 +"的欠发达地区农业服务现代化路径。利用"互联网 +"资源集成的优势，进行农业现代化服务平台建设和运作机制创新，针对性地克服 AFNs 存在的"空间接近"短板，使建立基于 AFNs 的完整农业产业链成为可能，推进农业生产现代化与农业服务现代化协同发展。

（4）建立了具有可持续性的农业现代化支撑政策体系。针对欠发达地区财政能力有限的问题，使政策体系紧密对接国家在粮食安全保障新思路、"互联网 +"农业推进、"五化同步"以及扶贫方面的重大政策，使欠发达地区可充分利用国家政策红利和互联网技术优势，以低投资的方式实现农业现代化；围绕欠发达地区在农业发展理念、环境保护意识及生态信仰等方面的短板，使政策体系充分吸取国外现代化经验，强调欠发达地区农业现代化软环境建设，避免其农业现代化的片面化发展。

（5）遵循"从实践到实践"的研究方法。由于农业现代化具有很强的区域依赖性和特殊性，为使"互联网 +"农业发展理论和实践方法能够有效落地，农业现代化每个阶段的"互联网 +"策略都以湖北省典型农业现代化主体的运作模式实践为基础进行优化，主要涉及乡镇农产品合作社、湖北垄上行新公社三农服务有限公司、华中农高区、湖北两湖绿谷等主体。确保欠发达地区农业生产现代化和服务现代化各个阶段都有典型的实践主体与之对应，同时要求现代化路径设计符合当前国家政策导向、欠发达地区具体情境以及实践主体当前的功能定位。希望采用"从实践到实践"的方式，从农业现代化理论、"互联网 +"平台构建、平台管理机制创新以及宏观支持政策等方面总结出适用于欠发达地区具有可移植性的规范化方案。

欠发达地区农业现代化路径是情境依赖的，不同区域的农业发展基础、农业特色资源、媒体的影响力、农业主体的基本属性以及区域政府支撑能力等方面的差异都会对农业现代化路径及其运营绩效产生较大影响。本书所提出的"互联网＋"驱动的农业现代化路径主要以湖北省欠发达地区为背景，其总体路径或实践细节对省内外其他欠发达地区的借鉴作用仍需结合具体的宏微观环境进行微调。我们相信，随着国家"互联网＋"农业发展的政策、理论和实践运作体系的不断完善和系统化，欠发达地区农业现代化路径以及"三农"领域的其他"互联网＋"发展路径一定会越来越明确，越来越有成效。

本书是湖北省社科基金项目"欠发达地区弱势农业主体市场化服务体系创新研究"（批准号：2014024）和"基于'互联网＋'的湖北现代农业发展研究"（批准号：2016012）等项目研究成果的总结。本书可作为开展农业现代化、"互联网＋"农业、信息管理与信息系统等方面研究的参考书籍，也可供欠发达地区各级政府、农业农村信息化管理部门及农业农村信息综合服务机构参考使用。本书所提出的"互联网＋"策略参考了CNKI数据库中的有关文献资料及湖北省内典型农业现代化实践主体的运作模式，在此对诸位文献作者、荆州市各级农村合作社、湖北垄上行新公社三农服务有限公司、华中农高区、两湖绿谷物流有限责任公司等企业或社会组织的支持表示衷心感谢！同时，由于时间仓促，少量来自于网络的文献资料或数据未在书中标出，在此对这些文献的作者表示诚挚的歉意！由于作者的水平和能力有限，且写作周期较长，少量数据未能及时更新，有些错误或不妥之处在所难免，恳请同行和读者批评指正，以便今后不断改正和完善。

刘　松

2017 年 8 月于长江大学

目　　录

第一章　绪论

第一节　欠发达地区农业现代化问题的提出

解决好农业、农村、农民问题，事关我国全面建设小康社会的大局。最近几年的中央一号文件都将解决"三农"问题作为全党工作的重中之重，提出了发展现代农业、推进农业产业化经营、建设社会主义新农村、实现农业现代化以及农业供给侧结构性改革等战略目标、发展思路和方针政策。发达国家农业现代化主要是通过生产技术的创新，以资本密集型、知识密集型代替劳动密集型的方式促进要素密集度逆转的产业内升级；或者通过农业扶持政策，确保农业生产稳定与农民收入增长，并通过农业法律措施引导农产品的安全生产和消费（Sassi M.，2006；Kisan G.，Jonathan P.，Jan D.，2010）。在 WTO 框架对我国政府采用直接农业补贴和优惠措施的限制越来越严格的背景下，我国农业发展必须开始探索以技术创新、农产品质量提升以及农业产业链升级等为主，政府政策优惠和直接补贴为辅的新型农业现代化模式。

近年来，我国各地农业部门和各级地方政府制定了多角度、多层面的农业现代化支撑政策体系，致力于大力培育新型农业主体，推动我国农业主体发生了结构性变化，以专业大户、家庭农场、专业合作组织、产业化龙头企业为代表的新型农业经营主体不断发展。新型农业主体的出现对简化区域农业生产与市场的对接方式，提高农成品生产、流通、消费全过程的组织化程度起到了重要的作用（张照新、赵海，2013）。但对于欠发达地区而言，新型农业主体培育工作只是在一定程度上改变了区域农产品的生产形式和生产效率，对完成生产与市场的对接，保证农业生产稳定、质量安全以及低成本流通的作用有限，仍然不能从根本上改变欠发达地区农业竞争力总体上处于弱势的地位。相反，欠发达地区传统的农业主体受新型农业主体同质农产品局部竞争的影响，其农产品市场供应的市场空间和利润日趋狭小，进而造成欠发达地区经济发展困难、农业竞争力弱化的格局长期固化（刘松，2014）。如果欠发达地区不及时进行农业现代化发展规划的改革创新，这种弱势格局将在新一轮农业供给侧结构性改革中进一步恶化，使我国农业现代化进程出现严重的区域发展不均衡，造成明显的时空格局（王录仓、武荣伟、梁炳伟等，2016），从而不利于我国全面实现农业现代化的战略部署。

以湖北省为例。一方面，湖北省内的农业比较优势逐年弱化。长期以来，全省农业发展模式过多地依靠自然资源和劳动密集优势，忽略了区域农业特色、农业技术创新、资金投入和农业产业政策上的协同，致使区域内多种农产品供需结构逐渐失衡，在农业产业规模或特色上难以形成持续的竞争优势。当前，湖北省内传统优势农产品（例如，小麦、水稻、棉花、油菜籽、茶叶、水产、柑橘和蛋禽等）已失去或缩小原有的比较优势，农产品价格和供给量出现大幅波动，致使省内很多农业主体已失去农业生产的积极性。在国家新型农业主体培育、"互联网＋"农业以及农业供给侧结构性改革等政策的带动下，湖北省政府、理论界和实践界现已对推进农业现代化的重要性形成明确共识，涉及"三农"问题的改革范围不断扩大、模式与技术不断创新、有关政策不断完善和落实。在此背景下，全省主导农产品的供给规模不断扩大，部分区域农业主体也已经开始向商业性农产品生产转变，但总体上提高农产品规模的办法仍然主要是增加劳动力、畜力的供给及扩大种植面积，对全省农业产业竞争优势的提升并未产生实质性影响，甚至在局部区域还造成了更严重的农业主体增产不增收的尴尬局面。另一方面，湖北省农业发展缺少足够的经济支撑。湖北省相对于沿海经济发达区域而言，缺少工业经济发展的区位优势，整体经济发展水平仅处于全国中等水平，而省内的主要农业产区基本属于经济欠发达地区。欠发达地区由于受区域农业技术、农业主体素质、社会经济条件及农业资源等方面的限制，其农业主产区还处于落后的半机械化状态，一家一户的传统农业生产人员数量仍然占到了农业生产总人数的 80% 以上，基本还是处于靠天吃饭的状态。即使在国家大力推进新型农业主体建设的背景下，全省农业发展总体上仍然处于农业生产、流通、消费全过程缺乏组织化的大环境之中，难以改变"小生产"受制于"大市场"的弱势格局（张照新，2013），而这种弱势格局在新一轮农业现代化进程中进一步固化，现已成为我国全面实现农业现代化的瓶颈。但是，欠发达地区农业生产在我国粮食安全保障战略中占有重要地位。2015 年，中国小康建设研究会会长王巨禄在《在十三五时期加快实施 800 个产粮大县城乡统筹一体化发展战略的建议》的调研报告中指出，粮食生产占全国粮食总产量 73.64% 以上的 800 个产粮大县的发展普遍落后，人均财政收入不到全国平均水平的八成，综合城镇化率仅为 24% 左右，国家级贫困县竟达 105 个之多（王宇，2015）。如果不改变欠发达地区粮食贡献越大、地方财政收入越少、农民收入越低、经济越落后的恶性循环，将会严重影响欠发达地区政府抓农业发展和农民生产的积极性，导致选择性放弃支撑农业现代化的后果，会给国家粮食安全和区域经济的可持续发展带来严重的隐患。

为了改变欠发达地区农业竞争优势弱化的趋势和农业现代化基础薄弱的现状，同时确保其在国家粮食安全上的特殊地位和贡献，欠发达地区要充分把握好现代农业发展的新趋势，突破区域在农业技术、市场、劳动力等方面的发展瓶颈，发挥区域农业规模化生产和差异化生产的竞争潜力，促进区域农业向高效、绿色农业实现跨越式发展。特别是欠发达地区当前正处于"粮食安全保障"思路调整、"互联网＋"农业推进、"五化同步"、精准扶贫以及农业供给侧结构性改革等重大国家政策（或战略）的叠加期。欠发达地区如何利用国家推进"互联网＋"战略和精准扶贫等政策红利，按照"五化同步"要求，在保障国家粮食安全的基础上探索区域农业现代化的内生动力，快速缩小欠发达地区与国内外发达地区农业现代化的差距，促进区域内各类新型农业主体和比重更大的传统农业生产者群体共同发展，改变区域农业主产主体整体贫困的现状，是欠发达地区农业现代化面临的难题。

第二节　欠发达地区农业现代化研究评述

一　国家政策对欠发达地区农业现代化的新要求

党的十八大报告明确提出"要确保国家粮食安全和重要农产品有效供给"，农产品质量和食品安全也首次被纳入粮食安全战略中，同时"藏粮于地、藏粮于技"新思路的提出进一步强调了粮食生产向可持续农业发展的转变。当前，我国粮食主产区主要为欠发达地区财政穷县（王宇，2015），这要求欠发达地区农业现代化应该在保障粮食供给主体地位的前提下围绕市场需求变化，通过合理的城乡布局、农产品结构调整和特色产品发展来增加农业主体收益，激发区域农业主体参与农业现代化的积极性和潜力。

2015年，中央政治局通过的《关于加快推进生态文明建设的意见》，明确提出"绿色化"将引领原有"四化"的发展思路（杨维汉、赵超，2015；贺东航，2015），"五化同步"要求欠发达地区农业现代化强调生态农业战略、新型工业战略、文化旅游战略，注重生态文化的引领、体制机制的保障以及三产联动发展（刘昭云，2011）。同年7月，为加快推动互联网与各领域更广范围、更深程度、更高层次的融合创新，充分发挥"互联网＋"对稳增长、促改革、调结构、惠民生、防风险的重要作用，国务院印发了《关于积极推进"互联网＋"行动的指导意见》，明确地将"互联网＋"农业作为重点发展领域，要求利用互联网提升农业生产、经营、管理和服务水平，培育一批网络化、智能化、精细化的现代生态农业新模式，形成示范带动效应，加快完善新型农业生产经营体系，培育多样化农业互联网管理服务模式，逐步建立农副产品、农资质量安全追溯体系，促进农业现代化水平明显提升。

传统农业主体仍是欠发达地区参与农业现代化最主要的生产力量，但是在加强新型农业主体培育的背景下，其农产品市场空间越来越小和市场竞争弱势地位越来越明显，欠发达地区农业主体已成为国家精准扶贫政策关注的重点对象（蔡昉，2016）。2016 年中央一号文件又提出"落实发展新理念，加快农业现代化，实现全面小康目标""完善农业现代化与农民利益联结机制，将产业融合作为农民收入持续较快增长的手段"的要求，赋予了欠发达地区农业现代化兼顾三产融合发展，并与精准扶贫政策相统一的新使命。

2017 年中央一号文件——《中共中央、国务院关于深入推进农业供给侧结构性改革 加快培育农业农村发展新动能的若干意见》发布，要求欠发达地区农业现代化要关注农业供给侧结构性改革，围绕市场需求建立农业主体利益联结机制，使区域农业现代化从追求"追踪能力中心"（traceability – centric）价值转化为农业主体创造"收入中心"价值（Qiang Chen，Weili Han，2015），提高资源组合配置效率和匹配各项创新性的改革制度，充分发挥改革创新引领农村、农民和农业的动力作用（郭茹、原伟鹏、刘新平等，2017）。

二 欠发达地区农业现代化研究动态

（一）主要发达国家农业现代化研究评述

最佳农业生产实践与互联网、无线传感器、大数据、移动互联、物联网等技术结合，实现农业信息化是国外发达国家农业现代化的明显优势（M. H. Anisi，2015）。美国农业信息化在农业信息多媒体传播大众化、农业应用软件专业化、农业信息应用系统化、农业信息服务标准化的基础上，正大力开展农业虚拟化研究，统领世界农业信息化发展潮流（刘丽伟，2012）。日本和德国的农业信息化也正由单项农业信息技术应用向集成化、高自动化和高智能化方向发展，大大促进了农业与第二、第三产业的融合（日本将其简称为"6 次产业"或"第 6 产业"）。强调农业布局规划、绿色发展和生态环境保护是发达国家农业现代化的显著特征。发达国家的实践发明，农业发展不可避免地会受到来自城市化的威胁，合理地区分城市农业和城郊农业的功能，通过有效的地理布局和发展规划能使两者在保障粮食安全与食物供应环节中发挥更大的潜力（Ina Opitz，Regine Berges，2015）。社会经济地位越高（频繁地接触扩展服务（extension services）、高等教育、土地所有权等）和互联网访问信息越大的农民，越认可可持续农业实践的重要性（F. F. Tatlldil，I. Boz，et. al.，2009）。农民实施保护性农业（conservation agriculture）的共同动机是土壤肥力保持，共同挑战在于作物管理、机械和产出绩效。对环境的关注度和信仰对农民在保护性农业上的态度差异具有很好的解释性（M. Casagrande，J. Peigné，2015）。然而，这类社会变量正是我国欠发达地区农业现代化的最短板。虽然发达国家的经验为促进欠发达地区农业现代化的发展提供了很多有价值的参考，但是发达国家农业现代化发展各自有着符合本国社会、经济、文化的独特协调机制和内在逻辑（李春海，2011），有关经验在我国欠发达区域内可能不具有推广条件。

（二）我国农业现代化研究评述

以数字化、精准化、智能化为特征的农业现代化有利于解决我国涉农信息传递、农业商业模式创新、农业生产智能化、质量保障、农业资源优化配置、农村创业创新等问题（陈晓华，2015）。我国正在推行的"互联网＋"农业行动计划为欠发达地区农业现代化提供了新的契机，有利于打造"信息支撑、管理协同，产出高效、产品安全，资源节约、环境友好"的现代农业发展升级版（王文生，2015）。"云计算、移动通信、大数据、物联网、智能化"等技术的进步，为欠发达地区以低成本的方式实施"互联网＋"农业提供了技术支撑。如何运用先进的信息技术改造传统农业，使农业实现快速发展，从而填补城乡之间的数字鸿沟，并能和工业化、城镇化、信息化同步，是摆在欠发达地区农业现代化面前的重要课题。

李克强总理在2015年10月主持召开国务院常务会议，决定完善农村及偏远地区宽带电信普遍服务补偿机制，为解决欠发达地区长期存在的数字化、网络化问题提供了政策保障。然而，技术进步和互联网基础设施投资并不能解决我国欠发达地区农业现代化的根本问题。欠发达地区农业现代化还面临着生产规模小（韩秉智，2015）、结构不合理、产业链条短、农业生产基础薄弱，比较优势发挥不充分、科技创新力度不够（王铁，2015）等多个问题和农民互联网操作技能、农产品交易信息监控、农业产业链整合（王艳华，2015）等多方面的挑战。为此，欠发达地区农业现代化软环境建设和农业主体企业家精神（Shu – Chin Huang，2014）亟待加强，要努力改善农业基础条件，加大农业结构调整、农业科技创新和政府支持力度（赵树峰，2015），推进农业供给侧结构性改革（李宾、孔祥智，2016），大力发展特色农业、生态农业和立体农业（赵芝俊、陈耀，2015），从延伸农业产业链、坚持可持续发展、激活农村人力资源潜力（王铁，2015）等方面提出系统化解决方案。特别的，工业化、城镇化、市场化和政府金融支持与农业现代化存在紧密关联（李宾、孔祥智，2016），而我国工业从农业获得正外部性和向农业输出负外部性均最多，欠发达地区农业现代化进程要正视农业生产的多功能性，完善外部补偿机制，促进农业现代化与工业化协调发展（胡志全、朱殿霄、侯丽薇等，2016）。

（三）替代性食物网络对欠发达地区农业现代化的启示

"替代性食物网络"（Alternative Food Networks，AFNs）源于对健康安全食物的追求，是对主流工业化农业生产与长链销售模式导致的生产过剩、质量下降、乡村环境恶化等问题的反思，它强调社会性、生态性和本土性原则，推动着区域农户与消费者信任关系的改善以及食物体系"信任共同体"的重建（徐立成、周立，2016）。AFNs 在我国仍处于发展的初级阶段（Theresa Schumilas，2014），其实践形式主要包括慢食运动（Slow Food）、社区支持农业（CSA）、巢状市场（Nested Market）等（陆继霞，2016）。

AFNs 所强调的社会性、生态性和本土性原则与当前国家粮食安全保障新思路、精准扶贫、"五化同步"、农产品供给侧结构性改革等政策导向存在明显的内在契合点。欠发达地区在无法满足大规模标准化生产前，可依托农产品的典型性（typicality of products）和区域农民智慧（savoir faire）建立起与地方风俗和伦理紧密联系的 AFNs，从而形成利益共享、风险共担、公平互信的城乡良性互动关系，并以此为基础培育农产品竞争优势，突破区域农业现代化的瓶颈。特伦蒂诺（Trentino）、约翰内斯堡（Johannesburg）等地食物供应链系统的发展经验表明，AFNs 可以激活欠发达地区农业产业链（Askegaard，Kjeldgaard，2007；Blasi，Clara Cicatiello，2015）。

然而，AFNs 在我国实践中仍面临着重建信任成本高、生产者与消费者对接难、扩大市场规模难、政府角色缺失等问题（陆继霞，2016），未能形成足够强大的力量与主流工业化食物生产体系相抗衡。特别是，数量庞大的欠发达地区农业生产者由于缺少主导组织、外部推动力、谈判能力及竞争力等诸多原因未能充分参与 AFNs 之中（陆继霞，2016；F. F. Aidarbako、A. A. Barlybaev，2016）。可见，AFNs 对欠发达地区农业现代化的促进作用还依赖于针对性的发展路径规划，用以增强包括政府在内的多元利益相关者在 AFNs 中的角色扮演和作用发挥，缔结新型农业经营主体、新农人和传统弱势农业主体与区域农业现代化的利益联结关系。

三 欠发达地区农业现代化研究的不足

国内外农业现代化现有研究主要以发达区域农业发展为基础，侧重于对农业信息化问题、问题成因、竞争优势演化规律和解决对策等方面的研究和总结，缺少专门针对欠发达地区特殊情境的农业现代化路径研究，特别是关于欠发达地区农业生产现代化突破口、发展模式、"互联网＋"对农业现代化支撑作用以及管理政策方面的实践研究还未系统地开展。从目前掌握的文献看，欠发达地区农业现代化路径在理论和实践两方面仍存在一些亟待解决的问题。

（1）欠发达地区当前处于"粮食安全保障"思路调整、"互联网＋"农业推进、"五化同步"、精准扶贫、农业供给侧结构性改革等重大国家政策（或战略）的叠加期，现有研究未系统地考虑国家重要涉农政策叠加对欠发达地区农业现代化的导向或促进作用，特别是对"互联网＋"技术对于农业现代化的支撑作用以及"绿色化"发展对农业现代化的统领性强调不足，同时较少地关注农业现代化与区域农民利益联结机制的构建以及农产品供给侧结构性改革的要求。

（2）"互联网＋"对农业现代化的作用具有很强的地域根植性，

欠发达地区在保障我国粮食安全战略中占有重要地位，但其薄弱的农业现代化基础制约了区域农业竞争优势的培育和现代化进程，而现有研究较少地考虑欠发达地区农业现代化的特殊性，缺少根植于欠发达地区农业现代化基础薄弱、财政投资有限等弱势情境的针对性。

（3）现有的"农业现代化路径"本质上是参照发达地区农业现代化实践，围绕农业工业化、基础设施建设、产业结构优化、技术进步、主体培育等提出的欠发达地区"补短"对策，有关解决方案缺少面向我国农业主产区多数为欠发达地区的针对性，也缺少从长期的视角探索"农业现代化路径"在空间和时间上的发展逻辑及可持续发展动力方面的研究。

（4）AFNs与日本"6次产业"发展经验相结合对促进欠发达地区实现农业现代化具有重要的借鉴意义，但由于农业现代化水平具有显著的时空惯性（王录仓、武荣伟、梁炳伟等，2016），导致区域农业发展形式、发展水平、竞争优势差距在短时间内难以改变。因此，将AFNs与"6次产业"的发展经验引入欠发达地区，还需加强国家涉农政策导向、欠发达地区情境以及区域农业现代化发展理念、发展方式、实践主体特征间的深层逻辑及可持续发展动力方面的研究。

第三节　欠发达地区农业现代化路径研究的意义

本书将紧扣国家当前农业现代化相关的重大政策导向，在对湖北省欠发达地区农业主体进行大量实地调查和案例研究的基础上，探索欠发达地区所处的弱势情境对其农业现代化进程的特殊影响；并结合AFNs与国家农业现代化相关政策的内在契合点、"互联网＋"技术在资源集成和商业模式创新上的优势，系统地研究欠发达地区农业现代化的基础理论、实施路径、"互联网＋"支撑平台及政策保障体系等问题，以期建立起具有可操作性的、规范化的"互联网＋"驱动的欠发达地区农业现代化路径。

（1）理论价值。本书的研究视角针对我国全面实现农业现代化最为薄弱的欠发达地区，弥补当前理论研究主要关注农业优势突出、经济发达区域的不足等问题。立足于欠发达地区农业现代化基础薄弱的弱势情境，基于国家涉农政策在落实"绿色化"发展、农业供给侧结构性改革、粮食安全保障和缔结农业主体利益联结机制等方面的新要求与AFNs存在的内在契合点，提出"互联网＋"驱动的农业现代化路径。该路径具有"多阶段双链协同三产融合"的特点，即主张欠发达地区在挖掘"适应性优势"基础上建立起AFNs，从而从生态农产品供给的角度形成对主流农业产业链短板的有效补充，再以AFNs建设和扩展为主线，分四个阶段促进区域农业生产现代化和基于"互联网＋"技术的农业服务现代化协同发展，最终实现欠发达地区"三产融合发展"的目标。

（2）实践价值。欠发达地区的农业基础设施、资金、人才和政策等都将制约区域农业现代化的发展速度和质量，是我国全面实现农业现代化的瓶颈。本书遵循从"从实践到实践"的应用性原则，研究问题紧扣国家政策导向和湖北省荆州市及周边欠发达地区的弱势情境，围绕区域内典型农业现代化实践主体现有的运作模式，进行基于"互联网＋"的农业生产现代化和服务现代化发展路径分析和方案设计，从强化典型实践主体在农业现代化中的角色定位和主体功能的角度优化其现有运作模式，确保研究成果能真正源于实践并服务于区域农业现代化进程。研究成果能指导我国连片欠发达地区充分利用国家推进"互联网＋"农业的政策机遇，探索出区域农业现代化的突破口，完善和优化区域农业产业链，以低成本的方式促进区域农业生产现代化和服务现代化协同发展；并对缩小欠发达地区与发达地区农业现代化差距、区域精准扶贫以及推进农业供给侧结构性改革等均具有重要的应用价值。

第四节 欠发达地区农业现代化路径研究的内容框架

国内外发达国家农业现代化方法有着符合当地社会、经济、文化的独特协调机制和其内在逻辑，有关经验在欠发达区域内可能不具有推广条件。国内现有的研究主要参照发达区域农业现代化情况，总结了提高区域农业竞争力和现代化水平的实践经验，特别强调区域机械化、信息化、农产品供应链网络，甚至是现代农业产业集群的建设，然而欠发达地区薄弱的农业现代化基础使其可能在短期内不具备实施这些策略的条件。因此，探寻具有针对性的欠发达地区农业现代化路径还需要结合区域具体的地理、人文和经济特征，从理论基础和实践方法两个方面进行系统的研究。

立足于对湖北省内典型欠发达地区弱势情境的调研，结合"粮食安全保障"思路调整、"互联网＋"农业推进、"五化同步"、精准扶贫、农业供给侧结构性改革等重大国家政策对农业现代化的新要求与AFNs存在的内在契合点，本书提出了"互联网＋"驱动的欠发达地区农业现代化路径。该路径将欠发达地区农业现代化分为AFNs建设、AFNs规模化、农业产业链集成、农业产业融合发展四个阶段，各阶段以AFNs发展为主线，以"互联网＋"技术为支撑，促进农业生产现代化和农业服务现代化协同发展，最终实现"三产融合发展"的目标。同时，在农业现代化的每个阶段都提供欠发达地区现有的实践主体作为实证研究对象，确保研究成果能真正应用于欠发达地区农业现代化进程。按照该思路，"互联网＋"驱动的欠发达地区农业现代化路径的主要研究内容及框架如图1-1所示。

（1）欠发达地区农业现代化标杆研究。综合应用实地调研、统计分析、对比分析和文献归纳法，对国内外发达地区农业现代化路径、"互联网＋"技术应用现状、现代化影响因素和政策进行梳理、对比和分析，从农业现代化理念、基础设施、产业结构优化、互联网技术应用、发展软环境等角度凝练出对欠发达地区农业现代化具有启发的标杆经验。

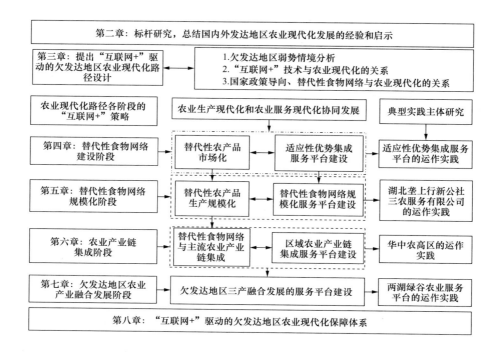

图 1-1 本书的主要内容及框架

（2）欠发达地区农业现代化理论基础和总体路径研究。通过对湖北省荆州市周边欠发达地区的实地调查，分析欠发达地区农业现代化所处的弱势情境，确定欠发达地区农业竞争力弱化和发展潜力不足的影响因素。进而研究"互联网＋"农业发展对改善欠发达地区弱势情境的作用，以及我国当前重要的涉农政策导向和 AFNs 间存在的内在契合点。在此基础上，提出"互联网＋"驱动的欠发达地区农业现代化路径。

（3）欠发达地区农业生产现代化路径研究。整合农业竞争优势理论，立足于欠发达地区的弱势情境，提出欠发达地区农产品"适应性优势"理论和"适应性优势"分析模型。主张欠发达地区在先天竞争优势不足的情况下，可凭借"适应性优势"建立起多种类型的 AFNs，再通过 AFNs 的扩展及其与主流农业产业链的融合发展形成完善的区域农业产业链，并逐步实现从农业适应性优势到比较优势，再到竞争优势的转化。

（4）欠发达地区农业服务现代化路径研究。发挥"互联网 +"技术和思维优势，支撑欠发达地区农业服务现代化平台建设和运行模式创新，服务于欠发达地地区农业生产现代化的各个阶段，有针对性地解决 AFNs 存在的"空间接近"短板，促进欠发达地区农业生产现代化和农业服务现代化的协同发展。

（5）欠发达地区农业现代化的典型实践主体研究。遵循"从实践到实践"的研究方法，紧扣欠发达地区弱势情境和区域内典型农业现代化实践主体的运作现状，进行有关农业现代化问题的分析和经验总结，提出"互联网 +"驱动的农业现代化思路；并按照"互联网 +"驱动的农业现代化路径要求，对典型农业现代化实践主体的现有运作模式进行优化，确保研究成果在未来能通过这些典型农业现代化实践主体真正服务于欠发达地区农业现代化进程。

（6）欠发达地区农业现代化政策支撑体系研究。紧扣国家当前重大的涉农政策导向，从区域农业现代化顶层设计、发展基础、农业主体培育、农业产业链发展服务机制以及农业现代化区域环境优化等方面研究"互联网 +"驱动的欠发达地区农业现代化政策支撑体系。为欠发达地区政府部门提前做好规划布局，快速地建立起"互联网 +"驱动的农业现代化所需的产业基础条件和区域农业发展环境提供可行的政策建议。

第二章 国内外发达地区农业现代化发展的经验和启示

第一节 我国农业现代化发展的现状

一 "互联网＋"在农业现代化中的应用现状

近年来，我国"互联网＋"在农业现代化中的应用主要涉及信息化基础设施建设、信息共享和管控以及电子商务应用等（董越勇、管孝锋、陶忠良等，2011），而发展农村电商正成为推动"互联网＋"农业的切入点。2014年，全国农村电商销售额已超过1400亿元，仅在淘宝、天猫平台上注册的农村网店数就超过了160万个。2015年，中央一号文件指出："大力支持电商、物流、商贸、金融等企业参与涉农电子商务平台建设，开展电子商务进农村综合示范。"2016年，中国农村网购市场总量突破4600亿元，而未来10年或者20年后，农村网购市场或将超越城市。目前，我国涉农电商的线上品类正在向多元化发展，包括了食品电商、生鲜电商以及农资电商等。农副产品、工业化食品、生鲜电商（涵盖生活所必需的果蔬、蛋肉、海鲜水产、五谷杂粮、牛乳等一级产品）、各地专有农业产品都是主要交易对象。特别是，我国农资行业整体处于上升期，农资产品主要涉及种子、化肥、农药、农机具四大品类，预计这四大品类当前的市场空间分别约3500亿元、7500亿元、3800亿元、6000亿元。农资电商平台的兴起因去掉了过去农资贸易过程中的县级、村级经销商这一环节，因此能够为农户带来更低价的农资产品。

农产品电商主要包括以下几种模式，第一种是纯 B2C，即自身不种植、饲养任何产品，所售卖的产品均来自其他品牌商和农场，典型代表是顺丰优选、本来生活。第二种是"自有农场 + B2C"，即企业自身在某地区承包农场，亲自种植瓜果蔬菜、饲养鸡鸭牛羊等，然后通过自建 B2C 网站的方式直接销售给消费者。第三种是"家庭会员宅配"模式，主要是通过家庭宅配的方式把自家农庄的产品直接配送到家庭会员。第四种是"订单型"，这类经营者受规模所限，多数没有投入巨资建立电商平台，基本是依托在淘宝网的 C 店进行销售。从农产品电商的发展趋势看，C2B 将是一种具有生命力的新兴模式，它的核心是以消费者为中心，即"你定我产"而非"我产你购"。

中国食品（农产品）安全电子商务研究院院长、北京工商大学教授洪涛在《2014—2015 中国农产品电子商务发展报告》中指出，农产品电商已成为图书、服装、3C 之后的新热点，被视作电商皇冠，而生鲜电商则被称为"皇冠上的皇冠"。该报告显示，阿里电商平台上农产品的销售额已从 2010 年的 37 亿元增加到 2014 年 800 多亿元；2014 年我国涉农类电商企业数量猛增，达到 3.1 万家，其中涉农交易类电商有 4000 家，最大的两家电商占据了超过 80% 的市场份额，这些新兴的农产品电商在近年获得了大量的 PE/VC 注资。目前，在淘宝经营农产品的网店已经接近 40 万个，浙江、山东等地出现了淘宝村 212 家，农产品网络零售额达到 1000 多亿元。

随着电商品类的不断扩充以及农产品对多渠道销售的需求，农资和农产品的流通环节都已取得突破性进展。当前，从生产、加工到销售的农业产业链的各个环节，无论是农产品、农资电商，还是农村互联网金融、农业信息化领域都出现了"互联网 +"的身影。新希望、联想、苏宁、京东、淘宝等互联网和农业巨头也纷纷涉足"互联网 +"农业（如表 2 - 1 所示）。2015 年 5 月 18 日，国内最大农牧企业新希望与农产品 B2B 交易平台一亩田牵手，双方将携手构建"互联网 + 产业链"的协作新模式，在传统食品生产企业的采购、生成及销售环节进行深度产业链合作。新希望集团将转型成为国内唯一打通农牧全产业链的现代化大型企业，重构其在移动互联网时代的商业模

式，这也将为其他大型传统企业转型提供新标杆。联想集团对农业的
改造是全方位的，不仅用互联网技术提高农产品生产水平，而且运用
互联网技术管控整个生产经营过程，确保农产品品质；同时，运用互
联网技术创新农产品营销，最终将农业各个环节打通，形成了完整的
农业产业链。京东现在也开始涉足农资市场，如果其规划的产业链布
局能够形成，将给农业生产带来新变化，农民只负责生产，其他环节
均可交给平台。阿里巴巴集团正在布局互联网与农业深度融合的产业

表 2 - 1　　　　国内主要上市公司的"互联网＋"农业布局

公司	主营	"互联网＋"农业布局
阿里巴巴	各类涉农产品	拟以 100 亿元建设一村一淘宝
京东、苏宁电商、乐视等互联网巨头也纷纷布局互联网农业		
大北农	饲料、种子	农信云、农信商城、农信金融及智农通
新希望	饲料	发布"希望金融"（农业金融），2015 年 4 月上线，日交易额超 200 万元
金正大	缓控释肥	计划以自有 20 亿元资金构架农资商城
农产品	大宗农产品交易	已初步构建起全国性农产品交易及物流服务平台
和邦股份	化工产品、肥料	拟斥资 2 亿元构建电商平台，提供农技指导、农产引导、金融和保险服务
云天化	化工	打造整合产品、渠道、农户、农化服务的化肥综合解决方案提供商
芭田股份	化肥	收购金禾天成获得种植大数据
鲁西化工	复合肥、尿素	建立线上鲁西商城
人和商业	商圈运营	收购农产品市场运营商寿光地利，打造农产品电子商务交易平台
联想控股	投资	2013 年推出佳沃品牌强势农务，2015 年千万美元战略投资"云农场"
恒大	地产综合	2014 年投资近 70 亿元打造恒大粮油、恒大乳业、恒大畜牧
金新农、雏鹰农牧、唐人神等均开展了互联网业务		

　　资料来源：腾讯大苏网，http://js.qq.com/a/20150729/027304.htm。

链模式，计划将农村电商依托于旗下整个生态圈发展，支付宝、余额宝、招财宝、蚂蚁微贷等业务都已与农村挂钩，未来将运用大数据直接介入农村金融市场，满足农民生产的资金需求。

二　我国农业现代化存在的主要问题

我国互联网领域内企业实体的深度渗透使互联网技术开始深度应用于改造我国农业现代化的实现基础和实现方式，正逐渐完善我国公益性服务与经营性服务相结合、专项服务与综合服务相协调、多元化市场主体广泛参与的农业社会化服务体系。但是，我国农业现代化发展还普遍存在金融支持力度不够、合作组织规范性欠缺、龙头企业规模偏小、公益性组织服务能力不足等问题（吴忠斌、刘斌樑，2013；罗丹、陈洁，2013）。除此之外，农产品线上交易比例偏小、互联网交易平台盈利能力差、互联网在农业生产和流通环节中的应用范围受限、农产品物流成本高、"互联网＋"农业寡头化趋势明显、农产品质量标准化困难等问题尤其严重。

（一）农产品线上交易比例偏小

据估计，近两年我国农产品市场交易规模可达到 1.71 万亿元。国家统计局数据显示，2015 年 1—5 月，全国实物商品网上零售额同比增长 38.5%，高于同期社会消费品零售总额增速 28.1 个百分点。一般消费品的网购已成较大规模，不论是大型平台还是垂直领域，都逐渐形成了自己的领军企业（罗丹、陈洁，2013）。然而，农产品电子商务尽管在国家全面推进"互联网＋"背景下得到了政府和农业经营主体的高度重视，但却远未产生大企业、形成大规模。农业部网站数据显示，尽管我国当前农产品电子商务发展迅猛，网络交易规模成倍增长，全国农产品网络交易额已经超过 1000 亿元，但也仅占全国农产品销售额的 3%，总体上还处于产业集中度较低的初级发展阶段。该问题的产生主要有三方面的原因：①农产品电商平台功能单一。当前各类农产品电商平台主要作用于销售环节，并对上游生产进行必要的介入、规范和监督，但解决不了农产品参差不齐、损耗率过高，甚至一些生鲜农产品农残超标等问题。而这些问题是轻资产投入的农产品电商模式自身所不能解决的。②农产品电商平台对农产品销售的作用有限。由于农产品生产季节性强，网上客户过于分散，流动性也较大，当农产品集中上市时，互联网解决不了大批量销售的问题，通常还得通过传统的农贸市场批发来完成。③农村电商人才缺乏。相关数据显示，未来两年农产品电商对电商人才的需求量将超过 200 万。然而，大部分在农村从事电商经营的人员文化水平并不高，对农产品网络营销和物流管理仍比较陌生。从长远的角度看，要普及 B2C 或 C2C 的电商模式，区域农产品生产者也需要掌握更多的互联网营销知识。

（二）互联网交易平台盈利能力差

《2014—2015 中国农产品电子商务发展报告》数据显示，国内 4000 家农产品电商仅仅只有 1% 能够盈利，7% 存在巨额亏损，88% 略亏，4% 持平（吴忠斌、刘斌樑，2013）。近年来，就有小农女、优菜网、谊万家、上海天仙配、济南买菜网等多家农产品电商倒闭或自动下线，多个农产品电商平台迅速建站和迅速关站并存的现象非常普遍。农产品电商盈利能力差的原因有多种，包括电商网站知名度不高、网站功能趋同、重复建设、经营产品和方式特色缺乏、信息及时性和深度性不够、盈利模式不清晰等。虽然各领域的电商平台在发展初期都存在盈利能力差的问题，但农产品互联网交易平台盈利能力差的根本原因在于其对农业产业链的影响有限。农业互联网交易平台的使命并不是简单地将农产品从传统渠道转移到网络营销，更重要的是通过线上农产品交易信息反馈，反过来促进对整个区域农业产业链进行重置、资源重配、市场体系再造等，确保线上农产品的物流和生产标准化能达到类似工业产品和商业产品的要求。

（三）互联网在农业生产和流通环节中的应用范围受限

"互联网＋"在农业现代化进程中应用最火热的领域是农产品电子商务，其原因在于农产品电子商务可以利用工业和商业成熟的网络经营模式和技术，农业经营主体可以用较少的投资开展农产品线上经营。相对而言，"互联网＋"在农业生产和流通领域的发展比较滞后，因为这两个领域需要更多的投资、更先进的技术、更专业的劳动主体和管理经验。我国的农业现代化需要通过电子商务的发展，树立以消费为导向的产业理念，但更重要的是用电子商务倒逼农业生产的标准化和品牌化。未来"互联网+"应用的重点领域应该在农产品的生产和流通环节，而这两个领域的发展将对农产品电子商务发展所需线下运作模式和农产品质量保障体系形成有效的支撑，将会大大改善当前农产品电子商务盈利能力差的现状。

（四）农产品物流成本高

中华人民共和国商务部电子商务和信息化司副司长聂林海指出，中国一直以来都存在物流成本高企的问题，每年物流成本占经济总量的比例高达18%（2014年因油价下降，比例略低，大概为17%）。《2014—2015中国农产品电子商务发展报告》数据显示，大多数农产品自身价值很低，但是至销售市场的运输成本非常高，通常超过了农产品成本的100%，甚至更多。2014年，我国农产品物流额为2.6万亿元，虽然只占到了社会物流总额的1.2%，但是这一数据近年来增速很快。此外，生鲜农产品的物流损耗也是一个很严重的问题，据估计，中国果蔬年损耗率高达25%—30%，年损失800亿元，可解决2亿人的温饱问题。

在传统农产品销售模式中，大量农产品集中运输、到站分发，一定程度上分担了物流成本。"互联网+"技术的发展使农产品生产者可以直接面对消费者，虽然流通环节减少了，但单位物流成本却出现了显著增加的现象。表2-2给出了一些具有代表性的农产品电商平台的单位物流成本。

一方面，农产品物流需要完善的冷链物流系统。我国农产品流通损耗大，单位流通成本高与我国冷链系统不完善有很大的关系。据比特网的资料显示：日本有冷藏车32万台，约400人/辆；美国有冷藏车60万台，约500人/辆；中国有冷藏车约4万台，按照美日标准，中国至少应拥有300万辆（罗丹、陈洁，2013）。显然，未来我国发展农业现代化需对冷链相关基础设施加大投资力度。

另一方面，农产品市场信息不对称是导致农产品物流成本偏高的主要原因。据统计，信息不对称、物流资源集成度不高造成我国公路货车空载率高达40%以上。解决该问题的关键是通过建立信息化平台和建设农业智慧物流，实现农产品物流资源和供需信息的共享。

表2－2 典型农产品电商平台的单位物流成本

电商平台	模式	物流方式	物流成本	备注
顺丰优先	购销电子商务	自建冷链	大于40元/单	完全没有借用顺丰普货体系；全新冷链体系；质量有保障，但是成本高
淘宝生态农业	电子商务平台	商家自己解决		各种方法都有
中粮我买网	购销	自建普货体系	大于25元/单	需要冷链时，用冷媒，无法保证质量
多利农庄	农产品基地	外包冷链（黑猫）	25元/单	黑猫每年的成本高于25元
京东	电子商务平台	商家自己解决		各种方法都有
其他农场		自送	大于30元/单	也有外包物流的情况

（五）"互联网＋"农业寡头化趋势明显

商务部研究员沈云昌预测，未来农资电商格局将呈现寡头化的趋势，面对农资终端的不断下沉，如果现有电商平台能将技术服务、商务服务和平台服务整合一体化，将在电商时代脱颖而出。传统互联网巨头的加入将会对农产品电商格局产生影响，或会刺激更多的平台加快寻求意向资本进入农资电商行业的步伐，加速农资电商寡头化趋势的进程。目前，阿里巴巴启动了"千县万村计划"，计划在三年至五年内投资100亿元，建立1000个县级运营中心和10万个村级服务站，大力推进农村淘宝项目。苏宁宣布至2020年，苏宁易购服务站将超过10000家，覆盖全国1/4的乡镇。京东也表示，要在全国发展数万名村民代理，覆盖全国数万个村庄（陈晓华，2015）。"互联网＋"农业发展的寡头化有利于利用互联网企业雄厚的资金实力和技术实力，快速地布局服务网络和进行物流系统的建设，快速地形成农产品的专业交易平台，带动国内农产品的电商发展，但也会使大量的新生农业主体经营平台退出市场，从而产生一定的负面影响。

（1）"互联网＋"农业寡头化经营重在农业产品商业运作，对区域农业现代化的整体规划、农业基础的投入和区域生产模式变革的影响较小。

（2）"互联网＋"农业寡头化具有明显的趋利动机，强调对优势农业区域的市场占领和投资，向农业欠发达地区布局的动力不足。

（3）寡头化的网站功能及运营模式是面向更广泛的全国市场的，缺少因地制宜的平台建设和服务模式创新，对欠发达地区农业现代化的服务性功能不足。

（4）"互联网＋"农业寡头化忽略欠发达地区传统农业主体（以家庭为生产单位）的嵌入机会，在渠道中也处于管控地位，难以真正地建立与欠发达地区农业主体的利益联结机制。

（5）"互联网＋"农业寡头化通常立足于主流农业产业生产模式，受资本逐利特征的影响，短期内对欠发达地区农业供给侧结构性改革的作用不足。

（六）农产品质量标准化困难

分析顺丰优选、易果、正大天地、本来生活、天天果园等农产品电商平台可以发现一个现象：进口食品在这些平台中销售品类中的比重都超过了40％。这一现象产生的原因与中国农产品的非标准化不无关系。农产品属于体验性极高的商品，农产品标准化的缺乏，导致了消费者对农产品选择难、判别难、维权难等问题，也会进一步影响消费者对在线农产品的信任度。

我国农产品品种繁多，简单分类就有蔬菜、水果、海鲜、河鲜、禽肉、蛋奶、五谷等；每个品类又有更多的细类，比如单海鲜就包括贝类、鱼类、蟹类、虾类等，又有冻品、活鲜、冰鲜、干货之分。此外，农产品从田间到餐桌的供应链条又特别长，要实现这些品种的生产标准化、品质标准化、规模标准化、物流标准化和服务标准化确实存在很大的困难。同时，由于物联网的遥感遥测技术，数据收集、监控成本较高，因此要求区域内的农业主体建立生产的标准化体系、销售的可追溯体系，但这对普通农户而言基本是不可能的，而大中型企业也会面临投资风险的问题。因此，农产品缺乏标准化问题在短期内可能难以解决，但"互联网＋"农业发展的根本还是在于产品，标准化生产是不可回避的难题。

第二节 我国"互联网＋"嵌入农业
现代化的主要模式

"互联网＋"对农业现代化的作用绝非是简单地将网络接入农业，与互联网相关的新技术应用于农业将使过去的经营和创新动力源发生变化，也必然会促进产业运作的模式创新以及跨越式发展。根据"互联网＋"农业发展的实践，我国目前"互联网＋"嵌入农业现代化的模式主要有五种：一是强势互联网企业品牌化运作模式；二是互联网技术深切运用的智能农业模式；三是深度合作的农业产业链整合模式；四是渠道下沉的农村电商潜力挖掘模式；五是贯穿产业链的农业互联网金融模式。

一 强势互联网企业品牌化运作模式

农产品附加值缺乏是我国农业发展中的痼疾，而多数农业企业受累于成本控制与市场渠道开拓压力，很少有投入大量的资源去探索品牌化经营道路。随着互联网向农业领域的延伸，很多有资本实力的互联网企业开始在实践中探索品牌化经营之路。目前，已经出现了如褚橙、潘苹果、柳桃这样的高端农产品品牌，还有三只松鼠、獐子岛等果品海鲜电商品牌，并且这些品牌已经得到了国内市场的广泛认可（陈辉，2015）。

当前，百度、腾讯、网易、联想、京东、阿里巴巴等企业具有很强的主动实施"互联网＋"的意愿，都开始投入大量资金，着力布局农村市场，希望快速地扩大自身在农业市场的覆盖范围。例如，联想控股于2010年开始涉足现代农业投资领域，并于2010年7月正式成立农业投资事业部，2012年8月9日佳沃集团正式成立。佳沃集团当前聚焦于水果、茶叶等细分领域进行投资，"佳沃"蓝莓每公斤定价超过500元。目前，佳沃已经成为国内最大的蓝莓产业链企业和最大的猕猴桃种植企业。联想采取的方式应该是未来很多互联网巨头可以参照的道路，主要特征是通过资本注入和品牌塑造与农产品结合起来，走上农业产业化和品牌化的道路。然而，这种道路也许只适合大型的互联网公司，因为它需要有足够的资金投入、相当的渠道布局水平，否则将会面临很大的经营风险。

二　互联网技术深度运用的智能农业模式

"互联网＋"带来的智能农业生产方式以计算机为中心，融感知、传输、控制、作业为一体，大力推进农业生产的标准化和规范化，不仅节省了农业生产的人力成本，也提高了农产品质量控制能力，增强了抗击自然风险的能力。

位于北京密云县西康各庄村的海华云都生态农业股份有限公司的奶牛养殖基地，仅用四五名饲养员就能在半天时间内为数千头奶牛挤奶。奶牛养殖基地里，每头奶牛一出生都会戴上一只专属的电子"耳钉"，里面储存着奶牛的所有身份信息，包括出生时间、谱系、初次产奶时间等，只要奶牛进入挤奶大厅，相关设备就会与之相连，读取其"耳钉"里的信息，并通过挤奶杯上的感应装置传输到后台，从而使奶质得到监测。此外，其智能化精确饲喂系统以计算机为控制中心，以饲喂站作为控制终端，以称重传感器和射频读卡器采集动物信息，根据科学公式计算出饲料日供量，再由控制器控制机电执行部分精确下料（魏延安，2015）。此外，现有的智能养殖系统还具备了奶牛疾病自动诊断、废弃物自动回收等功能。

智能化种植系统目前也得到了较为广泛的应用，该类系统通过各种自动化探头、摄像头、仪器等远程视频监控系统，可以完成农田温度监控，检测空气温湿度、土壤温湿度、二氧化碳浓度、太阳总辐射等数据指标，实现农田数据自动采集，并上传至服务器，供后台或远程专家进行数据分析，再通过远程自动化系统实现智能节水灌溉、农机定位耕种、测土配方施肥等精准化作业。

三　深度合作的农业产业链整合模式

互联网已经在重构农业产业链连接逻辑中发挥出巨大的作用，进一步提高了区域农业产业链的一体化程度。未来能控制农产品产业链且具备互联网经营思维的公司将在农业现代化过程中占有绝对的优势地位。国内最大的农牧企业新希望之所以与一亩田联手，双方携手构建"互联网＋产业链"的协作新模式,在传统食品生产企业的采购、生产及销售环节进行深度产业链合作,正是看到了"互联网＋"对农业产业链整合的趋势所在。

2015 年,新希望公司同南方希望、北京首望共同出资设立慧农科技,将做强农业互联网金融上升为企业未来战略之一。公司在已有的养殖担保和普惠担保金融创新模式基础上,挖掘和整合各渠道资源,打造千企万家互联互通的农村金融服务网络,未来的业务将延伸至农资服务需求、农村消费需求等。公司推出的福达计划立志打造智能服务体系,一期工程已经覆盖 3.9 万客户,在掌握了相关养殖场位置、栏舍状况、养殖状况、成本、营销服务情况等数据的基础上,为公司提供具有针对性的营销服务。公司即将开展的福达二期工程,将为养殖户提供具有针对性的技术服务,提升养殖户的养殖效率,打造智能化营销服务体系。2015 年 5 月,新希望六和还与国内最大的农产品信息交易平台一亩田宣布达成战略合作协议。双方将携手构建"互联网＋产业链"的协作新模式,为传统农产品生产企业的采购、生产和销售环节,插上"互联网＋"的翅膀。

云农场也开始利用互联网串起农业现代化的链条,推动信息、技术、金融、物流等先进要素渗透到农资流通、农产品交易、农技服务、农业保险、农村金融等各个环节,将互联网的所有属性、功能与农业生态环节进行全系统的融合。从某种意义上说,云农场对农业产业链进行了重构,专注于利用专业的技术、渠道、品牌的优势,将合作伙伴的剩余价值挖掘出来,实现了共赢发展。

四 渠道下沉的农村电商潜力挖掘模式

电子商务企业在农村发展是"互联网＋"应用的重要内容,如何将农产品卖出去,让农民增收,一直是我国基层农业生产难以解决的大问题,而电子商务能直接对接生产和消费市场,解决农产品市场的信息不对称问题,对提高基层农民收益具有重要的作用。2014 年以来,商务部已会同财政部在河北、河南、湖北等 8 省 56 县开展了综合示范工作,推动阿里巴巴、京东、苏宁等大型电商和许多快递企业布局农村市场,鼓励传统的供销、邮政等实体企业在农村积极尝试线上线下融合发展。

农村电商市场非常广阔且分散，需要长期扎实的工作来稳步推进，而且，农村市场的渠道具有很强的排他性，谁先站住了脚谁就会拥有先发优势，后来者成本会很高。目前，在淘宝网正常经营的、注册地为乡镇和行政村的网店达到 163 万家，其中经营农产品的网店已经接近 40 万个。阿里巴巴现已启动"千县万村计划"农村战略，目前"农淘"已进驻全国 8 个省区市，覆盖了 13 个县、295 个村。计划在未来三年至五年内继续投资 100 亿元，建立 1000 个县级运营中心和 10 万个村级服务站。2015 年，京东电商所确立的总目标是新开业 500 家县级服务中心，招募数万名乡村推广员。村村乐则致力于招募 20 余万名"网络村官"、能人，然后安排这些骨干力量在线下负责农村市场的推进。推广模式主要是进行路演巡展、电影下乡、文化下乡，占据村委广播、农家店、农村旅游、农村供求等主根据地，甚至还会提供农村贷款与农村保险理财。此外，村村乐还整合了农村 1 万余家小卖部，通过为小卖部提供免费 Wi－Fi 和在电脑上安装一套管理系统，收集数据，几乎就等于进驻了 1 万个乡村，农村包围城市战略取得了初步成功。

五　贯穿产业链的农业互联网金融模式

我国农业技术开发、生产自动化水平以及渠道建设的总体水平都不太高，未来资金缺口可能是涉农企业规模化、市场化运作以及物联网建设的瓶颈。农业互联网金融将贯穿于农资采购、农业生产、农产品销售等全过程。由于农业龙头企业拥有全产业链中最为丰富的信息，借助互联网可以建立起以农业龙头企业为核心的农业互联网金融平台，为全产业上下游提供金融的投融资、网上支付等服务。

云农场通过云农宝等金融产品实现对农户进行授信考察，提供农业贷款和保险服务。例如，黑龙江每公顷水稻的生产成本为 1 万元左右，算上租地费用，每公顷的成本约为 1.7 万—2 万元。大规模种植户全年需要投资大量的资金进行水稻产品生产，为此云农场的农管家为当地水稻合作社提供融资服务，同时使农技平台、合作社管理平台都入驻到农管家的服务平台上，从而为农业合作社提供农资、生产技术和合作社管理等一系列"打包"服务。

第三节　国外农业现代化发展的现状

一　日本高度协作的农业现代化

日本农户人均耕地面积有限，全国耕地总面积约为500万公顷，人均耕地面积为0.04公顷，平均农场耕地面积为1.8公顷。随着日本工业化进程的加速，现有人均用地面积较之以前明显减少，粮食自给率不到39%，日本是世界上最大的粮食进口国。农业劳动力老龄化是日本农业发展面临的一个重大问题。随着日本社会老龄化程度不断加剧，日本青壮年农业劳动力大量向非农产业转移，农业人口正在不断减少，61岁以上的劳动力占关键性农业工人数量的57.4%，再加上日本老龄化、少子化加速，日本农村各地先后出现后继无人的局面。与中国相同，日本农业也以小规模的分散经营为主，土地细碎化造成农户兼业化与耕地撂荒情况很普遍。面对这些问题，日本对农业一直持闭关自守的态度，很长一段时间内日本农业的生存发展离不开农业保护政策。然而，自从日本加入TPP（跨太平洋伙伴关系协议）后，很大程度上促进了农业改革和竞争力的提升。TPP为贯彻自由化贸易方针，对各国的弱势产业也一视同仁。日本加入TPP必然会对其保守的农业保护政策和农业经营方式带来冲击，然而，日本通过加入TPP也可以巩固与美国的战略伙伴关系，很大程度刺激了其加快农业改革进程，通过扩大贸易市场，强化多边贸易化，使其农产品流通市场更加广阔，农业经济发展具有了国际竞争力。日本农产品的10个主要进出口国中就包括了4个TPP成员国，分别为美国、澳大利亚、越南、新加坡。

日本是世界上互联网宽带最发达的国家，全球互联网普及率和手机普及率最高，互联网在农业领域的应用具有很好的基础。同时，政府高度重视农业物联网技术的发展，加速了农业生产的标准化和农业现代化进程。互联网对日本农业现代化的促进作用主要体现在以下几个方面。

（一）借助互联网营销，缩短产销距离

日本政府重视制定农业信息化战略，制定了通用的农产品采购、配送、交易和结算标准，并对批发市场的电子交易系统进行了改造。日本农业协同网站还负责介绍农产品生产技术和市场行情。至今，日本已经形成了大型综合网上交易市场、农产品电子交易所、专门的农产品网上商店、综合性网上超市等多种农业电商形式，其中专门的农产品网上商店颇具竞争力，因其直接连接交易双方，保证新鲜的农产品供应且降低了流通的中间环节费用。日本农民将"产销对话""家乡风味""无污染生产""可视化生产"（消费者从网上了解生产全过程）等卖点作为促销手段，其中，"产销对话"和农产品电子商务标准化是网络直销的关键举措。

（二）借助互联网进行农业管理，促进网络化合作

日本企业界对网络公司作为新型经济活动被农业领域中小企业和个人公司采用的可能性给予了肯定。当农业生产者要想直接向销售者或零售商出售自己的产品或加工品时，常常要面对产品多样化和开拓市场的问题，但如果他们与其他农业生产者、加工公司和零售商或其他相关企业联合，组成网络公司就可以有效地解决该问题。网络公司的建立有利于农业生产者通过稳定的销售量、共同品牌化和开发新产品的方式来获得市场。

（三）互联网促进信息的收集提供，实现信息共享

日本农业科技人员针对农业产业链完善和服务的需要，因地制宜地发展和建设了区域农业信息系统，开发了大量能为农业经营提供信息资料的数据库系统，使农业产业链内的农业主体能够充分共享信息，促进了农业产业链各环节的深度协作。

二　美国大规模机械化的农业现代化

农业人口少、耕地面积大是美国农业的典型特征。美国不仅是世界上最大的工业化国家，而且是农业最发达的国家，其主要农产品产量、出口量在世界上均名列前茅。2013年，美国人口数量为3.14亿，其中农业人口为504万，仅占总人口的1.61%。美国国土面积为963

万平方公里，其中耕地面积达 1.98 亿公顷，占比为 20.56%，占世界耕地面积（15.02 亿公顷）的 13.18%，位列全球第一。美国人均耕地面积为 0.63 公顷，是世界人均耕地面积（0.23 公顷）的 2.74 倍。此外，美国还拥有 5.6 亿公顷的牧场，加上气候温和，非常适宜农业和畜牧业的发展。从 20 世纪 70 年代开始，美国农业人口呈现出了逐年下降的趋势，占总人口的比重也在逐年下降，但是农产品的产量非但没有受到影响反而逐年增加，这主要归功于先进科技的引用和农机工业的发达。美国农业生产以农场为基本单位，有家庭农场、合伙农场、公司农场等形式。其中，家庭农场是最主要的生产形式，其产权归家庭所有，主要劳动力是家庭成员，成员在运营管理上负主要责任。美国农业实质是高投入的产业，有些农业投资甚至超过工业，按产值算投资比高达 1∶8（即每生产 1 美元农产品，投资为 8 美元）。美国政府对于农业的补贴具有力度大、范围广的特点。此外，美国农业属于能源集约型，劳动力成本较高，农业投入、产出、加工、运输、销售全过程都需要密集的能源消耗来支撑。

（一）大规模机械化：构筑美国农业竞争力的基础

规模化、机械化是美国实现农业现代化的技术路线，也是构筑农业竞争力的关键。美国农业实行农场式管理、规模化经营，现代化、机械化、科技化程度较高，农业生产率位居世界前列。美国的农业推广站又使先进的农业技术、新的种子和农机具及耕作方法得以及时传播和普及，为提高农业劳动生产率打下了坚实的基础。美国农业生产主要依靠家庭农场，农场经营规模大，农业现代化程度高，全部实行机械标准化作业、科学化管理，生产效率较高。据统计，2007 年，美国共有 220 万个农场，土地面积为 3.73 亿公顷，平均每个农场土地面积为 169 公顷。2009 年，美国农业从业人员为 205.6 万人，仅占美国全部就业人口的 1.4%，平均每个农场只有 1.07 人进行生产和经营，每个农业经济活动人口平均耕地面积高达 181.4 公顷。

（二）高度发达的合作社：增强农民产供销的专业优势

农业合作社是美国农村的重要经济实体。合作社大多由农业生产者组成，是农民、农场的联合体，参与社员地位平等、相互合作，在管理模式上也是平等协商、投票表决，通过联合行动以提高社员在农产品销售、获取服务及农资采购等方面的议价能力，增强农产品生产的盈利能力。合作社按功能的差异主要可分为四类：①销售合作社，主要销售成员生产的棉花、谷物和油料作物等农产品，占全部合作社的50%以上、占其市场份额的30%左右。②供销合作社，为社员提供农用化肥、种子、饲料等农业生产物资，占比为36%，供应的物资占其市场份额的30%以上。③服务合作社，提供资金、汽车运输、人工播种、仓储和烘干等服务，占比约为11%。④加工合作社，主要通过加工农业产品来增加会员收入。

（三）农业科技创新：打造农业的核心竞争力

美国政府通过"莫里尔赠地学院法""哈奇法"等法案为农业科研院校的建设和科研机构提供各种财政支持和政策优惠，使科技转化为农业生产力的过程中少走了许多弯路，为美国农业发展提供了源源不断的持续动力（李飒，2014）。美国通过发展农业信息化创新改造传统农业，大大提高了农业信息新技术对农业经济发展的贡献度，并使之成为农业发展方式转变的突破口。

（四）农业信息化：促进农业经济方式的转变

2001年，包括农业电子商务在内的全美电子商务营业额上升到6153亿美元，占当年全球电子商务营业额的43.7%。2003年，美国农业信息化强度高于工业81.6%。约有2/3的农民至少每户拥有一台电脑，因农事需要而上网的时间每周平均为2小时；约1/3的农民在调查中表示希望通过互联网出售农产品。2003年以来，美国农业电子商务销售额每年以25%的速度增长，而同期全美的增长速度仅为6.8%；2007年，美国国家农业统计服务机构的数据表明，美国农场接入互联网的水平上升到55%，从事在线交易农场的比重从2003年的30%上升到2007年的35%。2008年，美国20%的农场用直升机进行耕作管理，很多中等规模农场和多数大型农场都安装了GPS定位系统（刘丽伟，2012；刘定华，2012）。2010年以来，美国农业信息化在农业信息多媒体传播大众化、农业应用软件专业化、农业信息应用系统化的基础上，正大力开展农业科学的虚拟化研究，统领世界农业信息化最新发展潮流。广泛的农业信息技术及其应用促进了美国农业向资源节约型转变，加快了美国农业向效益型转变。信息科技进步和应用开辟了美国农业信息服务业新的生产和分工领域，扩大了服务范围，产生了新的支付方式，增加了可贸易性，促进了美国农业信息服务供给的不断增加；同时，科技进步提高了美国农业信息服务的标准化程度，降低了农业信息服务产品价格，从而增加了对农业信息服务的需求。

三 德国重视生态性的农业现代化

德国农业发展特别注重信息化和生态化，特别是大力促进生态农业发展的政策在很大程度上反映出欧盟共同农业政策的主要发展趋势。这对欠发达地区制定"互联网＋"农业发展战略和适应新的农产品竞争环境具有重要的参考价值。

1991年6月，欧共体制定了首个《欧共体生态农业条例》，它明确规定了对于被确定为生态产品的农产品和食品应该或者必须说明其是如何被生产出来的；它不但对生产者如何生产和在生产过程中允许使用的物质做了具体规定，而且对加工者如何加工和在加工过程中允许使用的物质做了明确规定，并明确说明，那些未在肯定可以使用的物质单中出现的物质即为不允许使用的物质，这同样适用于那些非农产品的食品配料。德国高度重视对生态环境的改善与保护，使农业生产与自然环境保持平衡。主要措施是：禁止使用化学农药，采用与自然控制力相协调的病虫害防治措施，包括利用抗病虫害品种、使用天敌益虫、采用物理措施等；禁止使用化学肥料，采用农家肥，种植豆科植物，施用绿肥和缓释的有机肥，采取秸秆还田措施；实行合理多样的轮作和间作制度，每年7%的耕地休闲以此改善土壤的理化环境。在政策上，实施环境保护补贴，使得生产对环境的影响向着有利于环境保护的方向发展。目前，德国的主要农业企业均按照《欧盟生态农业指令》的有关规定从事生态农业经营，大多数生态农业企业通过协会进行组织和管理。

2001年，德国的《生态标识法》正式生效，实行生态标识制度对于生态农业发展是具有重大意义的一步。通过对生态产品加上标识，可以将它们与传统型农产品区分开，从而使消费者和生产者的利益都能够得到保护。为了进一步改善生态农业发展的条件，德国联邦政府还在 2002 年和 2003 年开发了一个联邦生态农业项目，这个项目的核心是对农业经营者和劳动者提供培训和信息服务，促进有关的研究和技术发展，以及对实践中形成的经验进行总结和推广。此外，德国支持农村劳动力转移，鼓励土地流转，鼓励农业大户成立合作经济组织，鼓励农业企业发展农产品贸易，加大对欠发达地区和弱势产业、弱势群体的财政扶持力度以及加强农民的教育和培训等政策和措施也值得我国欠发达地区学习和借鉴。

德国是欧洲农业现代化发展的成功典型。20 世纪 80 年代中期就建立了德国地区农业经济模型，目前已发展成为成熟的农业信息处理系统，为有关决策提供服务。80 年代中期至 90 年代，德国电子计算机数据处理、电子数据模拟模型技术从研究开发走向应用，是农业信息技术从初级阶段走向成熟的阶段。目前，德国农业互联网技术已被应用到农业的各个领域，注重以关键技术带动农业信息网络的发展，特别重视新技术条件下的农业生产人才技术培训，正向全面信息化迈进。近年来，德国在农业领域采用了计算机网络技术、电子自动化控制、作物模拟模型、计算机辅助决策技术、遥感技术、精确农业技术等之后，农业信息化技术正由单项农业信息技术向集成化、高度自动化和高智能化方向发展。互联网技术在德国农业方面的应用主要体现在以下几个方面。

（一）农业科技文献电子信息网络服务系统

德国联邦农业科技文献中心（ZADI）的网络系统是基于互联网之上的农业文献信息管理系统。该系通过委托站点的检查，可随时接收欧盟的法律法规，并将欧盟的法律文件转换成本国语言的文件。德国的 13 个联邦州都可以通过农业文献信息中心系统得到该中心的库存文献资料。

（二）农业生产技术网络服务系统

德国主要的农业生产技术信息服务主要通过三种类型的计算机网络来实施：①各州植保局开发和运营的电子数据管理系统（EDV）；

②邮电系统开发经营的电视屏幕文本显示服务系统（BTX）；③德国农林生物研究中心开发建设的植保文献数据库系统（PHYTOMED）、农药残留数据库 INTERPRET、害虫管理数据库等。

（三）计算机自动控制技术

德国农业科学研究已广泛使用电子信息技术对各种农业试验场所进行监测和自动控制。德国已经实现对作业区域中的农机进行不间断的监控，装有遥感地理定位系统的大型农业机械，可以在室内计算机自动控制下进行各项农田作业，准确而适量地施用肥料和农药。同时，可利用远程诊断系统来确定农机是否需要维修或更换零配件，而不会因故障造成停用，以此提高农机的使用效率。

（四）网络计算机辅助决策技术

德国的农业大专院校现在已有农业技术计算机辅助决策软件用于培养和训练学生的技能。在农业生产中，已开发出农业生产技术计算机辅助系统，从而为农民提供咨询服务。

（五）遥感技术

德国建立了一支人员素质高、管理严密、执行严格的土地利用规划队伍。其发展规划部门拥有世界先进水平的遥感和地理信息系统的数据采集、储存、分析、加工和图像处理、加工制作设备，用于进行自然资源普查、土地资源评价、土地利用规划、环境监测等，为编制高质量的规划提供了快速、准确、可靠的技术保证，为德国精确农业的开展及经济发展、社会稳定、环境美化等发挥着重要的作用，奠定了土地等自然资源可持续利用的基础。

第四节　发达地区农业现代化对欠发达地区的启示

国内外发达地区的农业现代化已经取得了丰富的理论和实践成果，国家政策、网络环境、产品质量、服务水平（物流＋金融）、产业价值分配等因素对农业现代化进程都具有重要的作用。有关经验对理解欠发达地区农业竞争优势的产生、演化过程，农业产业链中的农资供应，产品生产、流通、销售，社会服务间的协作与互联网的关系等都将发挥巨大的积极作用。国内外发达地区农业现代化的实践经验对欠发达地区至少有以下几方面的启示。

一　农业现代化推进必须与农业产业化同步

2015 年，李克强总理指出，综观发达国家农业现代化的发展路径，普遍都是采用工业的方式用于发展农业。农业不向产业化方向发展，农业现代化就失去了支撑；反过来说，也只有从根本上转变农业发展方式，农民增收增效才能得到保障。国外发达国家现代农业的发展特别强调从选种、种植、收割、仓储到加工、营销，要用工业的方式发展农业，打通农业全产业链的各个环节。"互联网＋"与农业现代化结合要以农业产业化为基础，没有农业工业化的规模和标准化支撑，"互联网＋"的应用效果、效率和应用范围就会受到限制。欠发达地区要实现这个目标，要在保障粮食安全的前提下转变农业发展方式，要在尊重区域农民意愿的基础上，不拘一格地推进多种形式的农业产业化经营。但不是所有的欠发达地区都适合开展农业产业化经营，具有地理条件或从事大宗农产品生产的区域可以考虑向农业产业化发展，与此同时要兼顾日常消费农产品或区域特色农产品的生产和经营模式创新，形成以农业供给侧结构性改革为导向的农产品供给新形势。

二　农业现代化需要加大区域政府扶持力度

发达国家农业现代化强调农业扶持政策和法律的制定，以确保农业生产稳定与农民收入的增长，引导农产品的安全生产和流通（Sass，2006；Kisan G.，2010）。日本的农业信息化战略已被法律法规化，有规范化体系，用于对农业信息化问题进行统一指导和管理。在美国农业发展过程中，政府也发挥了决定性的作用。例如，《宅地法》使农民获得了发展农业的土地；林肯签署的《农业部组织法》使农业发展有了政府指导的组织机构。美国还首先制定了完整的出口信用担保计划，包括商业出口信贷担保计划、供货方信用担保计划、设施担保计划等。其次制定了完善的市场开发计划，包括市场增长计划、国外市场开发合作计划、优良农业样品计划、新兴市场计划、网上协助出口行动计划及全球市场战略等，从而为美国产品的市场拓展打下了良好的基础。最后美国政府还针对技术贸易壁垒，制定了生物技术与农业贸易计划及特色农作物技术支持计划，从各个方面消除、打破或减轻国外在卫生与植物检疫及其他方面采取的技术壁垒。同时，政府下大力气实施了"出口增强计划"、奶制品出口奖励计划，支持美国农产品进军世界市场。在农业信息化方面，美国政府带动企业为农业信息化铺路，想方设法降低成本，加快信息通信基础设施的建设步伐，为农业信息化人员培训、科研、生产、销售等产业链全部环节提供支持。欠发达地区农业信息化建设尤其需要政府发挥主导作用。首先，要强化政府的信息公共管理与服务职能，统筹城乡信息化发展。其次，明确政府公共财源支持重点，提高农业信息资源配置效率。最后，还要强化政府的宏观及行政管理职能，培育良好的农业信息化产业和政策环境。

三 农业现代化要加强农业生产基础建设

德国在 2005 年就已经实现农业管理部门的网上办公，其农业网络通过联邦中央、州及各区县的网络系统已遍布全国各个角落。其农业信息服务系统正在加紧数据库建设，不断扩大数据存储，增加信息资源，通过网络连接扩大网络资源共享的数量和范围。互联网建设也越来越考虑到用户的方便，努力为用户提供全方位的服务。农业机械的大型化、专业化是美国农业现代化的标志，对提高农业生产效率和标准化具有重要作用。例如，伊利诺伊州香槟郡一家农场，从土壤测试、施肥到选种、播种再到收割，全部采用机械化作业，还引入了GPS 定位等科技手段。当地农场主受教育程度高于全国平均水平，该农场主就毕业于伊利诺伊大学，农场每年净收益约为 5020 万美元，远高于国内其他从业人员的年均收入。尽管欠发达地区农业很难模仿美国走大规模、机械化发展之路，但在我国农业商品化程度和对外开放程度日益提高的背景下，以适度规模化、机械化和科技化提升农业生产效率，仍然是区域农业现代化发展的必然选择。欠发达地区应结合区域"三农"实际，鼓励通过"股田制、土地转包、土地托管"等创新模式推进土地流转，引导农业主体实现适度规模化经营和集约化发展，创造推广农业机械化生产的基本条件。

四　农业生产现代化要强调农业科技的开发和技术应用

美国利用良好的农业基础，不惜资本和劳动力投入，构建了完善的农业技术创新体系，实现了农业经济的高科技发展，使其农业具备了核心竞争力，成为世界上农业最发达的国家。另外，美国高水平的农业信息资源开发，促进了信息生产力的形成，有效地满足了农业经济发展对信息知识的需求，产业化的农业信息技术成为农业发展方式转变的科技动力。技术创新使得美国农业发展一直处于良性循环之中，使农业经济总产出实现了跨越式增长。我国欠发达地区要想实现跨越式发展，要适当加大财政金融支持力度，大力推进地区农业科技创新、转化和应用，要充分利用物联网、云计算、大数据以及移动互联等现代互联网技术，通过强化科技应用来突破资源环境约束，从根本上提高区域农业生产力，开辟新的销售渠道，促进区域特色农业资源向外界溢出。

五　农业生产现代化需要完善的市场化服务体系

发达国家注重通过政府机构主导的生产技术创新和市场化社会服务来提高农产品生产的效率和质量，解决农户在销售、融资、技术应用等方面的困难（Thomas R.，Christopher B. Johan F.，et. al.，2009）。农协是日本农业社会化服务体系主体，遵循尊重农民主体地位、民主监管、现代企业模式运行、政府扶持等普遍性原则，同时承担农业农村发展的经济促进功能及提供社会管理服务、保护农民权益等（A. G. Mulgan，2002）。日本农协和农业普及事业推广站等组织具体负责农业技术指导和信息化的实际实施工作。美国农业服务系统则是由公共农业服务系统、合作社农业服务系统、私人农业服务系统协调互补的三个层次构成（Chen，2008）。公共机构主要侧重于长期性、基础性的科研工作，私人机构主要侧重于应用性领域，合作社在提供覆盖全程的农业服务方面发挥着积极的作用（Loch D. S.，Boyce K. G.，2009）。这三类机构在解决农业生产者与大企业的市场地位不对称问题、强化农民主体地位、促进分散的农业生产主体与外部市场对接等方面，都发挥了政府难以替代的作用。德国的市场服务体系形成了初级合作社、地区级合作社联社和国家级合作社的联盟（高志敏、彭梦春，2012）。欠发达地区在当前农业经营规模小、经营主体分散、组织化程度低的情况下，如何提高农民生产的组织化程度，同时建立一个规范、有效的农业组织形式和农业合作服务体系，是实现农业现代化的另一项基础工作。

六　农业现代化需要与"互联网＋"深度融合

利用"互联网＋"改造现有农业产业链是不可逆转的趋势，欠发达地区农业主体即使是在互联网基础条件有限的情况下，也要尽可能提升农业生产主体的信息化能力，利用互联网有关技术改善农业生产要素，重构农业产业链联结关系，提高农业生产的数字化、智能化、信息化的水平，逐步推进区域农业生产向科技型、资源节约型、生态型、效益型发展方式转变。另外，在农业生产服务方面，要利用"互联网＋"推进商业模式、生产管理和社会服务网络化，特别是创新跨区域农业产业合作方式。

七　生态化发展是农业现代化必须坚持的战略导向

生态和环保标准已经成为各国构筑农产品贸易壁垒的重要手段，以能源农业为主要特征的农业发展观将经受生态和环保农业发展观的冲击。德国所进行的计算机模拟模型、作物病虫害预测预报及诊断决策系统等项技术都考虑到了环境保护和农业的可持续发展问题。特别强调，利用精确农业技术，控制同一地块中不同位置所需施肥量和植保剂的施用量，以避免由于多施用所造成的环境污染和经济上的浪费。发展生态农业不是单个农户，甚至是区域某些农业合作组织所能办得到的事情，涉及全产业链协同、三产融合、区域发展政策和区域合作问题，需要欠发达地区政府部门坚持以绿色化、生态化发展理念为导向，协调、组织、监控和领导区域内各大产业共同制定可持续的发展规划。欠发达地区各级政府必须迅速采取措施，促进生态化农业生产和销售规模的发展，将提高生态农业产品供给比例作为推进农业供给侧结构性改革的重点任务，也是在区域农业现代化进程中需要长期坚持的战略导向。

第三章 "互联网+"驱动的欠发达地区农业现代化路径设计

第一节 欠发达地区现代化农业的弱势情境

一 欠发达地区农业主体的弱势地位

我国新型农业主体建设有利于提高农民组织化程度，优化农业资源的配置，既可以解决家庭联产承包责任制下的农产品生产和经营分散问题，又能有效地解决集体所有制效率低下的问题，从而为高新农业科技的推广和应用创造条件，夯实我国农业现代化的物质基础。新型农业主体在全国各地已经得到迅速发展，围绕着新型农业主体进行各种农产品生产和经营模式的创新，已经成为区域内农业竞争力提升的重要途径。在农业部2016年召开的培育新型经营主体发展农业适度规模经营座谈会上，农业部部长韩长赋表示：截至2016年6月底，全国承包耕地流转面积达到4.6亿亩，超过承包耕地总面积的三成；到2016年10月底，全国依法登记的农民合作社达174.9万家，超过全国农户总数的四成。据农业部统计，目前全国已有超过87万户各类家庭农场，经营耕地面积达1.76亿亩，占全国承包耕地总面积的13.4%，其中，经农业部门认定的家庭农场超过34万户，平均经营规模达到150亩左右。[①] 由此可见，随着我国城镇化和农业现代化的

---

① 农业部首次发布中国家庭农场发展年度报告，http：//www.sohu.com/a/69119304_119556.

深入推进，农村劳动力大量转移，新型经营主体不断涌现，土地流转和适度规模经营发展已成为趋势，但是新型农业主体在我国农业生产者结构中所占的比重仍然偏小，并且家庭农场的普及程度仍不及农民专业合作组织。

在国家宏观政策的支持下，很多欠发达地区也相继出台了各种政策用于推进农业主体的结构调整和农产品产业结构转型。然而，无论是专业大户、家庭农场还是合作组织等新型农业主体的有效运行都需要具备机械化、农民高素质化、信息化、服务社会化等条件，而欠发达地区通常难以在短期内完全具备这些条件。很多欠发达地区即使建立了新型农业主体，初步改变了农产品的生产形式，一定程度上提高了农产品生产和流通的规模和效率，但由于市场化运作模式创新不足和先天区域农业基础条件的限制，新型农业主体面对的还是农业生产、流通、消费全过程缺乏组织化的大环境，不能有效地完成生产与市场的对接，仍然处于受制于全国"大市场"竞争的弱势地位，导致欠发达地区农业主体生产的积极性严重受挫。

湖北省荆州市公安县的"万亩葡萄基地"的现状可以作为欠发达地区农业竞争优势缺乏持续动力的典型例证。公安县的葡萄产业从1988年起步，经过近30年的探索，从无到有、从小到大、从弱到强，逐渐成为公安县农业经济发展的特色产业、致富产业。全县葡萄种植面积以年均8000亩的速度递增，目前，已占据湖北全省葡萄种植面积的"半壁江山"，成为长江中下游最大的葡萄产区。目前，公安县的葡萄种植面积已达到了11万亩，产量17万吨，产值超过10亿元，涉及全县16个乡镇、100多个村、3万多农户；同时，公安县工商部门登记注册的葡萄专合组织已达55个、葡萄协会2个、葡萄产业公司3个，基本涵盖了全县葡萄种植农户。全县培训发展葡萄销售经纪人800多人，有500多人常年活跃在各大城市窗口市场。葡萄产业的发展给公安县传统农业主体带来了可观的经营收益。然而，由于缺少系统的市场化组织，目前，在湖北省内形成了大量的葡萄种植区，各类基地一直存在农业生产主体规模盲目扩张、产品质量差异大、品种供应单一、特色不足等问题。随着其他邻近区域葡萄生产规模和质量的逐渐上升，公安县虽然具有葡萄种植规模大和种植历史长的优势，但也陷入了产品价格和竞争力严重下降的困境，葡萄种植户的收益逐年下滑，部分地区甚至出现了滞销，导致区域内葡萄种植户的大量投资难以回收。特别是在 2016 年，遭受了长期的降雨自然灾害后，葡萄品质受到了严重影响，绝大多数农民难以收回成本。目前，很多刚返乡的农民工又放弃了葡萄的种植，或者改种传统的粮食作物，或者重新返回到城市，加入打工行列。该结果产生的原因主要为：一方面，当地葡萄产业片面地从形式上追求规模的扩大，缺乏明确的农业主体发展定位、商业运作模式、战略性政策的创新和组织化的市场运作支持。另一方面，虽然全县的葡萄产量较高，但是产业主体仍然是传统家庭联产承包责任制的农户，这些农户由于缺少商品化农产品生产的资金、组织化的引导、生产和管理技术、销售渠道、风险保障等，在农业市场化趋势和竞争中将会逐渐被忽视，甚至被淘汰。

为解决以上这些问题，公安县政府部门开始狠抓葡萄产品质量，坚持引进新品种、推广新技术，提升品质。公安葡萄由最初群众自发引进的 2—3 个品种，发展到现有的 10—20 个主推品种，销售时段也由过去的 30 多天延长到了 100 多天。大力推进避雨栽培技术，既改良了葡萄品质，也提早了上市时间，亩平效益达到 2 万元以上，是露天栽培的 1 倍左右。此外，当地政府正通过"建好精品果园""优化好品种结构""推进标准化生产""培育龙头企业""延长产业链"等举措，推动葡萄产业提质增效，力争建成长江中下游地区面积最大、品种最优、品牌最响、效益最好的葡萄产业强县。目前，公安县已经相继被评为"国家星火富民工程万亩无公害葡萄生产基地""国家葡萄产业体系综合试验站示范点""中国葡萄科普示范基地""湖北省万亩葡萄标准化生产示范基地"。公安县"晶凉田"葡萄荣获"湖北省优质农产品"称号，"公安葡萄"获批国家地理标志商标。公安县正力争实现种植规模达到 20 万亩、年产量 50 万吨、年产值 24 亿元的目标，全力打造出"南方的吐鲁番"。

从全国情况来看，农产品的持续性"产能过剩、低价运营和生产长周期性风险大"已是不争的事实，而在规模化生产、产品质量以及市场占有率方面都没有明显竞争优势的欠发达地区农业将面临更大的发展危机，也将导致欠发达地区普遍存在大量的弱势农业主体。弱势农业主体是指，在农业资源或农产品上具有一定的市场化潜力，但由于欠发达地区受支持政策、农业产业基础和市场运营模式等方面的限制，区域农产品经营规模和绩效受制于外部农产品供给量和市场价格的波动，致使其市场竞争力长期处于弱势地位的农业主体（刘松，2014）。具体而言，在农业欠发达地区新建的家庭农场、专业大户、农业合作社等新型农业主体，以及家庭联系承包责任制下的传统小规模农业生产者都有可能成为弱势农业主体。欠发达地区的弱势农业主体的生产现代化程度较低，目前仍然没有摆脱"靠天吃饭"的尴尬境地。因此，在政策支持、产业基础薄弱、农业特色有限、竞争地位弱势的情况下，如何让欠发达地区的新型农业主体实现可持续发展，并带动比重更大的传统农业主体共同发展是全面实现全国农业现代化亟须解决的首要问题。

二 欠发达地区农业现代化面临的障碍

欠发达地区现代农业发展会面临农业产业结构不合理，农业投入资金紧缺、农业创新力度不足、农业发展观念落后等问题（张贵友，2010），这些问题进一步加速了欠发达地区弱势农业主体连片化，甚至是规模化。弱势农业主体经营的困境及其成因具有很强的区域条件、区域农业资源、区域政策、农业主体素质等方面的情境依赖性。为分析欠发达地区农业主体经营的困境及其产生的原因，本书以湖北省荆州市作为实地调研对象。

湖北省荆州市是中部地区的农业生产大市，农业在国民经济中占有较大比重，客观上造成了农村人口比重较高，是较为典型的欠发达地区。荆州市除中心城区综合性职能突出外，6 个县市城区产业结构类似，城市地域特色差别较小。小城镇中除一些具有旅游特色的城镇外，基本上为地域集镇，农业化特征明显。另外，受制于自然地理条件并为满足长江防洪的需要，市域空间层面城镇分布不均衡，长江以北城镇密集度高于长江以南地区，长江防洪堤以内地区的城镇数量和密度高于防洪堤以外区域。2016 年，荆州市总人口近 600 万，其中城镇人口 236.4 万人，城镇化率为 36.61%，比全国城镇化率 45.68% 低 9.07 个百分点，比全省城镇化率 45.2% 低 8.59 个百分点。近年来，荆州市围绕推进工业化、信息化、城镇化和农业现代化"四化同步"发展的总体要求，以农业规模化、专业化、标准化为发展方向，以确保主要农产品稳定增长、农业效益稳步提高、农民收入持续增加为基本目标，以服务"壮腰工程"建设、打造农产品千亿产业和创建百亿斤粮食大市为重点，坚持政府引导、农民主体、分类推进，不断创新农业生产经营体制，形成了以家庭承包农户为基础，专业大户、家庭农场、农民合作社、农业产业化龙头企业为骨干，其他组织形式为补充的新型农业经营体系。

截至 2015 年，荆州市共有各类新型农业经营主体近 2.4 万个，经荆州市经管部门认定的家庭农场达 640 个，各种类型的农业合作社共计 3017 家，入社农户 31.68 万户，占农户总数的 29.79%；各类专业大户 2 万多户，其中种粮大户 0.62 万户，100 亩以上的种粮大户 0.14 万户；畜牧养殖大户共计 0.98 万户，300 头以上生猪养殖大户 0.73 万户，其他畜牧养殖大户 0.25 万户；水产养殖大户 0.98 万户。① 这些新型农业主体在葡萄、棉花、淡水鱼、水稻等农产品的种植和经营上初具规模，已经在较大的区域范围内获得了比较竞争优势。在新型农业主体的带动下，很多家庭联产承包形式下的农业生产者也成为有关农产品供给的重要补充，而且这些传统农业生产者在某些农业产品的供给总量上甚至还远远超过了新型农业主体。从近几年农业主体发展的实践情况来看，荆州市新建的新型农业主体和传统的生产者总体上仍处于市场竞争中的弱势地位，其经营和发展主要存在着以下几方面的问题。

（一）农业主体的经营规模严重偏小

欠发达地区农业主体仍以传统家庭承包的小规模分散经营为主，

---

① 湖北省荆州市农村经济经营管理局：《加快培育新型农业经营主体 促进农业发展方式转变——湖北省荆州市培育发展新型农业经营主体情况汇报》，http://www.caein.com/index.php/Index/Showcontent/index/bh/025/id/107443。

还远远达不到适度规模经营的要求。首先，经营规模太小导致农民收入少、种地意愿下降、农产品竞争力不足。据估计，农户的经营规模要达到100—300亩，才会获得经营的规模效益（张玉成，2015）。其次，经营规模太小导致现代农业物质技术装备的应用及金融服务的提供在欠发达地区失去吸引力，进而制约农业生产率、土地产出率、资源利用率的提升。最后，分散的小规模经营导致对农业生产过程进行监管的难度较大，限制着农产品质量的提高及市场竞争力的提升。

（二）农产品销售议价能力差

由于缺少完善的农业现代化服务体系，欠发达地区农民在农业生产过程中扮演着多种角色，既是生产经营者，又是产品销售者，还是管理决策者。种什么、怎么种、产品的市场销路在哪里等涉及农业生产的所有环节都需要农民自身去决策、去把握、去执行、去操作。由于农民自身各方面素质具有局限性，以及农产品市场变幻莫测，导致农民生产出来的产品无处可卖或被迫低价出售。荆州市的农业现代化基础薄弱，长期以来区域农产品无法实施有效的差异化竞争策略，同时，农产品的规模化水平和技术水平难以使区域农产品的供给突破季节上的限制，本地农产品往往在价格开始下降时才能上市。通常情况下，农产品价格是根据种类、采购量、合作关系等进行综合定价，导致各个交易环节价格非常不透明；此外，在尚未建立起完整外向型销售渠道的条件下，生产规模的扩大将会进一步促使本地农产品价格快速下降，由此导致分散化经营的农业主体难以获得产品销售的议价能力。因此，导致有关农业主体的经济效益增长的不确定性增强，甚至会出现增产不增收的情况。这种现象已经严重挫伤了当地农民生产的积极性，阻碍了农业的健康可持续发展。

（三）缺少质量稳定的批量市场化农产品

目前，我国主要农产品商品化率整体已达到了60%以上，农民经营费用的货币化程度已达到70%以上，表明农业经济的市场化程度已较高。但总体而言，欠发达地区农产品商品化程度要低于平均值，特别是省内欠发达地区的农业经济依然还是一种有限的市场经济，农产品商品率不高，农民经营费用的货币化程度较低的问题还很突出。荆州市依然以粮食产业为主,其他产业如非粮产业、养殖业比重偏低,总体规模不大。另外,农产品直接关系着消费者的安全与健康,其质量品质和安全性是消费者最为关注的。欠发达地区由于农民市场主体意识较差,对农产品的质量品质和安全性关注不够,控制生产过程的污染和有害物质残留检测手段比较落后,致使农产品及其加工产品的市场竞争力不强,一些优质的产品却难以进入主流地区的消费市场。而且,欠发达地区农业主体的分散生产使区域内农产品质量很容易受到天气、病虫害以及人力因素的影响,致使区域内缺少质量稳定的批量农产品供应,也难以在农产品流通领域形成足够的品牌优势。

(四)农产品生产的专业化分工存在盲目性

在新型农业主体建设实践中,区域政府部门通常会重点引导或扶持已经具有一定规模优势或品牌优势的重点农产品。但是,这种由上到下的"安排",使政府部门在新型农业主体认定过程中可能会过多地干预农业主体的专业化分工;此外,欠发达地区往往会出现产量增加就"卖难"的现象,导致农民害怕市场,不敢轻易调整结构,更不敢轻易走上特色发展之路。因此,农民会被动地接受这种由上到下的"安排"。同时,新型农业主体建设过度地重视农产品价值链中的农产品基地建设,而忽视农业产业链在营销、生产运营、技术创新、社会资源利用等环节的延伸。然而,由于比较优势和竞争优势长期存在分离的现象(刘春香,2005),真正的竞争优势应该来自于农业产业链的协同,片面地引导农业主体扩大已经具有比较优势的农产品规模会加剧区域内部的竞争,使区域农产品趋于严重的同质化,甚至逐渐失去原有的比较竞争优势。

(五)农业技术传播、推广难

要提高农产品的产量和质量,需要农业主体掌握一定的先进农业技术。另外,许多影响深远的资源利用、科技应用、市场拓展和抵御风险活动,包括建设资源节约型、环境友好型农业,往往具有较强的外部性,农户缺乏参与的动力甚至能力,往往会导致参与这项活动时面临较高的"动员"成本和"协调"困难。目前,欠发达地区的农村劳动力分配状况普通为:青壮年劳动力大多出去打工,在家务农的绝大多数是妇女和老人。这种现象在欠发达地区尤为明显，现有劳动力严重缺乏与农业生产相关的理论知识，而且实际生产操作的技术水平也较低，对农业技术的吸附能力极差，导致欠发达地区农业技术传播缺乏受众。欠发达地区在推广新农作物产品、推广动植物疫病防治、实行农产品原产地保护和农产品质量安全追溯制度，以及推进农产品优质化、标准化和品牌化经营时，往往会面临较大的困难，与此也有很大的关系。

（六）区域农业主体的风险应对能力不足

欠发达地区农业从业人员素质普遍偏低，然而新型农业主体的经营要求从业人员除生产农产品外，还需从事经营活动，推广应用新品种、新技术，具备较高的机械化操作水平和较强的市场竞争意识。虽然荆州市正在大力推进新型农业主体的建设，但没有从根本上改变区域内农业人力资源原有的结构。大量青年农村劳动力向非农产业的转移使现有农村劳动力在性别、年龄、体力、智力上与新型农业主体素质的要求相偏离。目前，欠发达地区农业经营仍呈现为粗放化和欠组织化，农业专业化分工、社会化协作发展缓慢，在一定程度上是农户行为的"理性选择"，进一步导致了区域机械化、农民高素质化、信息化、服务社会化发展滞后。此外，欠发达地区新型农业主体的申请政策存在很大的弹性，很多风险控制能力差的农产品生产者已经参与到新型农业主体的建设中，但其农业创新能力、抗财务风险能力和可持续发展能力都处于较低的水平，当地农业服务体系通常也缺乏必要的风险分担机制。例如，土地的流转和规模化经营使农业主体的投资增大，但农业主体还是无法把握因农产品价格或自然因素变化所带来的不确定性收益。

（七）家庭为主体的生产结构增加了推进农业发展方式转变的难度

欠发达地区"小而全""小而散"的农户家庭经营之间存在着较强的同质性，缺乏分工协作，加剧了区域农产品成本高、农业经营效益低和农业竞争力弱的问题。随着农村青壮年劳动力大量进城，农户兼业化、农业经营副业化和农业劳动力老弱化的问题进一步加剧，导致以农为辅的兼业经营成为农业经营的主体形态。此外，对家庭农场、合作社等新型农业主体规模的限制使以家庭成员为主的劳动力在短期内难以改变传统的耕种和销售模式。由此，会推动农业经营粗放化、农业技术选择简约化，甚至会导致农业商品化出现退化，制约农业土地产出率、资源利用率和劳动生产率的提高，也容易导致农户的农业经营日益偏离农业发展的效率目标，弱化农户推进农业集约化和专业化的动力。

（八）区域内的农产品生产模式有待完善

目前，理论界和实践界对区域农业发展主推"公司＋基地（农户）""农民合作社＋家庭农场（农户）""农业产业集群"等模式。这些模式虽然在多数欠发达地区已经得到推广，但其应用范围和效用在欠发达地区仍受到诸多限制。

（1）"公司＋基地（农户）"模式。

当前，中国农业中大多数成熟企业多采用"公司＋基地（农户）"的传统生产模式。虽然一些大企业自己建有大型的基地，但其经营主体多是由个体农民、夫妻档、合作社等形式构成。由于"公司＋基地（农户）"模式有利于农户销售农产品，因此目前占据着主导地位。例如，荆州市的福娃集团在粮食深加工方面就广泛采用了"公司＋基地＋农户＋科技"的发展模式，实现了政府、企业和农户"三赢"目标。但是，这类模式本质上仍是以农业企业为主导的供应链（高志敏、彭梦春，2012），欠发达地区的农户或其他农业主体失去了土地的经营自主权，在供应链条中始终处于弱势地位。

（2）"农民合作社＋家庭农场（农户）"模式。

在家庭农场、专业大户等新型农业主体出现后，各区域政府开始提倡"农民合作社＋家庭农场（农户）"的模式。这种模式通常以形成一定规模的种植户或养殖户作为基层生产单位；专业合作社以法人身份按产业链、产品、品牌等组建联合社，而联合社是把更多的家庭农场联合起来，为家庭农场或专业大户进一步提供生产技术、农产品销售、生产设施等多方面的服务。具体而言，农产品生产的耕、种、收等主要环节由合作社负责，而田间管理主要由家庭成员来完成。但从欠发达地区的运作实践来看，合作社的发展对欠发达地区的农业主体的服务效果仍然不尽如人意。其原因在于：一方面，欠发达地区的弱势农业主体的生产规模或产品质量没有达到较高的水平，加入或不加入合作社的利益并没有太大的差异；另一方面，弱势农业主体没有扩展农业产品供应链的能力，因而仍然改变不了类似传统农业生产模式下的被动地位。此外，多数农产品价值链中的基地建设、营销、生产运营、技术创新、社会资源利用等环节仍存在不足。

（3）农业产业集群模式。

农业产业集群把相关的农户、农业流通企业、农产品加工企业按照区域化布局、产业化经营、专业化生产要求，在地域空间上形成集聚，从而形成"种植业成带、养殖业成集、加工业成群、流通业成规模"的格局（张有闻，2007）。农业产业集群经常向下延伸到农产品的销售渠道和客户，并侧面扩展至辅助性产品的制造商以及与技能、技术或投资相关的公司，其发展不仅有利于降低农产品的交易费用，形成区域农业品牌优势，还有利于改善城乡之间的生态环境。因而被很多学者认为是我国农业现代化和提升农业竞争优势的重要途径（戴孝悌，2012）。但是，区域农业竞争优势的提升依赖于产业集群外部经济性、合作效率以及技术创新潜力的发挥，而欠发达地区农业主体的发展却缺少必要基础条件的持续支撑。从目前情况来看，欠发达地区缺乏进一步形成农业集群的基础条件；短期内很难具备建立农业产业集群所需的机械化、信息化和人员高素质化等方面的条件。同时，欠发达地区农业竞争优势的发展规划缺乏明确的指导思想和长期有效的战略导向，政府过多的干预，造成发展实践中片面地追求各类农业产业集群形态和规模上的发展，使部分区域在优势农产品规模化过程中同质性明显，造成恶性价格竞争，必然会导致建立在单一优势资源基础上的比较竞争优势逐渐丧失。此外，现有集群中服务主体的职能不明确，组织结构及配套的支持体系不健全，难以发挥集群应有的规模优势和外部效应。欠发达地区也忽略了支持产业集群优势持续发展的政策环境、辅助机构以及商业模式等方面的经验积累和创新建设。

（九）农业产业组织缺乏竞争力

发达地区依托其在核心技术、资本实力、管理经验、经营理念、信息网络、市场营销甚至网络平台等方面的优势，在农产品或农资批发市场、现代营销体系、农业金融等农业服务业和农产品加工、种业等农业战略性环节、关键性领域基本实现了农业产业链现代化。发达地区农业发展越来越多地呈现出了网络化和产业链一体化的特征，容易形成对欠发达地区农业产业链和现代农业产业体系的"控制效应"，从而加大欠发达地区农业产业组织在产业链中"被边缘化"的风险。

面对上述障碍，欠发达地区弱势农业主体的农业现代化显然需要经历一个长期的过程。首先，要通过准确的农产品市场定位和特色挖掘来突破弱势农业主体参与市场化的瓶颈，再通过区域农业产业链的整合、延伸、优化以及市场运作机制的创新来激发区域农业产业链的综合竞争潜力，从而逐渐促进农业主体进行具有规模经济性的特色农业生产，而这个过程在宏微观条件欠佳的欠发达地区还需要一套新的农业现代化理论体系和实践方法给予支撑。

第二节 "互联网＋"对欠发达地区弱势情境的改善作用

一 "互联网＋"思维创新

（一）互联网思维

随着互联网技术的逐步发展，越来越多的商业形态不断受到互联网的冲击，当这种冲击不断加深和变革不断加剧的时候，互联网就不再仅仅是一种技术，而是逐渐演变成为一种思维范式。在百度的一个大型活动上，李彦宏首次提到"互联网思维"，他认为，现代企业家们做的事情可能不是互联网，但也需要逐渐用互联网的方式去想问题。现在互联网思维已经不再局限于互联网领域内，几乎所有传统商业都会被这场互联网思维浪潮所影响、重塑乃至颠覆。工业化时代"三位一体"的标准化生产模式，即大规模生产、大规模销售和大规模传播等已经被互联网思维重新解构。从基础应用（如 E－mail 发邮件、微信发通知、百度查信息）到商务应用（如在线协同办公、在线销售、在线客服），乃至优化整个企业经营的价值链条都受到互联网思维的影响。

互联网思维是对整个商业世界产生的一种全新认识，具体包括互联网精神、互联网理念和互联网经济三个方面（李海舰、田跃新、李文杰，2014）。赵大伟认为，互联网思维是在（移动）互联网、大数据、云计算等科技不断发展的背景下产生的，不仅是对传统营销和产品开发方式的改造，还是对市场、用户、产品、企业价值链乃至整个商业生态进行重新审视的思考方式，主要包括用户思维、简约思维、极致思维、迭代思维、流量思维、社会化思维、大数据思维、平台思维和跨界思维等。

（1）用户思维。该思维是指对经营理念和消费者的理解。用户思维贯穿企业运营的始终，是互联网思维的核心。互联网消除了信息不对称，使得消费者掌握了更多的产品、价格、品牌方面的信息，互联网的存在使得市场竞争更为充分，市场由厂商主导转变为消费者主导。厂商必须在市场定位、产品研发、生产销售乃至售后服务等整个价值链的各个环节，建立起"以用户为中心"的企业文化，以"以用户为中心"的理念来调整生产和管理方式以适应互联网经营的需要。互联网使人们表达、表现自己成为可能，产生了参与到一件事情的创建过程中的愿望。用户思维要求企业能准确定位目标消费群体，针对目标消费者的需求，兜售参与感，而通过全程用户体验来实现销售的商业逻辑。

（2）简约思维。该思维是指对品牌和产品规划的理解。以往品牌厂商多习惯大而全，产品线显得冗长，在产品包装上也恨不得列上全部产品卖点。简约思维就是指在产品规划和品牌定位上力求专注、简单，在产品设计上力求简洁、简约。把产品做得非常简单，就能打动人心，获得超出预期的体验，就能赢得用户。

（3）极致思维。该思维是指对产品和服务体验的理解。互联网时代的竞争非常残酷，垄断生产、销售以及传播将不再可能。现代企业需要以用户为中心开展经营活动，用户需要什么，就研制、生产什么，而且需要把产品异质化做到极致。只有把一个产品做到极致，超出消费者的预期，并为其带来极致化的体验，才可能真正地抓住用户，并赢得用户的忠诚。

（4）迭代思维。该思维是指对创新流程的理解。传统企业推出新品多有一个长达2—3年的上市周期，而互联网的信息传递、获取、消费速度非常快。在互联网情境下，企业的产品开发应采用迭代方式，在与用户不断的碰撞中把握用户的新需求，进而快速地使产品在用户参与中得以完善。

（5）流量思维。该思维是指对业务运营的理解。互联网企业都有较为典型的流量思维，"流量即入口""流量就是金钱"等理念推动着互联网企业实施以流量为先的策略。获得更多的互联网流量往往是以免费为基础的，从没有哪个时代能让消费者享受如此之多的免费服务。按照云计算的发展趋势，未来互联网的三大基础要件，如带宽、存储、服务器等主要硬件设备都将无限指向免费或以成本价出售；大量的信息资源和服务也将通过免费的方式来获得流量，广告、电子商务、增值服务才是未来商业模式创新和竞争的焦点。

（6）社会化思维。该思维是指对传播链、关系链的理解。依赖于互联网的网状联结中没有中心节点，各节点虽然拥有不同的权重，但没有一个节点拥有绝对的权威。互联网技术结构决定了"平等"和"开放"成为互联网的本质，但是，网络中节点的价值则取决于节点的广度和厚度。节点联结越广、联结越厚，其价值就越大，而联结的基础则又决定于信息含量及信息的价值。现代企业为了在网络结构中能更有效地生产数据、分享数据、创造价值，需要致力于构建一个社会化的"生态系统"。

（7）大数据思维。该思维是指对企业资产、核心竞争力的理解。未来企业的管理将从传统的多层次走向更加扁平、更加网络、更加生态的方式，其运行将产生大量的数据。互联网使数据的搜集和获取变得更加便捷，大数据将成为企业、供应链，甚至产业价值链的核心资产，数据挖掘与分析将成为企业瓶颈的突破口、关键竞争力乃至核心竞争力。

（8）平台思维。该思维是指对商业模式、组织模式的理解。平台是快速配置资源的架构。互联网三大巨头分别构建了搜索、社交、商务三个领域的生态体系，已经成为各自领域的平台组织。平台思维还可以包括将企业、产品、员工、用户转化为平台（李海舰、田跃新、李文杰，2014），共同服务于企业所需的资源配置过程。

（9）跨界思维。该思维是指对产业边界、创新的理解。随着互联网和新科技的发展，很多产业的边界正逐渐变得模糊，互联网企业的触角已经无孔不入，掌握了用户和数据资产，将可以参与到跨界竞争中。

（二）互联网思维对产业发展的影响

互联网思维具有开放、互动、合作的特性，将会深刻改变人与人、人与组织、组织与组织之间的关系，重新架构企业的运营模式，也会改变全产业链上的研发、生产、物流、市场、销售、售后服务等环节的连接形态。互联网思维的真正意义在于对传统企业价值链和产业链的重新审视。企业层面，要在战略、业务、组织、技术等方面利用互联网思维进行重新思考和改造，实现企业无边界发展，最大可能地利用和整合社会资源，而将主要精力集中在其核心能力建设上。在产业层面，要利用互联网思维进行价值重组和产业环境调整，把市场中的契约关系引入企业内的产权关系，使产权关系和契约关系融为一体，以此打造价值网络体系，然后明确各个企业在价值网络体系中的定位，形成产业内的网络化生态（李海舰、田跃新、李文杰，2014）。

具体而言，“互联网＋”思维的不同维度可布局在传统价值链的不同层面和环节。用户思维、大数据思维贯穿整个价值链条的始终；简约思维、极致思维、迭代思维主要体现在产品研发、生产和服务环节；流量思维、社会化思维主要体现在销售和服务环节；平台思维体现在战略、商业模式和组织形态层面；跨界思维主要是基于产业层面。按照互联网思维在传统价值链中的布局，赵大伟进一步提出了互联网时代的“价值环”模式（赵大伟，2014），如图 3－1 所示。在“价值环”模式中，战略制定和商业模式设计要以用户为中心，业务开展要以用户为中心，组织设计和企业文化建设都要以用户为中心。战略层、业务层和组织层都围绕着终端用户需求和用户体验进行设计。其中，在业务层面将用户端和供应链端联结起来，形成了一个闭环，不断地实现价值动态地传递，用户将需求反馈至研发生产，研发生产形成产品或服务再传递到销售端，销售端通过接触用户又形成二次循环。这种"价值环"模式要求持续不断地关注用户需求、聆听用户反馈并且能够实时做出回应，这是未来各种产业链建立生产模式和商业模式的基础。

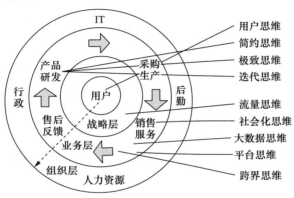

图 3-1　互联网时代的价值环模式

资料来源：和君咨询。

二　"互联网+"农业的内涵

世界各国的农业资源禀赋和现代农业路径有很大的不同，但结果却存在着相似性，即农业发展越来越依赖于技术、制度和组织创新，而对土地、水资源、资本和劳动力的依赖性正逐渐下降。自国务院总理李克强于 2015 年提出"互联网+"以来，"互联网+"便成为经济与社会发展的风口。全国上下正在谋划推动新一代信息技术与现代产业跨界融合，打造新引擎，培育和催生经济社会发展新动力，形成一批具有重大引领、支撑作用的新业态、新产业。至今，以"互联网+"为代表的新一代信息技术正向农业领域不断渗透，为确保国家粮食安全、确保农民增收、突破资源环境瓶颈的农业科技发展提供新环境，使农业科技日益成为加快农业现代化发展的决定性力量。

"互联网+"农业是指利用互联网、物联网、云计算、大数据等信息技术与现代农业相结合，创建的基于互联网的农业新形态，它是一种产品安全、管理协同、资源节约、环境友好的农业升级版。[①] "互联网＋"农业也可以理解为，在互联网思维指导下，充分利用移动互联网、大数据、云计算、物联网等新一代信息技术与农业的跨界融合，创新基于互联网平台的现代农业新产品、新模式与新业态。总体上，"互联网＋"农业代表着新的农业发展形态，利用信息通信技术和互联网平台，让互联网与传统农业深度融合，创造新的产业发展生态，特别是在生产要素的配置、科技成果转化和科技服务、降低交易成本、传统农业的转型和发展升级中，都将发挥不可替代的作用，也是我国全面实现农业现代化的必由之路。从实践的角度看，"互联网＋"农业的内涵至少包括以下几个方面：

（一）开创农业发展的"众筹"模式

农业的发展需要利用大众的力量，实现农产品供给、能力、资源、技术、资金等多方面的"众筹"。"互联网＋"农业提倡跨区域农业生产主体的广泛参与，能将各类优势农业资源通过网络连接起来，提升农产品供需对接的准确度和效率。因而，"互联网＋"农业可以成功地将互联网与社会资本带入驱动农业发展的轨道中。一方面，"互联网＋"农业能吸引更多的社会投资完善农业供给端；另一方面，能将消费端的投资与农业供给端的生产融合起来，使消费者能以"股东"的方式参与农产品的生产，并获得农产品的质量保障。

（二）充分挖掘农业经营主体数据的价值

"互联网＋"农业使各类涉农信息能够突破时空限制，实现即时性传播。如各类农技知识、农业资源、农产品信息、农业政策、农业教育、农业金融等在传播中遇到的信息不对称问题，都可以通过"互联网＋"得到有效解决。"互联网＋"农业基于开放数据、开放接口和开放平台运作，在这个过程中会沉淀大量的源于顾客、供应商以及企业内部生产与管理的运营数据。通过数据共享、集成和挖掘，能影

---

① 王文生：《以"互联网＋"农业为驱动打造我国现代农业升级版》，http：//news. xinhuanet. com/info/ttgg/2015－05／20/c_ 134253587. htm。

响农业主体的生产和经营模式，有效地实现去中间化和精准农业，更有利于构建一种"生态协同式"的产业创新模式。

（三）其本质仍是农业生产

"互联网＋"农业对培养新型的农业主体，推动农业生产、销售和服务领域的创新都具有重要的作用，但其本质是改变农产品的生产方式，提高农产品的生产效率和农产品的质量。农业生产将机械2.0时代，向定制化、智能化、精准化的3.0时代迈进（王艳华，2015），将互联网技术应用于农业生产的智能农业和农业物联网的建设，并通过互联网支配农业资源再分配，激活农产品消费的新形态。

（四）保障各类农业主体的利益

大部分农产品生产主体在传统农产品供应链中，没有定价权，其收入始终难以提高。同时，农业信息化往往是政府单向往下推，村内虽然都开设了信息站，但因为农民没有成为信息化应用和收益的主体，故农业数据化、生产智能化等难以推广和实现。"互联网＋"农业发展过程中，要完善区域龙头企业、农民合作社、农民专业协会与农户之间的利益联结关系，创造各类经营主体分享"互联网＋"农业发展成果的条件，特别是保障基层农业生产主体的生产性收益和非生产性收益，建立"互联网＋"农业得到认可和支撑其发展的群众基础。

（五）帮助农业产业链重构和优化

《关于积极推进"互联网＋"行动的指导意见》要求把互联网的创新成果与农业各产业、各领域、各环节全面深入地融合起来，涉及整个农业产业链系统，包括农资供应、农业金融、农业生产以及农产品的流通、加工、消费等环节融合在一起，还涵盖了新产品、新模式与新业态。这种发展趋势必然会引发农业产业链的重构和优化。

三 "互联网＋"农业对欠发达地区农业现代化的作用

欠发达地区要在产业基础薄弱、财政支持政策有限、农产品市场化能力滞后等弱势情境下，实现从竞争力缺乏到比较优势，再到竞争优势的转化需要特殊的农业现代化突破口和长期的动力机制。"互联网＋"能促进专业化分工、提高组织化程度、降低交易成本、优化资源配置、提高劳动生产率；而且，"互联网＋"通过便利化、实时化、感知化、物联化、智能化等手段，为农地确权、农技推广、农村金融、农村管理等提供精确、动态、科学的全方位信息服务，正成为我国现代农业跨越式发展的新引擎。欠发达地区应利用"互联网＋"农业行动计划推进的机遇，充分挖掘"互联网＋"相关技术促进区域农业发展的潜力，对区域农业生产、市场化运作、农业产业链完善，甚至是区域社会发展都有着重要的作用。

（一）升级欠发达地区农业生产现代化模式

世界各国的农业生产模式正经历着从农业 2.0 向农业 4.0 的整体演进，传统小农生产已经基本过渡到机械化生产，正逐渐向精确化生产和智能化生产迈进。如今，以智能化、精准化、定制化为主要标志的中国农业 3.0 时代已经到来，逐渐渗透到了农业生产、农产品销售、农村综合信息服务等各个环节（魏延安，2015）。与发达国家和发达地区相比，欠发达地区的农业生产条件落后，农业科技水平低，制约着农业经济增长方式的转变（张有闻，2007）。一是农业生产条件落后。农业基础设施几十年变化不大，不少地方还处于"靠天吃饭"的状态。二是农业科技水平较低。大多数青壮年和拥有一定素质技能的农民都外出务工了，留下来的农民大部分只有传统的耕作技术和经验，对现代科技的接受与应用能力较差。同时，欠发达地区农业科技创新能力较弱，农业科技应用与推广体系尚不健全。农业基础设施落后及科技水平低的状况导致欠发达地区农业长期以来只能采取粗放式的经营模式，对资源进行掠夺性利用，进而导致区域农业经济增长缓慢，农业资源浪费严重。现代农业发展要求"用现代物质条件装备农业，用现代科学技术改造农业"，能较好地改变落后的农业基础设施，提高农业科技水平，改变过去那种单纯注重数量和速度追求农业生产扩张，单纯依靠资源的外延式开发、利用追求农民收入提高的增长模式，从而更有效地利用农业资源，提高资源利用效率，保护生态环境，实现农业生产的良性循环，做到生态、经济、社会效益的有机结合，进一步增强农业的可持续发展能力。"互联网＋"农业带来的智能农业生产方式，以计算机为中心，通过对当前精确农业、农业物联网、互联网云服务、大数据分析等技术的综合集成,帮助欠发达地区实现农业生产全过程的信息感知、智能决策、自动控制以及精准化作业和管理,实现"生产可控、环境可测、质量可溯",将农业的标准化、规范化大大向前推进了一步。然而,欠发达地区农业生产向农业3.0转化的进度缓慢是不可否定的事实,目前已经失去了农业市场竞争所依赖的质量和规模优势。"互联网＋"农业的推进可以为欠发达地区解决农业劳动人口紧张、生产技术落后、农业规模化难以推进、农产品质量安全以及产品价值实现等问题,同时也能使区域内农业生产要素的配置更加合理化、农业生产经营的管理更加科学化。

（二）促进欠发达地区农产品市场化

农产品推广难一直是制约欠发达地区农产品实现市场化的瓶颈。在农业3.0时代的大背景下,我国农业电商发展所需的外在基础已经成熟,进入了加速转型和创新发展的黄金期,目前已经成为"互联网＋"农业的重要实践模式和最热门的创业方向。例如,阿里巴巴已经推出农村淘宝"千县万村计划",未来将投资100亿元在全国建立1000个县级电商服务中心和10万个村级服务站,覆盖全国1/3的县以及1/6的农村地区。农村淘宝可以向农民提供农用商品、农资农具、日常用品,同时也代理农产品的网上销售。京东也启动了"乡村代理人"招募和"京东帮服务店"项目,探索农村市场双向流通模式。利用这些电商平台发展或自建具有区域特色的平台可以帮助欠发达地区实现传统农产品市场化经营模式快速地向B2B、B2C、O2O转型,准确而及时地与区域城镇以及与国内外两个市场相对接。

（三）创新欠发达地区农业商业模式

互联网对农资销售、土地流转、农业金融等商业领域都带来了潜移默化的渗透和改变,同时也刺激了农业商业模式的创新。互联网对欠发达地区农业现代化最重要的作用之一表现在促成了农产品消费与生产群体相互信任、平等交易的市场均衡状态,不仅大大降低了农业生产群体的联合成本,而且消费者通过网络组织实现零时间、零距离和零成本的逻辑聚集,形成对生产者具有强大议价能力的组织,从而可以改变区域的整体农业商业模式。目前,已涌现的商业创新模式包括农资电商平台、农产品电商平台、土地流转电商平台、农业大数据服务平台、城乡物流渠道平台、农业物联网平台、休闲农业互联网平台等。特别的，"互联网＋"农业已经从"空间、时间、成本、安全、个性化"五个角度全面改变农产品消费市场，增强农产品消费者的客户体验和客户黏性。例如，扶沟县韭菜研究采用微信派发"种子红包"，6 个新品种共 5000 份种子通过微信公众平台赠送给全国各地菜农，实现了新品种低成本、高效地快速推广。农业生产主体也可以方便地注册微信、微博账号，通过互联网招徕客户，网友在农场承包果园和菜地，玩现实版的开心农场游戏（魏延安，2015）。

（四）完善和优化欠发达地区农业产业链

当前农业产业链系统存在着明显的效率低下问题，例如信息逐级交互、物资（产品）逐级流动、支付和物资一起逐级流动、信贷服务独立于其他行为等。推进互联网和农业的融合，应着眼于整条产业链系统，深度嵌入到农资供应、农业金融、农业生产以及农产品的流通加工消费等环节。"互联网＋"农业融合了软件、云计算和大数据等互联网技术，也融合了移动网络技术与物联网感知技术。这些技术会深度介入整个农业产业链，重新组织劳动工具、劳动者和劳动对象，实现整个区域农业产业链的升级。"互联网＋"对农业产业链的重构就是通过信息流打通各个环节形成一个完善的农业互联网生态圈，而农业互联网平台将成为产业链的核心，融合整个产业链的物质、资金和信息流，使得整个产业链共生、共赢、互利。

（五）助力欠发达地区三产融合发展

当前，欠发达地区主要以劳动密集型农业生产方式为主，劳动密集型农业存在两个问题，一是农业效益不高，农民增收难。劳动密集型农业本质上就是一种低效益的"粗放经营"，其直接结果是从事农产品生产的农民收入难以提高。二是排斥资本和技术。劳动密集型农业以劳动力投入为主，一定程度上排斥大型资本的投入，以及农业科技创新及推广。改造和提高劳动密集型农业的关键是把劳动密集农业与资金、技术密集型农业结合起来，突出资金、技术在劳动密集型农业中的作用。发达地区的实践证明，科学地将劳动密集型农业和资金密集型、技术密集型农业结合起来，是加快发展现代农业的核心内容，它一方面可以让农业继续容纳现有的无法转移出去的农村劳动力；另一方面通过吸纳更多的资金，承载更多的先进技术，提高农业的集约化、专业化水平（张有闻，2007）。"互联网＋"农业以产业之间的融合渗透和交叉重组为路径，加速推动农业产业链延伸、农业多功能开发、农业门类范围拓展、农业发展方式转变，为促进城乡第一、第二、第三产业融合发展提供信息网络支撑环境，最终形成区域内的"6次产业"。例如，互联网＋"农业能通过便利化、实时化、感知化、物联化以及智能化的手段，为农产品购买、农技推广、农村金融、农村物流提供精准、动态、科学的全方位信息服务。基于"互联网＋"的"生态协同式"农业科技推广服务平台，将农业科研人才、技术推广人员、新型农业经营主体等有机结合起来，在农田、气象、水利、设施、病虫害防治、农机装备、农产品质量溯源等环节都存在巨大的创新空间。虽然移动互联网在传统的种业、农业机械、特种养殖、农田水利等细分领域的发挥空间相对有限，但可通过手机APP、移动互联网打造食品安全和现代农业品牌，再通过品牌运作对种植、养殖、加工、物流、营销等产业链各环节进行垂直整合，进而向休闲农业、循环农业、高科技农业、有机农业、旅游农业甚至农业金融等方面进行横向拓展，这些方面都孕育着三产融合发展的机会。

（六）解决欠发达地区农村存在的社会问题

"互联网＋"基于大数据、云计算的技术，具有打破信息不对称、优化资源配置、降低公共服务成本等优势。"互联网＋"农业能够低成本地把农村特色农产品与城市居民的消费需求进行对接，能够把城市公共服务辐射到广大农村地区，能够提供跨城乡区域的创新服务，为实现文化、教育、卫生等公共稀缺资源的城乡均等化构筑新平台。"互联网＋"农业可以使更多的外出村民返乡创业，会逐渐衍生出围绕农村淘宝产生的生态圈，为优质农产品线上交易创造条件，提高农业主体从事农业生产的积极性，有利于建立农业产业发展、农业现代化与欠发达地区农业主体的利益联结机制。农业主体就近就业和经济收入的提升，可吸引更多年轻人返乡扎根农村，缓解留守儿童、空巢老人等农村社会问题。

欠发达地区利用互联网优势对传统农业发展方式进行重塑将是其实现农业现代化的新出路。但"互联网＋"农业对欠发达地区农业现代化的作用并不能随着"互联网＋"时代的到来而自然衍生，需要区域政府部门以及农业经营主体准确把握"互联网＋"农业发展的趋势和特征，通过不断的改革和创新，在农业现代化基础投入、农业生产方式、商业模式、服务模式、农业人才结构等方面进行深度变革和调整，才能打造出"互联网＋"形态下区域农业现代化的新优势。

第三节 国家农业现代化有关政策导向及与 AFNs 的关系

一 欠发达地区农业现代化面临政策叠加形势

我国农业现代化进程正处于"粮食安全保障"思路调整、"互联网＋"农业推进、"五化同步"、精准扶贫以及农业供给侧结构性改革等重大国家政策的叠加期。欠发达地区如果能充分理解和把握这些政策核心内容将能确保其农业现代化进程遵循正确的方向，同时可获得良好的政策红利支撑。

（一）"互联网＋"农业行动计划的推进

2015 年以来，国家从政策层面进行了一系列的"互联网＋"农业发展布局，昭示着"互联网＋"农业大潮正扑面而来，欠发达地区农业产业正面临着前所未有的发展和变革机遇。2015 年 2 月，李克强总理在《求是》杂志发表署名文章，指出当前我国农业发展面临着提高价格和增加补贴两个"天花板"、生态环境和资源条件两道"紧箍咒"，要持续发展只能加快推进农业现代化，促进农业发展方式转变。

2015 年 5 月，国务院出台《关于大力发展电子商务 加快培育经济新动力的意见》，提出加强互联网与农业农村融合发展的政策导向，明确中央财政将拿出 20 亿元专项资金用于农村电商基础设施建设。随后，商务部会同相关部门研究制定了《关于加快发展农村电子商务的意见》，重点集中在农村流通网络信息化改造、建立农业生产资料平台、发展农产品电子商务、服务电商平台四大方面。该指导意见是首个全面部署农村电商发展的文件，必将进一步推动农资、农产品电商行业的发展。

2015年，《关于积极推进"互联网＋"行动的指导意见》提出，要在"互联网＋"农业方面做好构建新型农业生产经营体系、发展精准化生产方式、提升网络化服务水平、完善农副产品质量安全追溯体系四个方面的工作。2015年7月25日，以"互联网＋农业，产业融合新时代"为主题的"2015农产品与农业产业发展高峰论坛"在北京举行，该论坛紧扣"互联网＋"农业的主题，围绕"趋势、跨界、品牌、渠道"四大议题，从政策、市场、金融等多个角度，对"互联网＋"助力农业发展的"大融合"进行了探讨。

（二）"精准扶贫"政策的落地

欠发达地区弱势农业主体普遍比较贫困的现状没有发生根本性的改变，他们对农业现代化往往着有更多、更强烈的经济利益诉求。"精准扶贫"政策是针对不同贫困区域环境、不同贫困农户状况，运用科学有效程序对扶贫对象实施精确识别、精确帮扶、精确管理的治贫方式。"精准扶贫"的重要思想最早出现在2013年11月，习近平到湖南湘西考察时首次做出了"实事求是、因地制宜、分类指导、精准扶贫"的重要指示。2014年3月，习近平参加两会代表团审议时要求通过精准识别贫困对象，优化配置扶贫资源，制订落实精准措施，着力改善贫困村、贫困户的生产生活条件，提高贫困人口的自我发展能力，改善贫困地区的发展环境，加快全面小康建设步伐。

我国的"精准扶贫"政策注重"六个精准"，坚持分类施策，因人因地施策，因贫困原因施策，因贫困类型施策，通过扶持生产和就业发展一批，通过易地搬迁安置一批，通过生态保护脱贫一批，通过教育扶贫脱贫一批，通过低保政策兜底一批，广泛动员全社会力量参与扶贫。为提高扶贫工作的精准性和有效性，促进贫困村、贫困户早日脱贫致富，需要统筹安排资金集中用于到村到户项目和体现贫困群体意愿、带动减贫的重大产业发展、基础设施建设、公共服务等项目；要从解决突出问题入手，建立有内生动力、有活力，能够让贫困人口自己劳动致富的长效机制。为此，欠发达地区要把发展产业、增加贫困户收入摆在首位，结合当地资源实际，选准特色优势产业，大力推进贫困村特色扶贫产业体系建设。通过基地带动到户、能人带动到户、合作组织带动到户、龙头企业带动到户，实现贫困户增收脱贫。另外，欠发达地区以小规模种植为主的生产结构造成了土地资源严重的浪费；同时，由于缺少集中连片的大面积耕地，也不利于提高农业机械化程度和农产品质量的标准化（李克强，2015）。精准扶贫与土地流转政策紧密相关，需要通过土地流转盘活闲置土地，发挥产业的规模效应。欠发达地区要在尊重农民意愿的基础上，提倡通过培育专业大户、家庭农场、股份制、土地托管、合作经营等方式推进农村土地适度规模化经营。通过土地流转，使土地向致富能手和龙头企业流转，实现由农民向产业工人的转变，通过土地流转收入、打工收入和企业分红，提高农民收入。"精准扶贫"政策的推进为"互联网＋"农业生产的规模化和标准化消除了障碍，对欠发达地区未来发展农业物联网、推行智慧农业、提高农产品在质量和规模上的竞争优势具有重要的现实意义。

（三）"五化同步"的新要求

2015 年，《中共中央　国务院关于加快推进生态文明建设的意见》中明确提出，要从根本上缓解经济发展与资源环境之间的矛盾，必须构建科技含量高、资源消耗低、环境污染少的产业结构，加快推动生产方式绿色化，大幅提高经济绿色化程度，有效降低发展的资源环境代价。从而将原有的"四化同步"变为"五化同步"，特别强调经济发展与环境保护的关系，强调社会、经济、生态三者效益的协调。"绿色化"在本质上是对其他"四化"的总体要求，也贯穿了综合扶贫的全局，即在工业化过程中注重环保低碳、产业耦合和可持续性，在信息化发展中更加科学、有效，在城镇化过程中更加注重以人为本、产城融合，在农业发展中更加注重有机化、生态化。"绿色化"是检验其他"四化"发展效果的重要指标，突出了其他"四化"的发展价值，具有引领作用（贺东航、牛宗岭，2015）。

"五化同步"总体上为我国农业现代化指明了发展路径，即农业现代化要以新型工业化为依托，用现代技术装备改变传统落后的生产手段和种植种类，增强农业抵御自然灾害的能力。农业现代化提高了劳动效率，促使富余劳动力进入非农产业就业，增加了农民收入，也为工业发展提供了大量劳动力，推动了城镇的形成和贫困人口的减少。但是，农业现代化过程中应当考虑生态环境承载能力，着力推进绿色、循环、低碳发展，以信息化为依托壮大绿色产业。欠发达地区由于经济发展落后，污染相对较少，"绿色化"就为这些地区特色农业开发定下了基调，即不能以破坏生态为代价发展农业现代化，而是要守住"青山绿水"。

（四）粮食安全保障思路的调整

从 2003 年到 2015 年，我国粮食产量从 43069.5 万吨增加到 62143 万吨，累计增幅达 44.3%，实现了"十二连增"（余欣荣，2015）。连续十二年的增长打破了粮食产量的正常波动规律，出现了"三量齐增"的尴尬现象，产生了高库存、高价格、高进口、财政负担重、粮农种粮收入不稳等问题，同时付出了巨大的政策成本、机会成本、环境成本和健康成本（芦千文，2016）。

《关于加大改革创新力度 加快农业现代化建设的若干意见》中提出，综合考虑国内资源环境条件、粮食供求格局和国际贸易环境变化，实施以我为主、立足国内、确保产能、适度进口、科技支撑的国家粮食安全战略。任何时候都不能放松国内粮食生产，严守耕地保护红线，划定永久基本农田，不断提升农业综合生产能力，确保谷物基本自给、口粮绝对安全。该意见特别强调农业综合生产能力，这与以往更多地强调产量增长的表述有着明显区别，要求我国农业必须尽快从主要追求产量和依赖资源消耗的粗放经营转到数量质量效益并重、注重提高竞争力、注重农业科技创新、注重可持续的集约发展上来，走产出高效、产品安全、资源节约、环境友好的现代农业发展之路。可见，我国粮食安全战略的调整思路是，在重视粮食数量的同时，更加注重品质和质量安全；在保障当期供给的同时，更加注重农业可持续发展。目前，对"手中有粮"的理解，一种是攥在手里的粮食；另一种是土地的潜在生产能力。前者导向增产目标，后者导向科学种粮方式，二者对立统一（芦千文，2016）。潜在生产能力的根基是基础地力，取决于土壤的物理化学特性和物质循环能力，决定了技术水平、种子资源作用发挥的程度。适度使用化肥、农药可以加速物质循环，提高生产效率，但过量使用则会降低基础地力，形成恶性循环。所以，当前的粮食安全战略强调生产能力的培育，要对土地进行适当养护使其休养生息，实现粮食产量与维持地力的平衡。这对欠发达地区在农业现代化进程中如何开展农产品结构的调整，合理地布局粮食作物和非粮食作物种植规模起到了很好的指导作用。

（五）农业供给侧结构性改革要求

习近平总书记明确指出，新形势下农业主要矛盾已经由总量不足转变为结构性矛盾，主要表现为阶段性的供过于求和供给不足并存。2017 年中央一号文件——《中共中央、国务院关于深入推进农业供给侧结构性改革　加快培育农业农村发展新动能的若干意见》出台，该文件指出结构性改革不是简单的总量平衡、数量满足，而是涵盖范围广、触及层次深的一场全方位变革。首先，以往的农业结构调整主要是解决供给不足的问题，而此次结构性改革则更加注重质量、效益和可持续发展。其次，以往的农业结构调整主要关注农业生产结构，而此次结构性改革则更注重农业产业、技术和经营结构，追求"农民增收、农业增效、农村增绿"。最后，以往的农业结构调整主要着眼于生产力范畴，而此次结构性改革更注重体制改革机制创新，激活农业农村发展的内生动力。该文件同时要求要格外重视和关注抓手、平台和载体建设方面，并有针对性地提出了"三区、三园、一体"的发展策略。"三区"是指粮食生产功能区、重要农产品生产保护区和特色农产品优势区。建设粮食生产功能区是为了确保国家的粮食安全，包括稻谷、小米、玉米等主要粮食作物；建设重要农产品生产保护区是为了确保我国重要的农产品能够保持基本自给，包括大豆、棉花、油菜籽、糖料蔗、天然橡胶等农产品；建设特色农产品优势区主要是为了满足市场多样化的需求，提高我国农业综合效益和竞争力。"三园"是指现代农业产业园、科技园、创业园。建设现代农业产业园的主要目的是形成现代农业产业的集群；建设科技园的主要目的是要打造现代农业的创新高地；建设创业园的主要目的是为创业的人才提供必要的平台。"一体"即支持有条件的乡村建设以农业合作社为主要载体，让农民充分参与和获得收益，建设集循环农业、创意农业、农事体验于一体的田园综合体。

二　国家政策叠加对欠发达地区农业现代化的导向作用

欠发达地区应理顺当前国家涉农政策叠加对农业现代化的导向作用，才能做好区域农业现代化路径规划。特别要明确国家粮食安全保障思路调整、"互联网＋"农业推行计划、"五化同步"、国家精准扶贫、农业供给侧结构性改革等重要战略对欠发达地区农业现代化发展的定位、思路、结构、动力等方面的新要求，才能探索出具有可持续性的欠发达地区农业现代化路径。

（一）粮食安全保障思路、农业供给侧结构性改革决定区域农产品结构

欠发达地区农产品结构调整要瞄准市场需求，尊重消费者的选择，促进农业由"生产导向型"向"消费导向型"转变，增加绿色、生态、有机农产品的生产，减少普通大宗农产品的生产，增加特色农产品的生产，不断满足城乡居民消费的多样化需求。农业供给侧结构性改革的核心是要求围绕消费者的需求进行生产，提高农业供给体系质量和效率，使农产品的供给数量更充足，品种和质量更契合消费者需要，真正形成结构更合理、保障更有力的农产品有效供给（和龙、葛新权、刘延平，2016）。这要求欠发达地区农业现代化要紧紧围绕"高产、优质、高效、生态、安全"的目标，在优化品种结构、产业结构、区域结构方面下功夫。同时，国家粮食安全保障政策从重视"量"的保障调整到重视"生产能力"的保障，更加注重品质和质量安全以及农业可持续发展，这对以主要粮食作物生产为主的欠发达地区如何合理地开展农产品结构调整，合理地布局粮食作物和非粮食作物具有重要的指导意义。首先，欠发达地区农产品结构要保障粮食供给安全在农业生产中的重要地位，维护现有主要粮食品种的生产基础，守住粮食主产区优良耕地红线，同时提高粮食生产效率和品质；

其次，立足自然资源优势，因地制宜，改造劣势粮食生产区域，大力发展非粮产业。此外，粮食安全保障"藏粮于地，藏粮于技"的新思路，也为合理利用粮食主产区的土地发展非粮产业和种植高效、特色化农产品提供了理论支持，欠发达地区粮食主产区可以根据国家粮食储量的变化优化区域农产品结构。欠发达地区发展非粮产业的重点是培育特色农业，而关键在因地制宜地抓好农产品新品种的引进和具有潜力的现有农产品开发。

（二）"绿色化"统领"四化同步"，决定区域农业产业链建设理念

"四化同步"引导欠发达地区提高区域城镇化水平，鼓励用工业的思维来发展农业，有利于实现欠发达地区土地规模化和标准化经营，促进合理的农业产业布局，对欠发达地区发展农业物联网，推行智慧农业，提高农产品在质量和规模上的竞争优势具有重要的指导意义。"绿色化"统领"四化同步"的发展，决定了欠发达地区农业产业链发展不能以破坏生态为代价，而是要守住"青山绿水"。现有农业产业链采用工业化生产模式进行农产品生产，带来了化肥、农药的过度使用，进一步导致了国内外发达地区都存在着消费者对有关绿色认证标识的信任度偏低的问题。在这种情况下，绿色生产的小农户就成为了当下的稀缺资源。与发达地区相比，欠发达地区的一大优势是农产品受工业污染较轻，病虫害也较少，有的偏远山区甚至未受到污染，具有发展绿色农业得天独厚的条件和基础。绿色农产品属于高收入弹性的商品，在消费者收入持续增加的情况下，绿色农产品的需求会快速增加。在国内农产品安全消费意识提升、国际市场绿色壁垒和准入制度越来越严格的背景下，欠发达地区要重视"绿色化"对农业现代化的统领性，将绿色农业、订单农业、观光农业、生态农业等作为农业现代化的主攻方向，形成对主流农业产业链的有效补充；同时，让绿色化农产品发展成为欠发达地区农业供给侧结构性改革的重要突破口。

（三）精准扶贫政策强调农业主体利益联结机制，增加农业现代化内生动力

欠发达地区对市场控制能力偏弱，容易导致农资、农机、种植、

仓储、加工、流通等环节之间利益联结机制不畅，产业链各环节经营主体之间存在着一种利益竞争关系，导致农业经营主体长期处于割裂状态。在市场竞争已经演变成以价值链、供应链为主导的全产业链竞争情况下，欠发达地区必须通过农业产业链各环节的融合发展才能形成完整高效的产业链，才能提高区域农业的整体竞争力。农民是否采用新技术在很大程度上取决于从事农业生产是否有利可图，农业现代化需围绕市场需求建立农业主体利益联结机制，将区域农业现代化从追求"追踪能力中心"（traceability – centric）价值转化为农业主体创造"收入中心"价值（Qiang Chen & Weili Han，2015）。精准扶贫政策有利于欠发达地区统筹安排、整合资金集中用于到村到户项目和体现贫困群体意愿，带动减贫的重大产业发展、基础设施建设以及公共服务。更重要的是，精准扶贫的主旨要求农业现代化必须与欠发达地区弱势农业主体建立起有效的利益联结机制，保障弱势农业主体在产业链中的收益权利，才能使农民主动参与到农业现代化进程中来，主动接受"互联网 +"带来的变化和挑战。

（四）"互联网 +"行动计划促进区域农业生产和农业服务融合发展

首先，"互联网 +"行动计划推进的最直接作用是改善欠发达地区互联网基础设施，为农业现代化奠定网络基础；其次，"互联网 +"行动通过便利化、实时化、感知化、物联化、智能化等手段，能有效地改善农业生产方式，提高农业生产效率和农产品质量。更重要的是，"互联网 +"行动计划能对农业电子商务、产业链资源整合、农技推广、农村金融等提供精确、动态、科学的全方位信息服务，促进农业专业化分工，提高组织化程度，降低交易成本，使各种社会资源能以低成本的方式进行整合，实现更多的农业服务模式创新。

综上，国家政策叠加对欠发达地区农业现代化的导向作用如图 3 – 2 所示。

三 国家涉农政策与 AFNs 的契合点

在主流农业产业链中，农业生产主体与农产品采购商、销售商之间实力悬殊，且存在着严重的信息不对称，渠道主体间存在着若干信息不对称因素以及强烈的机会主义行为，导致农产品交易关系不稳定、

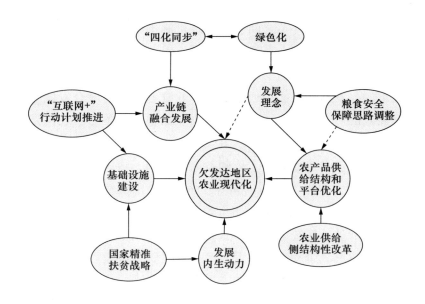

图 3 - 2 政策叠加对欠发达地区农业现代化的导向作用

违约率居高不下；更为严重的是，主流农业产业链所采用的高科技、机械化、大规模的生产方式已经引发了土壤板结和食品质量安全等一系列社会问题。在这种情境下，如何能够吃到安全健康的食物已成为大众日益关切的话题。除在少数情况下，政府和公司与市民和消费者之间通过媒体进行公开的霸权与反霸权的竞技外，更多的行动者则是通过自己"无声"的实践向当前占主流位置的无边界的现代工业化食品生产体系进行反抗和挑战（陆继霞，2016）。替代性食物网络（Alternative Food Networks，AFNs）的产生与国际上的食品安全、生态环境保护以及农村发展的社会运动等联系紧密。

AFNs 最早出现于 20 世纪 60 年代的日本、德国和瑞士，80 年代出现在美国，它代表的是一种对主流农业产业链食物生产、流通和消费的空间重构与社会重构的努力。"替代"一词理论上包括以下含义：①空间替代，即通过农民市场、农场直销、电话、邮购和网购等方式强调从生产到餐桌的整个环节的生态化和短链化，减少中间环节，缩短生产者与消费者之间的距离；②社会替代，即空间距离缩短之后，产消双方互动频率增加，信息交流更加频繁，易于建立人际互动和信任关系；③经济替代，即 AFNs 不同于全球食物供应系统的产品同质性和经济目标单一性，更加重视的是食物的在地化、农业的可持续、社区发展等多重目标（陆继霞，2016）。主流农业产业链模式主要表现为"亲资本"，以产业化、规模化、标准化为特征，贯彻"为钱而生产"这一资本逻辑；而 AFNs 表现为"亲劳动"，强调的是社会性、生态性、可持续、社区发展和本土性的原则，注重环境保护和发展多功能农业，主张食物应恢复到原来的天然品属性，"为生命服务"是食物生产的主要目的，并为消费者和农民互建信任提供桥梁。总体而言，AFNs 作为不同于主流农业产业链的新兴食物生产体系，具有一些明显的特征。

（一）农产品质量提升

AFNs 以生产安全健康食品为目标，主张按照食品本身属性构建食品供应网络，通过"本地产本地销""吃在当地"等运动提倡保持食品的天然风味，比起主流农产品供应模式更加能够保障食品的安全，尊重了食品自身的特殊性。

（二）实现农产品短链流通

主流农业产业链的农产品流通渠道较长，而 AFNs 能实现农产品生产者和消费者的直接对接，减少主流农业产业链从生产者到消费者之间的中间环节，提高渠道交易的效率和成本。AFNs 的环节"短"包括三个方面的内容：一是空间上的缩短，即食品生产的本地化；二是加工等中间环节的减少；三是各类交易信息透明，可确保消费者直接了解食品供应过程的信息（刘放生，2011）。

（三）促进有机农业发展

AFNs 的农产品生产拒绝化学投入，尊重动物和植物的自然生命周期，减少环境污染、追求人与自然的和谐。

（四）实现公平贸易

AFNs 有利于促进食品价值和生产风险的再分配、生产者和消费者共担风险，特别是能保障农产品生产者被支付公平的价格，并足以享受体面的生活水平。

(五) 嵌入区域经济发展

结合区域城镇居民的特殊品位、乡村地理位置、传统习俗，充分发挥小规模弱势农业生产者在农产品供应链中的主要作用，提升区域农业经济规模和效益。

(六) 以信任为基础的质量认证

绿色农产品认证在主流农业产业链中会面临以下困难：①小型农场由于资金限制没有能力进行绿色认证；②消费者对于逐利的绿色认证机构缺乏信任。AFNs 建立在熟人社区经济的基础上，农产品通常显示特定的标志或印章，其生产过程遵循严格的规范和标准，受到生产者、消费者、第三方或最终零售商的监督。

AFNs 不单纯追求农产品的产量和收益，更强调农业的社会性、生态性、可持续、社区发展和本土性的原则，注重环境保护和农业多功能发展。这些本质特征与当前我国粮食安全保障新思路、精准扶贫、"五化同步"、农业供给侧结构性改革等政策存在明显的内在契合点，如表 3 – 1 所示。

表 3 – 1　　　　　　　　AFNs 与国家政策的契合点

比较维度	工业化农业产业链	AFNs	政策契合点
产品核心价值	制造/加工	自然/新鲜	供给侧结构性改革
生产特点	大规模生产	工艺/手工 (小规模) 生产	供给侧结构性改革/精准扶贫
产业链构成	信息不对称的多环节长链	信息对称的生产者/消费者短链	绿色化发展/精准扶贫
成本消耗	围绕农产品流通	成本围绕农产品生产	供给侧结构性改革
产品类型	大宗产品/标准化	小批量/多样性	粮食保障思路调整/供给侧结构性改革
农业功能性	农业主导功能强化	非农业功能扩展	粮食保障思路调整/精准扶贫
产品定位	均质性食物	区域特殊偏好	供给侧结构性改革

续表

比较维度	工业化农业产业链	AFNs	政策契合点
销售渠道	大卖场	本地多样性市场	精准扶贫
消费类型	快餐	慢食物	供给侧结构性改革
种植过程	工业化农业	有机农业	绿色化发展
关注核心	数量/经济性	质量/社会信任	供给侧结构性改革
经济贡献	外部资本得利	嵌入当地经济	精准扶贫
"互联网＋"作用	提高运作效率/效益	强化信任关系	"互联网＋"农业
网络价值分配	流通主体强势	生产主体为主	精准扶贫

表 3－1 所示的契合点使以 AFNs 为切入点开展欠发达地区农业现代化成为符合国家重要政策导向的正确选择，但农业现代化不仅要求政府履行财政支持、解决标准、政策等制度性要素配置方面的重要职能，更要体现市场在农业资源配置中的决定性作用。由于 AFNs 的初期建设无须依赖于完整的农业产业链，因而特别适合欠发达地区财政政策有限、农业基础投入不足的弱势情境；同时，AFNs 建设的出发点不仅在于丰富生态农产品的供给渠道，满足城镇消费者日益增长的生态农产品消费需求，它更重要的外部效应是将欠发达地区新型农业主体与弱势农业主体、农产品生产和生态环境、城镇消费者和生态食品生产者、农业供给侧结构性改革与区域农业发展有机地结合起来，为欠发达地区弱势农业主体创建能够增加非生产性收益的市场化平台，调动区域传统弱势农业主体参与农业现代化的积极性，发挥市场对区域内各类农业主体自主经营行为的调节作用。

第四节 "互联网＋"驱动的欠发达地区农业现代化路径框架

一 欠发达地区农业现代化路径的多阶段性

欠发达地区农业经营主体能否抓住农业现代化发展趋势和"互联

网＋"与现有经营模式的最佳接入点，创新区域农业生产现代化模式和服务模式，培育区域农业产业链竞争优势，是欠发达地区农业现代化路径选择必须重点解决的问题。但是，欠发达地区由于会受到农业资源、基础设施、经营主体能力以及财政能力等方面的限制，因此其农业现代化必然需要经历一个长期的、多阶段的过程。

（一）以 AFNs 建设为主线的农业生产现代化具有多阶段性

"因地制宜、突破瓶颈、特色发展"应该是欠发达地区农业生产现代化的起点。因此，第一阶段，欠发达地区要挖掘区域潜在的农产品优势，然后根据农产品优势建设各类 AFNs，其目的是通过改善区域农产品供给结构，形成对主流农业产业链的有效补充，优先满足一部分环保意识较强、生态产品消费需求迫切的城镇居民需求，奠定 AFNs 农产品的市场化基础。第二阶段，随着城镇居民普遍产生了绿色农产品消费需求，区域城镇居民将对 AFNs 农产品产生规模化需求，以传统弱势农业主体为代表的小规模、分散化的 AFNs 生产主体将被能适应大规模生产需求的专业大户或合作组织所替代；同时，"互联网＋"技术将广泛地应用于 AFNs 农产品质量的标准化和生态化。但是，生产规模化并不能保障 AFNs 具有长期的发展动力，市场占有率和附加值的提升才是 AFNs 进一步壮大的基础，为此规模化的 AFNs 还需依托主流农业产业链相对丰富的销售渠道来扩展其绿色农产品供应的地理范围，提升农产品消费的便捷性和多样性。这样就进入了 AFNs 与主流农业产业链集成发展的阶段。经过这三个阶段，欠发达地区可以构建起适应农业现代化需求的农业产业链，此时围绕着农业产业链的配套，第二、第三产业将迅速发展，进而使欠发达地区进入"三产融合发展"的阶段。总体上，欠发达地区农业生产现代化要经历 AFNs 建设、AFNs 规模化、农业产业链集成以及农业产业融合发展四个阶段。

（二）以"互联网＋"为支撑的农业服务现代化具有多阶段性

欠发达地区农业生产现代化需要对应的农业服务现代化作为支撑，实现农业生产现代化与农业服务现代化的协同发展。农业服务现代化需要把握"互联网＋"农业发展的大趋势，在"互联网＋"政策、平台、发展重点和方向上提前布局。对应于欠发达地区农业生产现代化的各个阶段，"互联网＋"技术至少要服务于各类 AFNs 建设、AFNs 规模化、农业产业链集成以及农业产业融合发展。为此，欠发达地区要进行"互联网＋"基础投资和应用开发，或者与拥有云计算、大数据、移动宽带、物联网、人工智能技术等资源的互联网公司进行合作，扎实开展基于"互联网＋"的服务平台建设和运行机制创新，以期为区域内的农资供应、农产品生产和流通、质量监测和回溯、农业科技服务等环节提供智能化改造和全方位的服务，促进分工协作、优势互补、链接高效、三产融合的农业现代化。

欠发达地区应该正视农业生产现代化和农业服务现代化的多阶段性，充分利用好多项国家政策红利和区域特殊资源，在明确农业现代化方向的前提下，制定农业生产现代化和农业服务现代化的长期发展规划，以期以低成本、高效率的方式循序渐进地实施、积极审慎地推进区域农业现代化。

二 欠发达地区农业现代化路径的总体框架

欠发达地区农业现代化离不开区域农业竞争优势的培植，对应于欠发达地区农业现代化的四个主要阶段，欠发达地区应该树立明确的农业竞争优势培植目标。欠发达地区农业生产现代化和农业服务现代化方法体系都应该为各阶段竞争优势培植目标的实现提供支撑。按照这个要求，立足于欠发达地区的弱势情境和当前国家重大涉农政策导向，并在参考国内外发达地区农业现代化经验的基础上，本书提出"互联网＋"驱动的欠发达地区农业现代化路径，其总体框架如图 3－3 所示。

"互联网＋"驱动的欠发达农业现代化路径具有四个特点：①情境根植性。路径设计紧扣欠发达地区的弱势情境和国家当前重要涉农政策导向。②多阶段性：以 AFNs 建设和发展为主线，将欠发达地区农业现代化分为 AFNs 建设、AFNs 规模化、农业产业链集成、农业产业融合发展四个发展阶段，每个阶段分别对应着适应性优势培育（刘松，2014）、比较优势形成、竞争优势强化、竞争优势溢出等明确目标。③双链协同发展。利用"互联网＋"技术促进农业服务现代化，强调农业生产现代化与农业服务现代化的协同发展。④三产融合。通过农业生产现代化和农业服务现代化的协同发展，充分整合区域农业产业链相关的横向、纵向增值环节，实现欠发达地区"三产融合发展"的目标。

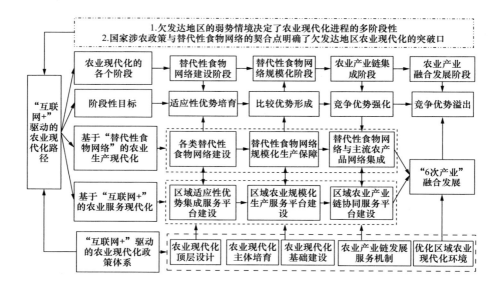

图3－3 "互联网＋"驱动的欠发达地区农业现代化路径框架

（一）AFNs 建设阶段

AFNs 建设阶段的特点是，欠发达地区农业生产以传统弱势农业主体为主，农产品优势不突出、特色不够鲜明、市场化程度不够，弱势农业主体的经济收益也难以得到保障。该阶段农业生产现代化和服务现代化的目标是适应性优势培育。

（1）在农业生产现代化方面，依托区域典型农产品的"空间接近"优势，根据区域特征和城镇消费者习惯，挖掘农产品"适应性优势"，建立起多样性的 AFNs，以期向区域市场推出特色农产品和生态农产品，形成对主流农产品市场的补充，改变区域农产品供给结构，以高品质的农产品为媒介建立起消费者与欠发达地区弱势农业主体的信任关系，从而培育出较为稳定的生态农产品消费群，使欠发达地区弱势农业主体获得逐渐增长的农产品生产经营收益，突破欠发达地区农产品市场化的瓶颈。

（2）在农业服务现代化方面，欠发达地区可采用"轻资产＋服务"模式，利用"互联网＋"产业平台或公共应用平台"连接一切"的思想，将各类 AFNs 中的生产、沟通、市场和公共服务等主体连接起来，有针对性地解决区域内弱势农业主体的生态农产品供给与城镇居民生态农产品消费需求的有效对接问题以及农产品"最后一公里"和"最初一公里"的流通问题。为此，欠发达地区第三方服务企业或农村基层合作组织要善于利用成熟的互联网平台技术，以尽可能少的投资，开发具有公益性特征的"适应性优势集成平台"，向参与 AFNs 的弱势农业主体提供生态农产品价格、区域 AFNs 主题活动、订单式生产、供需信息咨询等方面的服务，使区域多样性的 AFNs 在逻辑上形成一个整体，实现区域内零散的"适应性优势"的快速集成和准确对接，提高区域弱势农业主体的经营性收益和参与 AFNs 的积极性。

（二）AFNs 规模化阶段

AFNs 规模化阶段的特点是，各类 AFNs 生产和市场要素已经被激活，生态农产品需求逐渐扩大，建立在小规模传统农业主体基础上的 AFNs 与发展现代农业、转变农业发展方式的矛盾迅速显现。该阶段需要通过典型的 AFNs 市场发展潜力的示范效应，将具有实力的家庭农场、农业产业化龙头企业、农业合作社和大型农产品超市等核心主体吸引到 AFNs 规模化建设中，从而形成小规模传统农业主体与核心主体在 AFNs 中共生的态势。该阶段农业生产现代化和农业服务现代化的目标是使区域 AFNs 形成相对于主流农业产业链的比较优势。

（1）在农业生产现代化方面，欠发达地区要尽快利用互联网技术，改造 AFNs 农业生产模式，使 AFNs 的农产品生产更加数据化、标准化、安全化，初步形成智能农业、农业物联网、农产品质量可追溯的完整系统，凸显某些特色农产品的比较优势。欠发达地区政府部门要对已具有一定规模或具有市场竞争优势、市场前景广阔、生产基础好的 AFNs 进行扶持，促进其相对集中发展，使之成为区域性的特色产业板块，并在此基础上推进 AFNs 专业化生产、专业化服务和规模化经营。

（2）在农业服务现代化方面，围绕 AFNs 的生产规模化，开辟高品质的农资供应渠道，实现"适应性优势"向"比较优势"转移。该阶段要建立"AFNs 规模化服务平台"，重点完善农资、农产品、农业信息、农业技术等的低成本流通网络，使欠发达地区特色农产品在生产效率、质量、生产成本等方面形成一定的比较优势。

（三）农业产业链集成阶段

欠发达地区在 AFNs 规模化后，相应的农资、农产品流通网络和社会服务已经得到发展；同时，AFNs 的规模化导致的市场占有率和附加值的提升，会使"替代网络"与"常规/主流"农业产业链产生集成发展的要求，以便于 AFNs 能依托主流农业产业链的销售渠道扩展消费其农产品的地理范围，使具有比较优势的 AFNs 农产品全面渗入到更大范围的城镇居民的消费渠道中，以应对"空间接近"所产生的负面效应。

（1）在农业生产现代化方面，欠发达地区要通过"重资产+技术"模式，进行必要的现代生产、流通技术、物联网技术的投资和应用，改造和完善区域主流农业产业链结构和 AFNs 的生产环节，再将 AFNs 的生产环节嵌入到主流农业产业链前端研发、农资供应、产品加工端与市场末端，使欠发达地区形成以生态产品供应为特色，集农业基础研究、规模化生产、物流、农产品深加工以及营销于一体化的完整农业产业链，加速区域农业比较优势向竞争优势转化。由于欠发达地区农业现代化基础设施和资金实力相对薄弱，"重资产+技术"模式的实现更适合采用吸引外部投资或企业结盟的形式。

（2）在农业服务现代化方面，欠发达地区要利用市场机制引导区域优势资源自主地与主流农业产业链集成发展，建立起"农业产业链集成服务平台"，提供多元化的 AFNs 与主流农业产业链集成服务，形成"新型农业生产主体+传统农业主体+农产品经营主体+各类农业服务主体+城镇居民"协调分工、资源共享、风险共担的集成化农业产业链格局。欠发达地区还要研究如何组建起区域农业协会或产业联盟，培育农业产业链合作伙伴关系，增进产业共同利益或解决特定农业产业链的共性问题。尤其是要全面区域农产品质量可追溯体系，提高全部农产品质量安全的溯源与召回能力，从而形成全区域农产品供给质量安全性方面的强大竞争优势。

（四）农业产业融合发展阶段

经过农业产业链集成阶段，欠发达地区将具有在区域市场内质量安全特色鲜明、竞争优势突出的农业产业链，进入农业产业融合发展阶段。此时，农业产业的竞争优势会融入到其他产业生态系统中，推动涉农工业和服务业的迅速发展，实现区域第二、第三产业与农业现代化的协同发展，从而使竞争优势转变为具有溢出效应的综合优势。

农业产业融合发展阶段的重点在于农业服务现代化建设。欠发达地区要基于创新驱动理念，通过有效整合科技、金融、物流、营销网络和政策资源，形成覆盖全产业链的要素流动和服务供给引导机制，带动优质资源和高级、专业性生产要素加快进入集成化的农业产业链，增强产业链中各个环节的协同性。在这个过程中，要充分发挥市场机制的灵活性，通常由区域内农产品交易龙头企业来主导，同时推进"农业融合发展实体服务平台"和"农业融合发展网络服务平台"的建设。"农业融合发展实体服务平台"建设是为了通过适当的交易契约安排，对农产品生产和流通所依附的核心资源进行组织和协调，提供多功能的农产品交易场所，以"非生产性就业"带动欠发达地区农业剩余劳动力创业；同时，承担区域品牌创建、区域内外农业产业链集成等功能，实现区域农业竞争优势的跨区域溢出。"农业融合发展网络服务平台"具有多边市场性、集聚辐射性、共赢增值性和快速成长性等特征，重点推进农业服务的信息化。一方面，通过开展具有针对性的宣传、展销和合作活动，推动区域外的创新要素和创业资源向"现代化农业生产性服务集群"聚集；另一方面，通过跨区域农业产业链各关联方优势资源的集成和共享，强化欠发达地区农业综合优势的溢出效应和辐射作用，实现生态农业或特色农业核心资源的共享、信息交换和跨区域合作，丰富或重构区域农业产业链增值环节及其价值分配结构，最终使欠发达地区建立起分工协作、优势互补、链接高效的三产融合发展体系。

第四章 欠发达地区 AFNs 建设阶段的 "互联网+"策略

第一节 欠发达地区 AFNs 建设的突破口

一 欠发达地区农业竞争优势培植的基本路径

（一）区域农业竞争优势的来源

比较优势理论在农业竞争优势培植中的应用较为广泛，它假设各国劳动生产率的差异和资源禀赋既定，各个国家只能被动地接受既定的比较优势。基于该理论，孙瑞玲（2008）提出了"加快农业结构调整，重点发展具有比较优势农产品"的农业发展战略。比较优势理论认为区域在寻找贸易源泉、解释贸易的商品与要素模式以及分析贸易利益的分配时不可能做出其他的选择，而该结论与世界优势农产品出口的实际情况并不相符，例如，我国农产品生产和贸易中的比较优势和竞争优势就长期存在分离的现象。相对而言，波特的竞争优势理论更能反映和解释现实农业竞争优势存在的现状及原因，因此多数研究认为基于竞争优势构建农业发展的战略更具有合理性（Sporleder, L. Thomas, 2009）。然而，竞争优势理论实质上并未脱离比较优势理论的基本框架，单独地采用比较优势理论或竞争优势理论来解释区域农业的竞争优势都难免有失偏颇（李燕琼，2009）。

现代贸易理论认为农业竞争优势的提升依赖于规模经济，并需要提高农产品的质量和差异化程度，然后在比较优势的基础上通过技术创新促进竞争优势的形成。为此，价值链理论、竞争优势理论、技术创新理论和农业产业化理论等被广泛地用于研究如何实现从比较优势向竞争优势转化的问题（刘志民，2002）。相关研究表明，农业竞争优势的直接来源包括农产品价格、农产品质量、农产品结构以及农产品的差异性与趣味性等，而这些直接来源会受到技术创新、结构调整、政府支持、劳动者素质、自然资源以及高标准需求等因素的影响（高峰，2008），比较优势向竞争优势的转化需要以完善这些影响因素为前提。价值链理论则将农业产业链视为一系列相对独立又相互联系的增值环节，认为竞争优势的培植和转化需要确定和改造农产品价值链中的重点环节。总体而言，农业竞争优势可以表现在集中度、效率优势以及规模优势等方面，而这些优势与产品结构、产业化程度、生产技术和管理水平密切相关。

波特的"钻石模型"是农业竞争优势研究的另一个重要工具，大量研究侧重于分析"钻石模型"涉及的四个要素以及两个辅助因素（Michael E. Porter，1998），并在此基础上结合我国农业竞争力构成要素的现状提出相关解决对策。例如，调整农业生产结构；依靠科技进步和观念创新，提高价格竞争优势和非价格竞争优势；制定系列优惠政策；积极支持和引导农民发展各种合作性流通组织，提高农民进入市场的组织化程度以及发展品牌农业等（曹新武、李世成、谢树军，2008）。这些对策对完善我国农业竞争优势的影响要素、强化农业产品价值链的增值环节都具有重要的作用，但相关研究对支持各种对策实施的方法体系考虑不足，也未系统地考虑各种对策间的协同或排斥关系以及实施环境等问题，也未明确对策的作用效果与区域农业竞争优势提升的内在联系。

（二）欠发达地区农业竞争优势培植路径

杨秀蓉（2009）主张竞争优势的发展应保持已有的资源禀赋比较优势，通过规模的扩大和质量的提升，将外生比较优势升华为内生的比较优势，以形成规模经济和特色农业，并引入电子商务和供应链管理方式突破产业发展的前景。孙瑞玲（2008）首先提出以诱致性制度变迁为基础，政府强制性变迁为主导，以"名优新品种引进"为突破口，以"高新技术园区建设"为重点培育农业龙头企业，发挥其辐射带动作用；其次以"包装传统特色农产品"为依托，发展特色农业，并以工业化思维推动农业产业化的形成。此外，还可以通过发挥农村当地的资源、劳动力等优势，发展农业产业集群模式，吸引企业的不断加入，形成以农业基地为中心、上下游企业和科研金融等为辅助机构的集群经济，实现农业经济自主化和市场化（高峰，2008）。

多数研究认为产业集群的建立和发展是提升农业竞争优势和市场化的重要途径，农业发展的政策导向以及涉农企业的战略规划应以促进或适应区域农业产业集群的发展为目标。产业集群现象是微观企业区位选择的结果，企业为了减少成本、获得优惠政策支持以及知识的聚集和溢出效应等就有动机向农业基地聚集。根据OECD（2005）的界定，农业产业集群是指在地理上相互邻近的、以生产和加工农产品为对象的企业和互补机构，由于共性或互补性在农业生产基地周围形成的有机整体。产业集群经常向下延伸到销售渠道和客户，并侧面扩展至辅助性产品的制造商以及与技能、技术或投入相关的产业公司，其发展不仅有利于降低农产品的交易费用，形成区域农业品牌优势，还有利于改善城乡之间的生态环境，加速生产力的提高以及新企业的形成，反过来会不断激活"钻石体系"的各个关键要素。当前，农业产业集群对区域竞争优势提升的贡献也存在大量的支持证据，主要表现为降低农产品的生产、销售和运输成本以及产业链上的交易成本；规模化的生产有利于获得大量的市场份额；高度专业化的分工提高了生产效率和产品质量，获得差异化优势；协同创新网络体系能够加快产业的技术升级和新产品的开发速度，形成垄断性的技术优势等。

我国已出现一些初具规模的农业产业集群，例如，河北清河羊绒集镇的羊绒、云南斗南的花卉、山东金乡的大蒜等。这些产业集群都是以某种农产品为核心，集中了专业的农产品生产者、加工者、销售者以及科研、服务机构，以专业化和规模化取得了独特竞争优势。但是，这些农业产业集群的发展基本依赖单一的资源优势，对集群内外部组合资源的优势利用不足，因而其竞争优势的发展受限，主要问题有：①农产品产业链条短，衍生企业数量受限，并且业务关联性和技术关联不大；②产业结构严重趋同，无法实施差异化竞争策略，而仓促进行产业结构调整和转型将会对当前农产品的产量水平产生较大影响；③集群内信息的不通畅，导致集群中企业合作关系不稳定，难以形成有竞争力的价值链体系（刘松，2013）；④过分强调农业产业链的纵向连接，而忽视了居于同一环节上各主体的横向联系和产业集聚所带来的外部经济效应，致使农业与其相关联的产业、服务部门、研究机构等联系不紧密、整体发展缺乏协调性。由此可见，农业产业集群竞争优势并不能随着产业的集中自然而然地出现，产业集群的外部经济、合作效率以及技术创新能力很大程度以潜在的形式存在，需要通过一定的组织方式将其激发、转化并使其价值在市场上得以体现。

事实上，农业产业集群竞争优势的形成需要将劳动力、土地资源、技术、资本与市场等资源有效地整合起来，理顺政府、生产企业或农户、流通企业、农业 R&D 机构等农业经济主体间的相互关系是农业产业集群发挥优势的关键。目前，关于农业经济主体的研究主要是以分析其组成元素、各元素之间的利益博弈为主，缺乏对主体协同推进循环经济优势形成机理的分析，缺乏对协同推进下的企业竞争力优势获取的分析。因此，在促进区域农业经济发展的制度建设过程中必须积极探索农业产业化过程中各种经济主体的利益联结模式，通过选择适当的利益联结模式（例如，合同式、买断式、公司与农户共同组建合作社、企业化利益联结以及股份式等），实现集群内各农业主体间利益关系的 Pareto 改进，从而促进区域农业主体竞争优势的整合与协同。由于多条供应链在一定地理空间的局部集中就可能推动产业在地理上的集中化，进而构成一定地理区域内的产业集群。同样，农业产业集群内通常会包含多条通过不同组织形式连接起来的，涉及农产品生产、加工、销售一体化的综合产业链条，而且各产业链条上的经济主体会通过产业价值链与非产业价值链的联系、双边与多边的联系形成一个有机的产业网络体系。因此，可以认为供应链关系也是农业产业集群内部的基本经济关系。基于这种理念，农业经济主体利益联结模式的选择和设计可以供应链网络的管理模式为基础，考虑各农业经济主体在农产品供应链中的角色定位以及其业务活动在成本支出及利益形成过程中的关联程度，进而参考供应链环境下的利益冲突管理方法，设计出农业经济主体间的优化利益联结模式（黄建军，2010）。

综上所述，区域农业竞争优势演化路径具有以下基本过程，首先根据比较优势发展各种农产品产业链，继而在资源禀赋允许的前提下扩大生产规模，形成规模经济；其次再通过"钻石体系"中的六个要素相互配合形成产业集群，促使之产生难以模仿的产品差异化竞争优势（乔颖丽、李云贤、吉晓光，2009），即遵循比较优势发挥、规模经济形成、交易费用推进、竞争优势维系和农业产业集群形成的基本过程。鉴于欠发达地区所处的弱势情境，其农业竞争优势演化的基础条件将会更加薄弱，致使其竞争优势演化的内容会更加丰富，过程则会更加复杂化。但最大的不同在于，欠发达地区要解决如何在弱势情境下培育比较优势的问题。

二　欠发达地区的农产品适应性优势

长期存在的农产品质量问题反映出了我国农产品质量安全保障体系并不完善，城市居民的农产品消费存在较大的安全隐患。同时，受季节因素和农产品生产周期的影响，规模化的农产品集中上市往往会造成暂时性的农产品供给失衡，致使农产品价格波动剧烈，导致农业主体生产的风险加大，这样将对区域性农产品供给的稳定产生极大的负面影响。此外，在现有农产品流通体系下，农产品的供应链较长，造成消费者普遍感觉农产品价格偏高，而农民又因销售价格偏低从而生产积极性不高的局面。这些问题在欠发达地区表现得尤其严重，造成区域农业产业链在外资主导的主流农业产业链中长期处于弱势地位，甚至区域内传统的优势农产品也逐渐被主流农业产业链排挤出市场。中共十八届三中全会通过的《中共中央关于全面深化改革若干重大问题的决定》中提出，把"加快构建新型农业经营体系"作为健全城乡发展一体化体制机制的重要举措。在此背景下，重新认识欠发达地区农业现代化的基本特征和主要任务，挖掘其农业竞争优势形成的潜力，对建立起欠发达地区的农业现代化路径具有重要的现实意义。

当前，欠发达地区多数农业主体仍然以农户家庭承包经营为基础，实行统分结合的农业双层经营体制，形成了"小而全""小而散"的总体格局。在常规农业生产领域，农户家庭经营仍具有广泛的适应性，并具有相对于公司农业经营的比较优势。当然，这种比较优势往往不一定体现在单纯的经济方面，更多地体现为经济、社会、文化和生态等方面的综合优势，完全大面积采用公司农业经营替代农户家庭经营，容易加剧农产品供求结构的矛盾，对局部地区粮食综合生产能力造成"毁灭性破坏"（姜长云，2014），甚至引发一系列的经济社会问题。欠发达地区农业现代化的发展绕不开如何对待这种传统的农户家庭经营的问题，如何使"小而全""小而散"的农户家庭向市场化发展，实现其生产和经营方式向现代农业经营主体转型是首先要解决的关键问题。虽然欠发达地区传统农业主体在竞争力的直接来源及其影响因素上不具有明显优势，但按照价值链理论，区域农业竞争优势的形成可以出现在农业链中任何一个相互联系的增值环节。因此，不可否认欠发达地区传统农业主体仍然具备潜在的外部经济性、合作效率以及创新能力，关键在于如何紧扣欠发达地区农业产业链的特征，探索出能激发欠发达地区传统农业主体甚至是新型农业主体向现代化转型的突破口。

加快发展农业现代化必须调整农业结构，突出产业的特色和区域比较优势，并进一步推进农业生产的专业化、规模化和集约化经营，从而加速农业与农村经济的市场化进程，提高农产品商品化率，这是实现农业经济增长方式转变的重要基础（张有闻，2007）。由于特定的农产品生产对自然生态资源及其空间分布与组合有着特殊的要求，那些品质优良、独具地域特色的地标性农产品是特定地域生态环境的产物，因而具有与生俱来的市场竞争力和品牌价值（陈文胜，2016）。因此，发展特色农业也应该是欠发达地区农业现代化的基本方向（聂华林、杨敬宇，2009）。在欠发达地区加速推进城镇化的背景下，区域城镇居民农产品消费必然具有很大的增长潜力。虽然互联网介入会打破空间界限，使欠发达地区农业主体可以避开本地市场狭小的制约，对接到更大范围的市场，但由于农产品不是工业品，生产者不同时间段生产出来的农产品质量也会存在差异。在农产品没有实现标准化之前，欠发达地区的农产品暂时会缺乏跨区域竞争优势。在缺少竞争优势的情况下，欠发达地区可以将农产品初步市场化的目标定位于区域内的城镇居民，并充分利用近地优势，使农产品供给能适应区域城镇居民的消费水平、消费习惯，解决区域城镇居民在农产品消费上面临的"产品过度大众化、信息不透明、农资过度使用和产品消费便利性不足"等痛点，从而使欠发达地区建立起面向区域城镇居民的"适应性优势"。此处所称的"适应性优势"是指，欠发达地区农业主体在资源受限、农业发展滞后的情况下，将其农产品生产导向直接定位于区域城镇居民，利用接近消费市场的优势，提供适应区域城镇居民消费的固有偏好和消费需求发展趋势的农产品，而不在短期内追求在农产品质量、速度和供给价格上的绝对竞争优势。

欠发达地区农产品的绝对竞争优势在短期内不太可能实现，而"适应性优势"强调的是为城镇居民重点提供"满意的消费方式和满意的消费质量"，而不是致力于提供具有绝对竞争优势的农产品质量和农产品价格。特别是，"适应性优势"能有效地解决欠发达地区农产品冷链物流欠缺的问题。农产品生产者能直接面对消费者，而农产品流通环节也能直接面对消费者，以减少冷链建设、仓储和流通成本。"适应性优势"要求通过准确定位和特色化潜力的挖掘，提高欠发达地区农产品商品化率，尽可能地促进区域内的传统农业生产主体市场化。"适应性优势"并不排斥农产品竞争优势的培植，它只是欠发达地区农业主体在宏微观条件欠佳的情况下进行初步市场化的突破口，主张立足于区域特色资源先培育能满足区域城镇居民特定需求的农产品，促进农业主体初步市场化，积累市场化的信心，然后再开发具有比较优势的地标产品或品牌产品，逐渐将区域内的"适应性优势"升华为内生的发展动力；进而通过加强政策引导和服务支撑，鼓励农业生产规模的扩大和质量提升，以形成规模经济和特色农业；最后，以高新技术园区建设或农业产业集群建设为重点培育农业龙头企业，发挥跨区域"互联网＋"平台或服务的作用，逐步地建立起面向"大市场"的竞争优势。

三　欠发达地区农产品适应性优势挖掘模型

欠发达地区农产品的"适应性优势"并不是天然存在的，需要根据区域特定的农产品生产和消费情境，按照一定的程序从区域农产品消费特征或农业产业价值链中挖掘出最匹配的适应性优势，并按照培育"适应性优势"的要求，进一步优化区域农业竞争优势因素和竞争优势影响因素。"农产品适应性优势挖掘模型"以提供"满意的消费偏好"和"满意的消费方式"为主要目标，兼顾"价格控制"目标，主张欠发达地区弱势农业主体充分利用接近目标消费群的地理优势，根据区域城镇居民在农产品品质、消费提前期、价格敏感性、农业休闲体验、风俗习惯等维度的特殊要求，尽可能地挖掘出响应这些特殊要求的"适应性优势"；然后，通过基于"互联网＋"的服务在短期内强化这些"适应性优势"，从长期角度优化和培育影响"适应性优势"的农产品竞争优势因素或竞争优势影响因素，从而巩固欠发达地区形成农产品比较优势的基础。欠发达地区农产品适应性优势挖掘模型如图 4 - 1 所示。

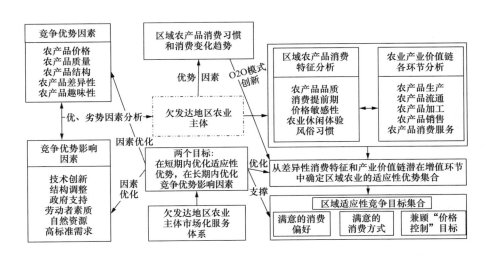

图 4 - 1　欠发达地区农产品适应性优势挖掘模型

欠发达地区挖掘农产品适应性优势，主要涉及以下几个主要过程。

（一）欠发达地区农业竞争优势因素的优、劣势分析

欠发达地区农业主体需要选择一个农业资源相近但相对较为发达的地区作为参考标杆，对比本地农产品价格、农产品质量、农产品结构、农产品差异和农产品趣味性等方面与发达地区的差距。对竞争优势因素的优势和劣势进行直接分析，有利于欠发达地区农业主体明确与竞争对手的差异，树立后期促进农产品初步市场化努力的目标。

（二）欠发达地区农业竞争优势影响因素的优、劣势分析

区域农业总体发展水平滞后可能是由于受到了多种因素的间接影响，这些间接影响包括技术创新、结构调整、政府支持、劳动者素质、自然资源、高标准要求等方面。通过分析竞争优势影响因素存在的差异有利于欠发达地区明确农业竞争优势因素存在差异的根本原因，并形成影响因素与弱化的竞争优势因素间的作用关系网络图，有利于欠发达地区确定农产品竞争优势培育需要重点解决的问题，以及确定农产品市场化"互联网＋"服务的内容。

（三）确定服务于区域城镇居民的农产品定位

欠发达地区农业主体将农产品市场化的主要服务对象定位于区域城镇居民，其优势在于能准确地把握区域城镇居民农产品消费的习惯及消费的变化趋势，从而可以提供区别于主流农业产业链的同质性农产品。同时，欠发达农业主体可以发挥"空间接近"的优势，及时地提供具有针对性的农产品消费服务，灵活地将O2O商务模式用于区域农产品生产和经营模式的创新。

（四）区域农业适应性优势要素分析

区域农业适应性要素来源于区域农产品消费特征和区域农业产业链特征两个方面。区域农产品消费特征体现在消费提前期、价格敏感性、农业休闲体验、风俗习惯、农产品品质等方面，分析这些特征有利于明确欠发达地区农产品的定位。农业产业链特征的分析涉及农产品生产、农产品流通、农产品加工、农产品销售、农产品消费服务等方面，有利于发现欠发达地区农业产业链最有盈利能力的增值环节，从而确定区域农业产业链重构和产生适应性优势的切入点。

（五）确定区域农业主体的适应性优势

适应性优势的产生在于及时地满足区域消费者的差异性要求和完善产业链的增值环节，并且所采用的满足方式往往是主流农业产业链中的农业主体不易发现或模仿不了的，只有欠发达地区农业主体才可能方便地创造和提供。例如，欠发达地区农业主体可以提供农产品即时供应、产品质量的可回溯性、产品生产过程的参与和可视化、O2O 的娱乐体验、传统消费品位的满足等。

（六）适应性竞争优势培植的目标

在"绿色化"引领农产品消费的趋势下，欠发达地区短期内不用刻意地强调产品质量、价格、速度等方面的绝对优势，只需要利用有限的区域农业产业资源为城镇居民提供"满意的消费偏好""满意的消费方式"，同时兼顾"价格控制"的目标，并使农产品价格控制在可以接受的范围之内。

（七）区域农业现代化的目标

欠发达地区农业现代化存在两个目标：短期目标是支撑"适应性优势"的培植，长期目标要针对农业竞争优势因素和竞争优势影响要素的不足，提出具有针对性的、系统化的服务措施，不断地对各种竞争优势要素和影响因素进行完善和优化，从而逐渐缩小与发达地区间在农业竞争要素或影响因素上的差距，改变欠发达地区农业现代化的区域环境。

适应性优势主张欠发达地区农业主体在弱势情境下，通过满足区域城镇居民在农产品质量、消费提前期、价格敏感性、农业休闲体验、风俗习惯等维度的特殊要求来突破农产品市场化的瓶颈，这种理念实质上与 AFNs 的"替代"特征具有一致性。这种一致性使得欠发达地区可以将"适应性优势"与 AFNs 的建设关联起来成为可能。按照这种思路，欠发达地区可以从区域农产品消费特征或农业产业价值链中挖掘出具有"替代性"的特征，并将其作为区别于主流农业产业链的"适应性优势"，进而基于这些"适应性优势"建立起具有针对性的 AFNs 及相关的"互联网＋"服务平台，后者反过来会进一步培育和强化这些"适应性优势"。

第二节 构建基于农产品适应性优势的 AFNs

一 AFNs 建设的典型实践模式

AFNs 正在挑战由工业化公司统治的食品制度，围绕着 AFNs 的大多数理论工作和实践经验一直致力于理解提供"优质食品"的社会和经济结构，通常用于寻求粮食供应的新方法，并为农村发展提供新的实用途径。各种实践途径被概念化为小规模生产者开发所谓的短链农产品网络的潜力。短链农产品网络通过建立非大规模工业化的农产品供应链，使中小型农业企业或农业主体获得更高比例的增值，并与最终消费者建立直接联系，从而将粮食生产从"工业模式"中转移出去。短链农产品的关键特点是，食品到达最终消费者是通过一个"社会嵌入式"的供应链传递有价值的信息，涉及产品的生态化生产模式，原产地标识、可信任的质量、区域消费传统和特定审美价值等内容。

主流农产品供应链主体之间存在着既对立又合作的利益关系，即"零和博弈"，双方的败德行为和机会主义行为倾向比较严重，信任度较低，这使得主流农产品流通渠道中的交易环节的交易成本较为高昂，AFNs 相反是建立更直接的生产者和消费者之间的关系，提高生产者与消费者之间的共信度。虽然 AFNs 这种新兴的农业生产模式具有很强的地理或经济情境依赖，甚至带有一定的政治动机，但它们很自然地嵌入到了区域社会体系中，因而世界各国的 AFNs 在主导产品类型、主体联结形式、网络规模、核心价值、服务对象等方面都存在很大的差异，现有的 AFNs 可以归纳为以下几种典型的实践模式。

（一）社区支持农业

"社区支持农业"（CSA）是指社区的消费者对农场运作做出承诺，与农民共同承担粮食生产的风险和分享利益（杨波，2012）。农户往往由于资金的匮乏无力进行生产或绿色认证，出于对农业生产风险的担心而和消费者组成 CSA；消费者由于对绿色农产品的市场化认证缺乏信任而出资支持农户组建 CSA。在 CSA 中，农民处在具有生态安全性的农业系统中，负责生产健康食物，消费者承担生产耕作的风险但能够获得健康放心的食物。CSA 由消费者和当地农民或农场组建而成的联盟，消费者和农场签订契约，商定好彼此的权利和义务。一般是由消费者提供农场进行生产所需要的资金，负责农产品的配送，消费者代表负责 CSA 的日常经营管理，农场负责提供劳动力进行生产。它改变了常见的生产者—中间商—消费者的主流农产品流通渠道模式，实现了生产者和消费者的直接对接。CSA 的核心理念是倡导本地生产、本地消费，避免中间商来操纵食品经济，强调生产者和消费者直接联系和相互信任，从而共担风险和共享收益。CSA 最大的优势有两点：①消费者由于全程可参与和监督生产与流通过程，可以确保自己消费的农产品是真正的绿色产品；②通过参与农产品的生产和流通，可以学习到农产品的生产知识，体验到生产、采摘农产品的快乐。

（二）箱式计划（Box Schemes）

它与 CSA 类似，由合作社和当地消费群体组成联盟，在当地社区或其周边环境中种植和收获农产品，农场则给预订服务的人们提供常规的箱装产品。箱式计划能有效确保消费者能定期采购以可生态化方式种植的季节性食物。

（三）农夫集市（Farmer Market）

在农夫集市上，农民可以将自己生产的食品直接销售给城市客户，这些市场通常按季节或周期性地举办。北京、上海、南京、天津、广州、香港等地正在如火如荼地进行农夫集市的建设。这些农夫集市的特点主要包括：①其出售的产品是"有机的"，它反对化肥、农药、添加剂及转基因作物；②它连接了生产者与消费者，直接取消或缩减了中间环节，使消费者和生产者均能实现利益最大化，也为消费者和生产者建立了一条增进相互认知和沟通的渠道。

（四）农场直接销售

这种模式与农夫集市相似，但它强调的是消费者旅行到农村乡村，在原始的乡村文化、地理和经济背景中购买食物。从农户那里得到有机蔬菜并不是消费者唯一的目的，消费者还希望通过自己的参与激发农户更多的创意，给农户带来更多发展的可能。

（五）公共部门食品采购

由学校、医院、大学、监狱或任何提供较大规模膳食服务的公共机构对农民进行直接采购被称为公共部门食品采购。其优势在于大批量订单式采购，有利于促进当地粮食生产，提高重要群体饮食质量，增强当地社区意识和普及有机食品消费。

（六）购买当地食品运动

购买当地食品运动是基于私营和公共主体的协议，将本地化食品采购链作为发展区域农业经济的手段。为此，区域政府或其他组织需要加强宣传，为当地民众提供健康饮食建议，使人们对购买当地生产食品产生的社会经济优势更加敏感。但是，DuPuis 和古德曼（2005）提出了挑战地方主义的"规范性"概念，转而呼吁一个"反地方主义"，识别不同社会阶层纳入"购买当地食品运动"可能性的差异性，甚至在美国发起对"购买本地计划"的审查，他们认为这些计划充满的紧张和复杂性往往不能够被那些参与者充分辨别。

（七）政府食品供应法案

地方政府出台支持贫困社区和食品沙漠的消费法案，以便能以较低的价格购买和提供新鲜健康的食物。食品沙漠是指缺乏健康有益且价廉物美食品的零售点，居民食品来源通常为便利店或加油站的社区。位于食品沙漠中的居民，以热量大、脂肪重、盐糖量高的食物消费为主，容易导致发胖，从而引发心脏病、糖尿病等严重危害健康的疾病。奥巴马政府曾推出 Freshworks 基金，通过为零售店和销售商提供补助和贷款来消除健康食品进入这些社区的高价屏障，同时减免参与该项目的食品零售商税收。美国农业部也配套地提供了 5000 万美元 "杠杆" 资金，拉动总值 1.5 亿美元的贷款、赠款和促销活动。一些 "食品沙漠" 中的居民也会组织 "自救"，利用许多土地因欠款被银行收回继而丢荒的土地种菜，自产自销。

（八）城市食品花园

该模式是指利用城市中的荒地、建筑工地或花园，由所在地的城市居民种植，用于生产自己喜爱的食物，并将其运送到当地家庭、商店或餐馆。

（九）特定人群定制化供给

该模式是指将某些人的信念和态度物化到社会规范或不同模式的食物摄取过程中。例如，素食者、宏观生物、少数民族、宗教团体、自由人等，他们都有自己的消费风格，农业生产者可为他们创造个性化的生产、分销和沟通方式。

随着我国城市化进程的加快，维持城市商业发展与居民传统生活方式之间的平衡将越来越困难，而传统支持社区的小商店和农产品集市几乎成为了城市化的牺牲品，居民追求便捷、高质量农产品消费的要求呈现出了日渐被忽视的趋势，这种现象值得区域政府部门进行深刻的反思。目前，AFNs 在我国很多地区仍处于发展的初级阶段（Theresa Schumilas，2014），有很多种做法可以解决传统食物采购系统的问题，但或多或少地存在着与常规食物供应模式产生分离的现象。并且，AFNs 在我国发展还面临着重建信任成本高、生产者与消费者对接难、扩大市场规模难、政府角色缺失以及"空间接近"短板等问题（陆继霞，2016），因而未能形成足够强大的力量与主流农业产业链相抗衡。

二　欠发达地区 AFNs 建设的实践模式

当前，欠发达地区农业生产者由于缺少主导组织、外部推动力、谈判能力及竞争力等诸多原因未能充分参与 AFNs 之中（F. F. Aidar-bako，A. A. Barlybaev，2016）。确定欠发达地区 AFNs 的空间配置和合适的建立模式，需要对 AFNs 所涉及的生产者、分销商和消费者的地理分布进行综合分析，以平衡每个参与者之间的利益关系和空间范围。通常情况下，AFNs 的构建会由消费者主动发起而不是始于生产者（Maye，Holloway，2007），随着欠发达地区周边城市居民追求健康、生态农产品的意愿不断增强，欠发达地区 AFNs 建设将成为促进区域农产品市场化和农业产业链发展的重要途径。

AFNs 构建的形式被动地依赖于区域情境中各种要素（替代性产品、替代过程、替代地点、健康价值观、经济基础以及政策导向等）

的具体组合，而这些要素的具体组合与欠发达地区农产品的适应性优势紧密相关；反过来，AFNs 的建设对区域地理情境具有积极的作用，能创造出区域内新的农业关系和产业发展形式，其网络性质将特定适应性优势或有关时空特征附加到食物网络上，形成通过地理（地方的感知）和制度（通过标志和印章或通过共同的价值观和原则进行沟通）联结起来的生产者和消费者之间的交互体系，进而影响双方报酬权、强制权、正当性和归属感。

因此，为了建立适合欠发达地区情境的 AFNs 实践模式，欠发达地区要根据所确立的农产品适应性优势目标集合，考虑区域农产品生产者、分销商和消费者的地理分布，以及平衡参与主体之间的利益关系与空间范围等因素，与国内外典型的 AFNs 实践模式进行综合对比和选择，并由追求高质量农产品的城镇消费者策动 AFNs 的初期建设，如图 4 - 2 所示。从目前的情况看，适合欠发达地区的 AFNs 实践模式主要包括以下五种。

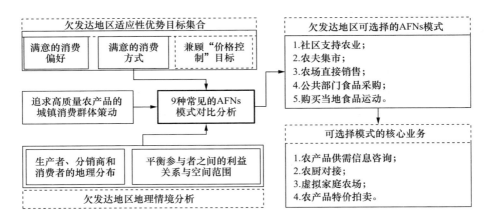

图 4 - 2　基于适应性优势的欠发达地区 AFNs 构建模式选择

（一）社区支持农业（CSA）

欠发达地区农业主体面临着很多的风险，其自身的规模较小又决定了其往往缺乏资金并且其抗风险的能力较弱。在 CSA 中，消费者能够为生产提供足够的资金，使农场能够获得稳定的收益，非常契合欠发达地区传统小规模农业主体的生产需要。研究表明，CSA 运作需要一定的条件：①同一个社区的消费者有着共同关心食品安全的信念，愿意自发地组织起来形成一个生态农产品消费者联盟；②消费者愿意为健康食品付出相对高额的成本；③农民和社区消费者相互信赖，即农民会负责任地主动生产出绿色健康的食品，城市社区消费者愿意主动承担一定的风险（任文雯、梁迎春，2011）。在当前国家重大涉农政策的引导下，欠发达地区农业主体与周边城镇居民围绕着生态农产品的主题具有形成利益共同体的动力，也具备了建立 CSA 的基本条件。

CSA 运作并没有一个特定的标准模式，每个社区团体都会根据各自不同的条件形成各不相同的模式。从总体上看，CSA 主要有四种类型，并依赖于具体的区域情境在实践中通常可以形成差异化的运作模式。第一种是农场主导，即农场负责联系和组织消费者社区，并决定所有农场生产管理和配送决策，例如农作物种植的种类和交货频率等；第二种是消费者主导，当地社区或社区群创建一个 CSA 计划，并聘用农场或者农民种植能满足其特定需求的农作物或其他产品，大多数管理决策由社区或社区群决定；第三种是农场联盟，由几个农场或者农民制订一个 CSA 计划，这个计划允许农场或者农民为城市社区提供更多元化的产品；第四种是农场与消费者联盟，由当地城镇居民及附近的农民共同制订一个 CSA 计划，并一起参与 CSA 的管理。从实践的角度看，这四种类型在"小毛驴农场"的运作过程中均有所体现（杨波，2012），欠发达地区可以参照"小毛驴农场"运作的基本思路，建立符合区域情境的 CSA 模式。

在"小毛驴农场"的 CSA 渠道中，主要有两类成员：消费者和农户。消费者的权利和义务包括：与农户建立风险共担的合作关系，预付下一季蔬菜份额的全部费用；不定期到农场参与劳动体验，并监督农场的生产。农户则需要按照预订计划负责任地生产出各种健康的蔬菜和其他农产品，定期配送给成员家庭，并且保证蔬菜及农产品的健康与安全。生产过程中产生的各种风险由双方共同承担。"小毛驴农场"在社区手册中宣称：在种植上采用自然农业技术，在经营模式上采取社区支持农业的经营理念，并希望重建相互信任的关系；不追求利润的最大化，而是用一种商业形式形成可持续的对乡村建设公益项目的反馈和支持。"小毛驴农场"还利用特有的农业环境与教育资源，每年组织各种农业节庆与亲子教育活动，如开锄节、立夏粥、端午节、成员回访日、丰收节、农业市集、木工 DIY、自然农耕教育等。农场还定期编辑相关简报，给成员传达农场的动态信息，宣传环保绿色的生活观念（杨波，2012）。

与主流农产品流通渠道相比，CSA 的优势包括：消费者能被配送到真正的绿色农产品，体验农产品的生产全过程，进而改变生活方式和消费方式，即对绿色新鲜的蔬菜消费增加，对肉类的消费减少；消费者购物的次数和每次购买量都有所减少；不少消费者积极向社会宣传绿色生产和绿色生活；等等。同时，CSA 的不足之处也比较明显：蔬菜品种选择的余地较少，数量也不一定正好符合需求，蔬菜的供应季节性较强，部分蔬菜的价格高于主流渠道，同时还存在因农场或农户经济收入不足，导致农业生产者退出 CSA 经营而转向主流农业产业链运作的风险等。

（二）农夫集市

农夫集市是区别于超市等常规渠道的生态农产品即时交易平台，农民通过此平台可以绕开机构认证的门槛，面对面地同消费者进行交流，在公开透明、相互信任的基础上完成农产品交易。农夫集市需要欠发达地区设置一定的场所或联盟组织帮助农民将自己生产的农产品直接销售给城市消费者。农夫集市的参与者必须遵守一些规则，包括认同有机的理念；承诺不使用化肥、激素、农药；动物以散养为主，不使用含有抗生素和激素的饲料；生产情况必须公开透明，包括种子、肥料、饲料的来源和生产、养殖方式等信息；保持合理规模，不因盲目扩张影响农场的有机程度等。农夫集市通常是每周或每隔一个固定的周期在人流量较多的公共场所举办。具体而言，欠发达地区可以采取以下形式开展农夫集市。

（1）周末利用城镇中的公园、社区广场等公共场所开展农夫集市。一方面，公园或社区广场在周末时的人流量相对集中，有利于有机农场、个体农户和手工作坊销售和推广品牌农产品；另一方面，这些场所相对封闭，有利于维持市场秩序、进行交易秩序管理以及场所清扫。这种形式可以使消费者通过与农户的充分沟通来判断农产品是否值得信任，并且在多次重复交易中逐步建立起稳定的产销关系。

（2）农户组成联盟或使用代理商建立有固定场所的农夫集市。采用这种形式，首先，要进行合理的农夫集市选址工作，能够使农产品销售的目标客户群体更加明确；其次，有利于聚焦多个农业主体的产品，保证农产品的多样性；再次，能有效弥补周期性农夫集市的不足，使消费者可以全天候采购；最后，固定场所所具有的信号示意作用会使消费者相信农产品的品质更优，有利于形成农产品的品牌效应，提高农产品的认可度。其缺点是，社区密集区域的固定场所租金较高，便利的选址需要消费者和农户各承担一些中间费用，导致农产品价格具有很强的消费群体选择性。

（3）与大型企业、学校、医院等职工数量较大的单位对接，设立半封闭式农夫集市。这种形式以农产品代理人或合作组织分散采购、定点集中销售为主，为特定组织的消费者提供半定制化的服务。采用这种形式能保证生态农产品的销售量，提高农产品消费的便利性，减少场地租赁成本，还有利于农产品生产者与消费群体间建立稳定的合作关系。缺点是增加了代理商成本，同时为对接单位带来了一定的管理负担，需要强有力的社会网络关系才能维持。

（三）农场直接销售

农场直接销售方式可以与乡村旅行、休闲农业或特色农产品集群联系起来，具有一定旅游资源或产业集群优势的欠发达地区在大力开发农业旅游产品的基础上可以考虑采用这种方式。例如，荆州市李埠镇的桃花村、石首市的桃花山均利用区域的独特旅游资源带动直接（农场）销售；公安县埠河镇则利用葡萄产业、草莓产业的集群优势，大力推进当地农副产品销售，带动区域农业主体非生产性收益的增加。农场直接销售还为消费者参与农业生产创造了机会，使农业生产能够更接近消费者需求，有利于使农产品生产者与销售者之间建立起信任关系。但是，调动城镇消费者来农场直接消费对一般的农业产区而言难度较大，它要求农业产区能充分利用自然资源优势或产业优势，进行旅游资源硬件升级，同时农业主体也要改善城镇居民参与农产品生产的条件，以增强区域特色农产品对周边城镇居民的吸引力。

（四）公共部门食品采购

欠发达地区的学校、医院、大学等对食品质量安全要求相对较高的组织可与农业生产主体或代理商提前签订农产品采购协议，并在农产品上市当季进行直接采购。这种订单式农产品采购方式对农产品供应的损耗较少，不需要水电费、场地租赁、市场销售、管理组织等费用，可以使采购单位能够以最低价格买到最新鲜的有机农产品。它更有利于促进 AFNs 的规模化生产，提高城镇重要消费群体的饮食质量，是普及有机食品消费的重要途径。

（五）购买当地食品运动

公益性组织、社会群体需要从扶持当地农业发展的战略高度向区域公众宣传"购买当地食品"的重大经济意义。通过合适的组织形式大力推进在农产品生产区域内销售农产品，使得消费者能深刻地意识到消费本地农产品对区域农业经济发展的重要作用和贡献。欠发达地区政府或有关社会公益组织要充分利用展会、公益活动、科技宣传、健康讲座、直接销售或与在线销售等多种方式普及有关知识，使区域城镇居民的消费倾向和习惯与区域特色农产品的供给紧密连接起来，增强消费者通过购买当地农产品以促进区域农业发展的责任感和荣耀感。

第三节　欠发达地区适应性优势集成服务平台

一　欠发达地区 AFNs 的"互联网＋"服务需求

欠发达地区建立各类 AFNs 能够把生产者和消费者，城市社区和乡村农场，农产品生产和生态环境，城镇社区消费者和生态食品有机地结合在一起，重建消费者和农业生产者之间的信任关系，为区域内传统的农业主体市场化创造新的机会，也从一定程度上解决了区域农产品供给结构性改革的问题。然而，欠发达地区要真正发挥 AFNs 的作用，还将面临很多问题有待解决。

（一）AFNs 中的组织者、农民收益与消费者权益关系平衡困难

当前促成消费者和农业生产者对接的社区居民负责人或志愿者往往都是兼职，难以长期应对 AFNs 运营管理的复杂性。一旦新鲜感消退或管理负担过重，将会产生放弃参与 AFNs 管理的疲劳感，而 AFNs 将面临因失去运作核心而退出市场的危机。再者，欠发达地区城镇社区居民在平均收入水平偏低的情况下，愿意为高质量农产品支付多少溢价以保障农产品生产者的收益也值得关注。组织者、农民收益与消费者之间的利益关系平衡困难，将会降低消费者和农户对 AFNs 的归属感，进而影响 AFNs 长期运营的稳定性（杨波，2012）。

（二）AFNs 运营的稳定性较为脆弱

虽然 AFNs 的运作以信任关系为基础，同时伴有明晰的合同用于界定消费者和农业生产者的权利和义务，使有关方对合作收益有一个较稳定的预期，但是同主流农业商业体系相比，农户生产、组织者、城镇消费者甚至是消费场所等客观环境中的任何一个环节出现问题都会导致 AFNs 整个链条断裂。例如，按照有效地嵌入当地农业经济的要求，AFNs 需要在当地建立有机农场，但这需要足够的时间培植能适应当地居民偏好并具有一定依赖性的农产品；同时，还需要克服众多影响产量、质量和依赖关系的风险因素，难以具备同主流农产品供应链一样的市场调配灵活性。

（三）AFNs 的盈利能力普遍较弱

虽然提高有机农产品供给是我国农业供给侧结构性改革和实现农业现代化的重点，但当前 AFNs 供给对城镇居民而言基本还是比较小众化的消费模式，有限的市场规模对 AFNs 产品销售所需的相对高价位的支撑不足，由此会导致在运营实践中容易产生 AFNs 参与主体的"毕业效应"，即参与主体会因 AFNs 的预期盈利能力和变现能力不足而重新加入主流农业产业链中。事实上，AFNs 改善区域农产品供给结构和促进弱势农业主体市场化的任务决定了其应该转化为市场化的商业组织，不能长期作为半公益性组织而存在。

（四）AFNs 供给"空间接近"的特征与多样性需求间存在矛盾

AFNs 强调"空间接近"式的优质农产品供给，一定程度上造成了农产品供给的单一性和时滞性，不能及时地满足个性化和多样化需求，这也是消费者产生"毕业效应"的重要原因之一。而且，"空间接近"式的优质农产品供给也限制了本地优质农产品消费的市场规模，导致 AFNs 在生产端难以吸引更多优质的规模化生产主体；在消费端则过度地依赖政府或"志愿者"来促进产消对接行为，导致 AFNs 缺少发展的内在动力。

要解决上述问题需对 AFNs 的运作模式进行创新，重点内容是进一步简化 AFNs 管理的复杂度，提高 AFNs 农产品供给的效率，强化生产者与消费者间的信任关系，提供农产品质量担保，适当扩展地理限制、降低 AFNs 运营成本以及整合各类 AFNs 的资源等。理论上，通过发挥互联网技术在扁平化经营、资源整合、互动交流以及运营高效等方面的优势，这些问题均可在一定程度上得以解决。此外，通过互联网将产品销售给位于生产区域之外或对该区域特色农产品没有明确认知的消费者，以及整合外部农产品资源供本地城镇居民消费都是 AFNs 要补齐的"短板"。事实上，欧美农产品市场的发展实践已经表明，互联网平台性组织有助于产生规模化的市场渠道、紧密的合作组织结构、信息共享和信任机制以及公共的支持环境等，并且由平台性组织而引起的交易模式变革会促进农业产业内部结构的调整（S. Aciksoz，2009）。总之，欠发达地区立足于区域农产品适应性优势建立起各类 AFNs 后，为更好地提高 AFNs 的运作效率或发挥 AFNs 促进农业主体市场化的作用，需要利用"互联网 +"优势，进行更有效的 AFNs 运作模式和服务创新模式，从而激发起区域内各种竞争优势因素和影响因素的潜力，打破欠发达地区多数传统农业主体参与农业现代化的瓶颈。

二 适应性优势集成服务平台的定位

为支撑农业现代化体系的构建，发达国家建设了从农业信息采集、加工处理到发布全过程的农业信息服务体系，特别注重电子商务平台的开发与应用。考虑到欠发达地区弱势农业主体的特征，在

AFNs 建设阶段所需的服务平台在短期内要重点解决 AFNs 生态产品生产、消费者与生产者对接以及农产品流通难的问题；长期来看要为弱势农业主体的初步市场化和竞争力培植创新机会、提供动力，因而必须将服务平台的定位和功能设计与弱势农业主体适应性优势的挖掘结合起来。故将这类服务平台称为"适应性优势集成服务平台"。该平台是面向欠发达区域各类 AFNs 的"农业公益性服务组织"，其构建主体通常是第三方农业服务企业或农村基层合作社。平台为欠发达地区弱势农业主体提供市场价格、市场需求分析、订单式生产、供需信息等方面的服务，发挥区域弱势农业主体的适应性优势，致力于提高区域消费者对本地农业主体农产品质量的认可，减少农业主体的经营风险，为培养弱势农业主体的持续性市场竞争优势奠定基础。该平台直接服务于区域内的各种 AFNs 网络，在"空间接近"基础上以互联网的形式直接面向区域城镇居民提供农业产品，使区域内的各种 AFNs 在逻辑上形成一个整体，促进区域内零散的"适应性优势"资源快速集成。根据各类 AFNs 运作的核心业务以及重点服务于欠发达地区传统农业主体的定位，理想的适应性优势集成服务平台应该具有"生态、便捷、娱乐和社会公益"等特征。

（一）确保农产品供给的生态性

适应性优势集成服务平台建立的基础是促进传统弱势农业主体农产品的市场化，将分散在各类 AFNs 中的弱势农业主体在逻辑上整合成一个整体，并立足于为区域城镇居民提供质量安全、具有特色的生态农产品。目前，普遍存在的农产品质量问题反映出欠发达地区农产品质量安全保障体系并不完善，城镇居民的农产品消费存在较大的安全隐患。为了保证农产品质量的可追溯性，农产品的供给方只能是区域内得到适应性优势集成服务平台认可的 AFNs 中的专业大户、家庭农产、合作社或传统小规模生产农户。适应性优势集成服务平台还需要向城镇居民重点推荐区域内的季节性农产品或具有地方特色的农产品。适应性优势集成服务平台实质上可承担农产品质量担保的职能，平台经营不强调弱势农业主体农产品种/养殖的规模化、成本竞争优势，更多地将关注点放在了农产品种/养殖、流通环节和消费环节的生态性方面，并力求通过电子商务的优势来拓宽农产品供给渠道，努力实现农产品的质量安全与销售价格两者间的平衡。

（二）强调农产品交易方式的便捷性

提高农产品交易方式的便捷性主要有两种途径：一是减少农产品流通环节；二是丰富农产品交易渠道。农业部市场和经济信息司副司长王小兵在 2015 年"互联网＋农业的路径与变革"论坛上表示，我国农业发展面临着农产品价格的"天花板"与成本的"地板"，农业生产的成本在逐年上升，农产品的滞销问题时常出现，同时中国农产品的利润在逐级的渠道中被吸收消化。欠发达地区建立起多类型的 AFNs 之后，农产品市场定位的准确性将会更高，农产品销售渠道的环节也将大大减少，使基于 AFNs 的短链渠道成为主流农产品长链渠道的重要补充。另外，一般情况下，受制于农产品的溢价率低、物流成本高等产品的特殊属性，B2C 模式现阶段不适合农产品出村，"互联网＋农产品"需要直接进入 B2B 的模式（苏德悦，2015）。但是，AFNs 能使区域内消费者参与和监控农产品生产，并通过预订或面对面购买的方式，减少农产品采摘的提前期、存储时间和周转环节，能保证为特定的消费者群体按时按量地提供新鲜的农产品。这些改变使得农产品的供应方式和时间更加灵活，参与农产品的农业主体更加多样化，有利于 B2C 与 B2B 模式，甚至是 O2O 模式在欠发达地区农产品消费市场中都具有融合发展的可行性。

（三）融合网络休闲与生态农产品消费的娱乐性

农产品消费是一种体验性很强的行为，利用"互联网＋"技术有利于实现农产品从"田间"到"餐桌"的全程透明化，也能有效地提高消费者在这个过程中的参与度并担负起质量监控职责。欠发达地区 AFNs 的特色产品生产、销售可与现代农业体验经济相结合，甚至可以与社区经济和各类社交应用结合起来。为此，适应性优势集成服务平台需要向城镇消费者提供可以参与某些特色农产品的种/养殖过程的服务功能，实现"虚拟家庭农场"的概念。参与"虚拟家庭农场"的农业主体可以不受生产规模的限制，只要能提供质量合格的农产品种/养殖服务就可以成为"虚拟家庭农场"的供应商。城镇消费者可以通过网络平台"领养"生长周期较长、价值较大的农产品，可以参与个性化的农产品种/养殖过程，利用适应性优势集成服务平台提供的账户，在线观察各个时间段内农产品生长的状态，并提出合理化的委托管理建议。通过这种方式可以进一步将现实的农产品生产转移到互联网上，增强用户对农产品质量的信赖、对农产品成长的即视感、对收获优质农产品的成就感，从而有效地支撑订单式农产品生产，提前为农业主体锁定农产品的销售价格和销售数量。

（四）服务于弱势农业主体的社会公益性

适应性优势集成服务平台可以免费发布各种 AFNs 农产品或农资的供需信息，为区域弱势农业主体（特别是传统小规模生产农户）的生产和销售活动提供更快捷、更多可选择的产销渠道。适应性优势集成服务平台具有实现订单式农产品供给的功能，强调农产品的品质保障，避免农业主体片面追求产量而采用非生态性的种植方式。适应性优势集成服务平台的社会公益性对 AFNs 和弱势农业主体的长期发展具有重要的意义。一方面，在欠发达地区多数农业主体没有大量资金建设生态农产品基地的情况下，可将分散的小规模种/养殖资源集成起来，形成一整条完整的 AFNs 供应链，以提高当地传统农业主体的经营性收入；另一方面，可减少新型农业主体农产品种/养殖的盲目性，降低因农产品供需不平衡所引起的价格风险问题。此外，还有利于建立起以适应性优势集成服务平台为媒介的市场机制，引导区域弱势农业主体自主发展，保证 AFNs 农产品供应和运营模式的多样性，解决因政府导向所致的产业结构趋同和重复建设问题。

欠发达地区弱势农业主体面对区域农业现代化基础上的差距，要提高其农产品的市场竞争力需要从自身经营哲学和经营模式的创新入手。适应性优势集成服务平台的建设可使弱势农业主体能够准确锁定城镇消费群、共享农产品供需信息和技术，对稳定产品质量、保障农业主体的经济利益以及规避经营风险具有重要的作用。弱势农业主体依托适应性优势集成服务平台，可以快速而有效地组建 AFNs，打破"小规模分散供给"受制于"大市场"的农产品价值链结构，使弱势农业主体能有效地跟踪市场动向，实现各种 AFNs 资源的定向供给和价格锁定，确保预期收益的稳定性。当然，考虑到季节因素、生产周期、价格敏感性、保鲜储藏、重复性日常物流配送等问题，农产品的交易和非农产品的交易方式会存在较大的差异。因此，适应性优势集成服务平台的功能设计和运营模式并不能简单地移植到普通的电子商务模式。其关键问题在于，如何利用"互联网＋"技术和电子商务经营模式的优势，将 B2B、B2C 或 O2O 等经营理念融入 AFNs 农产品的种植、流通、销售和消费等各个环节，以"生态、便捷、娱乐和社会公益"的核心服务理念来激发区域弱势农业主体的适应性优势，从而有针对性地帮助弱势农业主体突破市场化的瓶颈，奠定进一步形成区域农产品比较优势的基础。

三　适应性优势集成服务平台的核心服务

适应性优势集成服务平台在欠发达地区 AFNs 建设阶段，要对各类型的 AFNs 提供服务，承担提高各类 AFNs 运作效率，整合各类 AFNs 农产品供给，对接区域城镇生态农产品需求，并提高区域弱势农业主体收益等功能。因此，适应性优势集成服务平台的功能设计不能仅针对某特定类型 AFNs 的运作需求，需要提取各类 AFNs 的核心业务，形成具有通用性的服务功能。如图 4 - 2 所示，适应性优势集成服务平台至少要包括农产品供需信息咨询服务、"农厨对接"服务、"虚拟家庭农场"服务以及农产品特价拍卖服务等各类 AFNs 所需的核心服务。

（一）农产品供需信息咨询服务

农产品供需信息咨询服务是针对欠发达地区 AFNs 所需的农资采购难、农产品销售难、技术推广难所设计的服务模块。区域农业主体和涉农商业企业都可以通过适应性优势集成服务平台发布关于农资、农产品、农业技术方面的供需信息。该项服务在于打破区域农产品市场化的信息瓶颈，充分挖掘区域内农产品市场化的潜力，使区域内 AFNs 所需的农业资源能充分交易。

农村主要的信息资源传播渠道是村干部、能人和小卖部，他们都可以成为农产品供需信息上传的服务者。适应性优势集成服务平台的注册用户登录之后，可以通过"用户信息管理"模块修改个人信息资料；用户需通过"供需信息发布管理"模块发布供需信息或对已发布的信息进行修改或删除；用户发布信息后，可以使用"供需信息咨询"功能，进行有关需求信息的检索或匹配。"供需信息咨询"的流程为：用户从"用户信息需求"列表中选择自己所发布的某条信息，然后选择或设定信息匹配条件，再点击"信息查询"按钮，系统将在"用户信息匹配"列表中得到可供用户选择的信息列表。用户可以在列表中同时勾选多项信息，然后点击"生成咨询订单"按钮，系统提示"咨询订单生成成功"并保存订单有关信息。系统自动按每条信息的费用标准核算用户的账户信息是否有足够的余额，若余额足够则立即显示用户所选择的各项信息细节，自动扣减用户账户余额；否则，提示用户需要交费，用户交费后通过"信息咨询订单管理"功能查看咨询订单的反馈信息细节。需要收费时，系统要求用户采用预存的方式增加账户余额，由财务部门通过"用户账户管理"功能进行操作。信息咨询部工作人员需要通过"信息咨询订单核查"，经常核查用户的订单状态，以确保能及时处理账户余额足够的用户信息咨询订单，适时地反馈用户查询的有关信息。农产品供需信息咨询业务的流程如图 4-3 所示。

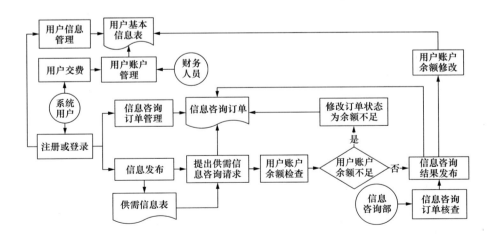

图 4-3　农产品供需信息咨询业务流程

（二）"农厨对接"服务

"农厨对接"是指消费者通过适应性优势集成服务平台直接订购农产品，减少产地和农贸市场层层批发、零售等众多环节，依靠农产品配送人员从 AFNs 农业主体的田间将农产品配送到区域城镇居民家中的一种集生产和销售于一体的农产品市场化模式。"农厨对接"模式简化了农产品交易的流程并缩短了农产品消费的提前期，有利于农业主体以较低的价格为区域城镇居民提供新鲜的高质量农产品，从而为农业主体建立起适应性优势创造条件。

实现"农厨对接"需要适应性优势集成服务平台提供"农产品网上超市"模块。该模块主要处理欠发达地区 AFNs 农产品网上交易，作为线下 AFNs 交易的补充，主要面向区域内行动不方便或因工作繁忙没时间采购农产品但对农产品质量要求较高的城镇居民，为其提供准时送货上门或在实体门店按时领取农产品的销售服务。"农产品网上超市"管理流程分为农产品网上订购、农产品采购、农产品销售与配送等主要环节，如图 4－4 所示。

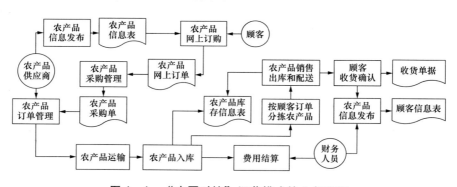

图 4－4 "农厨对接"运营模式的业务流程

（1）农产品网上订购。该功能类似于电子商务的网上购物流程，用户登录后，利用"农产品网上订购"功能，可以检索和浏览各种农产品，并将有购买需求的产品加入购物车，在确定采购后生成"农产品网上订单"。

（2）农产品采购。顾客每日下达订单后，销售部门利用"农产品采购管理"功能，在每日下午 4 点以前将各个订单按"农产品供应商"进行分类汇总，并向每个农产品供应商下达订单，生成"农产品采购单"。农产品供应商通过"农产品订单管理"功能查看每日的农产品订单情况，并及时地将农产品配送到指定的实体销售店或农产品库存部，库存管理部门进行入库登记后（由于农产品不需要长期存储，库存管理部门与销售部门可在相同或相近的位置进行工作），供应商可执入库单和采购单与财务部门进行费用结算。

（3）农产品销售与配送。销售部门根据"顾客预订单管理"功能所查询的订单结果，将农产品进行分拣、包装，并利用"网上超市销售管理"功能生成各个销售单，完成销售业务；随后，由配送人员将包装后的农产品送到小区联络人、实体店或顾客家中，送货人员将顾客收货确认单或有关款项交与财务部门，财务部门将进行"网上超市销售"收益登记，同时更新顾客的账户信息。

（三）"虚拟家庭农场"服务

"虚拟家庭农场"的概念源于网络虚拟农场相关的游戏、家庭农场以及 O2O 电子商务模式的集成。欠发达地区城镇居民可以利用网络通过适应性优势集成服务平台领养已注册的农产品，从而建立自己的"虚拟家庭农场"。这是具有"空间接近"优势的 AFNs 农业主体相对于主流农业产业链的重要适应性优势。已领养的客户如果有兴趣，可以及时、方便地去农业主体生产现场观察领养对象的生长情况，实现网络化的"虚拟种/养殖"与领养农产品真实生长情况的对比和确认。这是提高适应性优势集成服务平台对 AFNs 消费者吸引力的重要手段。为了支持"虚拟家庭农场"的运营，适应性优势集成服务平台至少需要提供季节性农产品预订管理、动/植物领养管理、生态农场种/养殖管理等功能。

（1）季节性农产品预订管理。季节性农产品预订主要适用于交易本地种植的、生产周期长、需求量较大并具有一定特色的生态农产品。通过建立订单式农产品供应模式，一方面可以满足顾客对农产品质量的需求，改变区域农业主体单纯地为提高产量而忽略质量安全的种植方式；另一方面可在一定程度上解决农产品供给失衡的问题，稳定季节性 AFNs 优质农产品的市场价格，确保本地农业主体种植的积极性和稳定性。

首先，农场种植管理人员需要利用"农产品基本信息管理"功能，录入本年度各种季节性农产品的基本情况，这些基本信息经过销售部门利用"季节性产品信息发布"进行处理后，可以被用户查看。普通用户登录后，可以通过"季节性农产品预订"功能下达订单，销售人员通过"季节性农产品订单管理"功能确定订单有效后，将通知顾客交纳一定的预订费用，用户确认交费后财务部需要更新顾客的账户信息。预订单生效后，采购人员（在存在外包种植的情况下）根据预订问题和顾客订单量确定需要采购的农产品总数；而种植人员或采购人员需定期更新订单的农产品生长状态，而顾客也可以通过"季节性农产品管理"功能观察农产品生长状态，并提出有关的建议和意见。在农产品即将成熟的前期，销售部门需要通过"季节性农产品订单管理"功能，通知顾客进行交易，并在完成农产品销售和配送业务后，进行有关的财务处理和更新用户订单的状态。对于外包种/养殖的农产品，还需通过"农产品采购管理"的形式进行采购入库，然后再进行相应的交易。由于系统采用了简化的财务核算方式，农产品销售业务完成后，财务部门只需要进行收益核算，不需要进行成本结转。值得注意的是，如果用户是通过账户余额结算交易，则需要更新顾客的账户信息（如图 4－5 所示）。

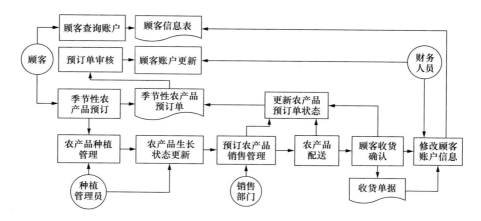

图 4－5　季节性农产品预订管理流程

（2）动/植物领养管理。对于价值相对较高，生长周期长，且种/养殖方法对产品品质影响比较大，需要用户给予更多关注的农产品，例如果树、生猪、蛋鸡等，适应性优势集成服务平台可为用户提供订单式领养功能，用户可以广泛地参与和观察领养对象的生长过程。由于用户参与度高，一方面可增强平台的娱乐功能，提高本平台对用户的吸引力，另一方面也可以提高用户对农产品质量的信任度。动物领养的主要流程如图 4 - 6 所示，植物领养的流程与之类似。

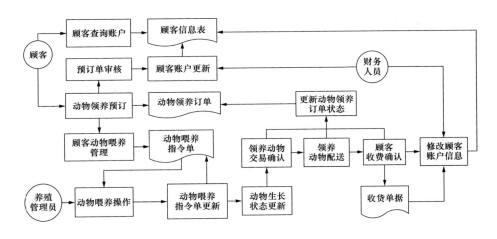

图 4 - 6　动物领养管理流程

用户登录后，可以通过"动/植物领养预订"功能下达订单，销售人员通过"领养订单管理"功能确定订单有效后，将通知顾客缴纳一定的预订费用。用户确认交费后，财务部需要更新顾客的账户信息。预订单生效后，种/养殖管理人员或采购人员（在外包种/养殖的情况下）需要定期更新农产品生长状态，顾客可以通过"领养预订单管理"观察领养对象的生长状态。同时，用户可根据领养对象的生长状况，利用"领养预订单管理"提出个性化的种/养殖建议。种植管理人员可以利用"特殊种/养殖指令管理"功能与用户进行交流，最终确定对领养对象采用个性化种/养殖方法的合理性。在种/养殖期间，有关人员需要通过"农资领用申请"的方式从库存部获得生产资料，库存部及种/养殖农场需要及时将各种农资使用单据转交财务部，财务部门需适时录入自产农产品的成本。对于用户提出的特殊要求所产生的额外费用，要记入用户的账户中。在农产品成熟前期，销售部门需要通过"领养订单管理"功能，修改农产品订单的状态，通知顾客进行交易。具体的销售管理细节与季节性农产品销售类似。

（3）生态农场种/养殖管理。上述两个模块领养对象的实际种/养殖管理工作由该模块实施。该模块主要用于农业主体对种/养殖的农产品进行登记、种/养殖过程管理以及状态更新等，如图4-7所示。农业主体或农场的种/养殖管理人员首先利用"农产品基本信息录入"功能，登记各种农产品的基本信息，这些信息包括产品的品种、成熟期、成熟产品照片、预售价格等；其次在农产品种/养殖以及生长过程中，需要对农产品进行播种、施肥、杀虫和保养等管理活动，需要使用到农资时，利用"农资领用管理"模块生成"农资领用申请单"，并从库存部获得生产资料，库存部及种/养殖农场需要及时将各种农资使用单据转交财务部，财务部门需适时录入自产农产品的成本。值得注意的是，该模块可以进一步扩展为区域农场管理软件，为区域内的农业生产者提供生产管理服务，未来将成为适应性优势集成服务平台经营利润的新的增长点。

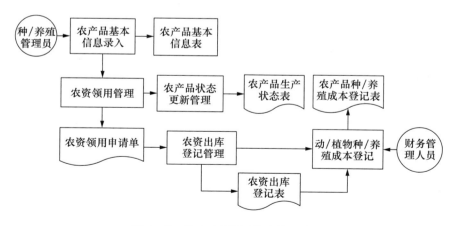

图4-7　生态农场种/养殖管理流程

（四）农产品特价拍卖服务

为增强适应性优势集成服务平台对用户的吸引力，可设定在每周的某个时点提供某种农产品进行特价拍卖，拍卖标的物需设定一个价格上限，以限价的方式进行拍卖。主要采用升价拍卖方法，但最终的拍卖价格不得超过限价的 120%，确保拍卖产品的成交价具有一定的市场竞争力，达到凝聚和吸引 AFNs 消费者的目的。系统管理人员利用"拍卖产品信息发布"功能输入拍卖标的物的基本信息；用户登录后进入"农产品竞价拍卖"模块，可以观察竞价情况，并可提交个人的报价；根据最高的价格确定最终的交易用户，并扣除一定的预交费用。用户进行交易时，则通过"农产品销售管理"功能进行处理，后续的财务处理与其他农产品销售类似（如图 4 - 8 所示）。

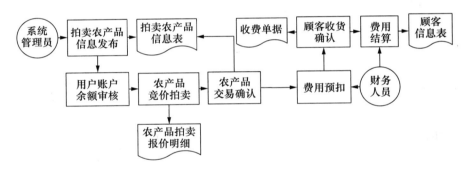

图 4 - 8　农产品特价拍卖管理流程

通过上述四个核心服务，适应性优势集成服务平台可以将各类 AFNs 统一起来，欠发达地区弱势农业主体可以作为农产品供应商为"网上农产品超市"提供生态农产品；并且，其生产经营行为也可以被统一纳入生态农场基地进行管理，使分散的 AFNs 生产主体能共同面对整个生态农产品消费市场。通过"虚拟家庭农场"的运作模式，适应性优势集成服务平台能支持 AFNs 生态农产品的预订或领养功能，有效地解决农产品的供求失衡、供给价格不稳定和质量安全问题；同时，"农厨对接"的销售模式可以降低农产品的物流成本，真正地做到物美价廉，农产品供应及时新鲜，能直接服务于欠发达地区 AFNs

运营的核心特质。对于区域内的城镇消费者，可以通过适应性优势集成服务平台了解生态农产品生产和经营的相关政策、科技、市场动态以及服务流程，并进行农产品的在线采购、在线预订、在线领养、在线农产品拍卖等交易，确保城镇消费者既能便捷地获得质量可靠的农产品，又能获得参与农产品生产的娱乐性。适应性优势集成服务平台在 AFNs 建设初期，还可以为农资供应商提供生态农资供应的担保，使农资供应商能够及时地发现各个 AFNs 生产主体的农资需要，并能保证按生产所需进行农资配送。但是，随着未来 AFNs 运营规模的扩大以及 AFNs 数量的逐渐增多，欠发达地区提供专业化的农资供给服务平台对其农业现代化而言将显得格外重要。

第四节　适应性优势集成服务平台的功能体系

一　适应性优势集成服务平台的前台功能体系

（一）适应性优势集成服务平台的前台功能

适应性优势集成服务平台的前台功能主要是整合各类 AFNs 参与者的交易行为，涉及农产品供需信息咨询、农资供应、农产品网上交易以及农产品特价拍卖等业务。适应性优势集成服务平台的前台功能体系如图 4 - 9 所示。

（二）适应性优势集成服务平台的前台功能描述

（1）用户信息管理模块。

用户注册和登录：系统前台用户在发布信息、进行交易之前必须进行用户注册或登录，系统前台用户可细分为"普通顾客、农资供应商、农产品供应商"三种身份类型，注册时必须选择"身份类型"。其中，普通顾客是指可以浏览主页有关信息，进行网上农产品采购、动/植物领养以及信息发布与咨询业务的顾客，主要是 AFNs 农产品的消费者。农资供应商是指可以为动/植物农产品的种/养殖提供种子、各种农资和生产资料的 AFNs 供应商。农产品供应商是指种植农产品并通过本平台销售农产品的供应商，亦即 AFNs 的生产主体，主要涉

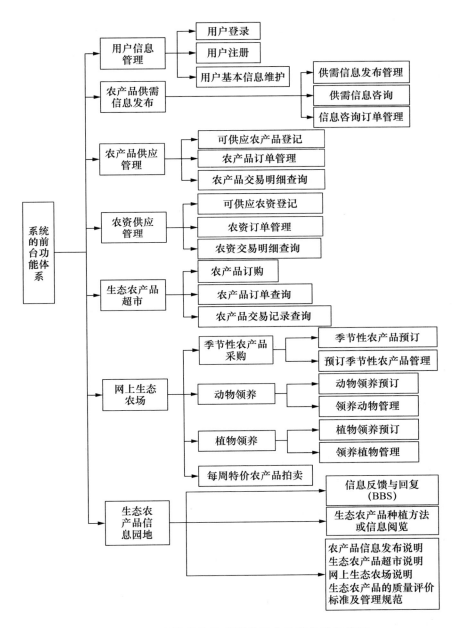

图 4－9　适应性优势集成服务平台的前台功能体系

及网上农产品超市业务，同时这类用户还可以包括动/植物领养业务、季节性农产品预订业务的外包商。

用户基本信息维护：注册的用户登录后，可查看个人的有关信息，特别是账户余额信息，并可根据具体情况的改变，自主地修改已注册的个人或组织基本信息，如责任人、地址、联系方式，但不能修改其账户信息，只有财务部有关人员才有权修改账户信息。

（2）农产品供需信息发布。

供需信息发布管理：普通顾客发布农产品的供应或需求信息（免费发布），利用此功能还可根据具体情况，自行修改或删除以前发布的信息。

供需信息咨询：如果顾客没有发布自己的供需信息，则提示顾客先发布自己的供需信息；然后，顾客可选择自己已发布的某条信息，并根据"农产品名称""区域"等关键字或其他关键字组合查询可以满足自己需求的供需对象。选定满意的交易对象集合后，提交请求并生成有关的"供需咨询订单"，生成"供需咨询订单"表中的有关记录。此时系统会自动按一定的收费标准核算顾客的账户是否有足够的余额，若余额足够则直接显示顾客所选择的各项信息的细节，同时扣减顾客账户余额；否则，提示顾客需要交费，顾客通过财务部门交费后，再通过"信息咨询订单管理"功能查看系统反馈的有关信息的细节。

信息咨询订单管理：主要是查看信息咨询订单所处的状态或反馈的结果，订单的状态有两种情况："余额不足，需缴费""订单处理完毕"。同时，顾客还可以删除或取消"余额不足，需缴费"的订单；当顾客取消订单时，提示顾客是否需要删除顾客发布的与订单有关的信息，并按顾客做出的选择保留或删除顾客发布的信息。其中，"供需信息咨询"功能只负责提供信息，交易双方自行完成交易，本服务平台不再承担有关方的商业行为产生的任何责任；当顾客不能或不方便进行网上操作，而直接到信息咨询部门或打电话进行咨询时，信息咨询部的有关人员需要帮助顾客完成注册，并操作"供需信息发布管理"以及"供需信息咨询"功能，待顾客到财务部交费后，再提供系统反馈的有关信息的明细。

（3）农产品供应管理。

可供应农产品登记：各类供应商（包括 AFNs 生产主体或生态农产品外包商）可根据具体情况进行农产品供应品种的登记，发布农产品品种、质量等级、价格、图片及有效期间等有关信息。

农产品订单管理：供应商每天需要按时查询采购部有关人员发布的"农产品采购订单"，订单中反映了该供应商可供应的各类农产品需求数量汇总，供应商需要修改该订单的"处理状态"为"接收并准备发货"，以备采购部确认订单能及时完成。此后，供应商需要准备或运输相应的农产品给销售部门或指定的实体门店。

农产品交易明细查询：供应商可以设置不同的组合条件，查询自己每天的交易量、交易金额明细以及月汇总等情况。

（4）农资供应管理。

可供应农资登记：供应商利用该功能在个人电脑上登录电子商务平台，根据具体情况自主地进行农资供应品种登记，发布农资的品名、质量等级、价格、图片、厂商、用途等有关信息。

农资订单管理：供应商每天需要按时查询采购部有关人员发布的"农资采购订单"，订单中反映了该供应商可供应的各类农资数量，供应商需要修改该订单的"处理状态"为"接收并准备发货"，以备采购部确认订单能及时完成。此后，供应商需要准备或运输相应的农资给农资库存部门。

农资交易明细查询：供应商可以设置不同的组合条件，自主地查询自己每天的交易量、交易金额明细以及月汇总等情况。

（5）生态农产品超市。

农产品订购：该功能与常见电子商务平台的购物车功能类似。顾客登录后，根据农产品列表，或根据确定的关键字得到的查询列表选择满意的农产品，并输入对应的数量，经顾客确定后，该农产品将被放入"菜篮子"。顾客可对"菜篮子"中的农产品进行数量的修改。在购物完毕后，提示顾客"订单确认后不能撤销"，再经顾客确认后，生成"农产品网上预订单"，该订单即处于"订单下达成功"的状态。

农产品订单查询：顾客可以查询并掌握订单目前所处的状态，以避免订单未经销售部门及时处理情况的发生。如果在一定的时间内，顾客订单仍未处于"已接收，正在处理"的状态，系统需提示："如您的订单未能及时处理，请打电话……联系。"订单的查询结果可分为"下达成功""订单已确认""农产品已配送""交易完毕"等。

农产品交易记录查询：顾客可以设置不同的组合条件，自主地查询自己通过平台进行交易的情况、各个订单的交易种类及交易金额明细以及汇总情况，以了解个人账户的使用状况。

（6）网上生态农场。

1）季节性农产品采购。

季节性农产品预订：对于生长周期长且生长过程不需要顾客过多干预的特色农产品，顾客可以预订，如甘蔗、水产品、葡萄以及柚子等。顾客利用该功能可以检索可供预订的季节性农产品，对于每个有兴趣的农产品，顾客可了解该产品的成熟期、预期质量和价格，输入有关的数量可生成预订记录。待顾客将其感兴趣的农产品全部预订完毕后，可提交"季节性农产品预订单"，并计算费用总额，提示顾客需缴纳30%的预订费用。此时，预订单的状态为"订单生成，等待审核"。待销售部门与顾客沟通完毕，确认订单及预订费用缴纳完毕后，系统需修改订单状态为"预订成功"。

预订季节性农产品管理：顾客可以查询并掌握"季节性农产品预订单"被平台工作人员处理的状态，并会收到"如未能及时处理请打电话……联系"的提示，订单的查询结果可分为"订单生成，等待审核""已接收，正在处理""预订成功""交易完毕"等。此外，点击订单中"农产品名称"将会出现相应农产品的生长状态，系统将提供农产品各个时间段的图片列表、说明，顾客也可以针对每个阶段的农产品生长状态给出"顾客评价和建议"。

2）动物领养。

动物领养预订：顾客可以领养生长周期长且顾客可以亲身参与其生长过程的特色农产品，如生态猪、生态鸡等。具体流程与"季节性农产品预订"类似，最终生成"动物领养预订单"，该动物领养预订成功需提前缴纳20%的费用。

　　领养动物管理：顾客可以查询并掌握"动物领养预订单"当前的状态，并会收到"如未能及时处理请打电话……联系"的提示，订单的查询结果可分为"订单生成，等待审核""已接收，正在处理""预订成功""农产品成熟，等待顾客交割""交易完毕"等。此外，点击订单中"农产品名称"将出现相应动物的生长状态，系统将提供动物各个时间段的图片列表和说明，顾客也可以针对每个阶段的农产品生长状态给出"顾客评价和建议"。

　　与季节性农产品不同，动物领养管理可以为顾客提供更多的个性化养殖方式，顾客点击"特殊指令"按钮，将出现各种可能为动物喂养的"食物或喂养方式选项"列表，顾客可以选择感兴趣的"食物或喂养方式"给领养的动物以特殊的补充，此时会生成"客户种/养殖特殊指令订单"，订单此时的状态为"订单生成成功，等待处理"。为保证动物的安全和质量，订单的合理性需要经过种/养殖部门的确认，并修改订单的状态为"订单确认"。此后，在顾客向财务部门缴纳一定的费用后，订单才能被执行，并修改订单状态为"处理完毕"。

　　3）植物领养。

　　植物领养预订：顾客可以领养生长周期长且对其生长过程可以进行差异化管理的特色植物农产品，并提前缴纳大部分的领养费用，如葡萄、柚子等，领养植物的全部收获归顾客所有。

　　领养植物管理：植物领养的操作流程与"领养动物管理"的过程类似，只是大部分植物领养的管理周期可能更长，顾客可以多次收获农产品，而且顾客可能需要分年度多次或一次性支付有关费用。

　　4）每周特价农产品拍卖。

　　"每周特价农产品拍卖"模块在每周五晚上 8 点开始，将提供某种具有特色的农产品以限价的方式进行拍卖，采用升价拍卖的方法，但最终的拍卖价格不得超过限价的 120%，以确保拍卖产品的价格不高于市场的正常销售价格，用以增强适应性优势集成服务平台对顾客的吸引力。

　　（7）生态农产品信息园地。

　　此模块以文字的形式向用户说明各个模块操作的方法、有关的管理制度和交易方式，并向用户介绍"适应性优势集成服务平台"上相关商品的质量标准，还会提供与生态农产品有关的信息。具体分为农产品信息发布说明、生态农产品超市说明、网上生态农场说明、生态农产品的质量评价标准及管理规范、生态农产品种植方法或信息阅览、信息反馈与回复（BBS）等。

二 适应性优势集成服务平台的后台功能体系

（一）适应性优势集成服务平台的后台功能

适应性优势集成服务平台的后台主要为系统的管理员、平台管理部门以及 AFNs 生产主体所使用，提供系统维护、信息发布、系统基础数据管理、生态农场种/养殖管理、财务管理、销售管理、顾客订单处理、仓储管理等功能。后台功能体系如图 4－10 所示。

（二）适应性优势集成服务平台的后台功能描述

（1）基本信息管理。

员工信息管理：该服务平台的员工岗位可按总经理、财务部、人事部、信息咨询部、农产品生产基地、库存部、采购部以及销售部等进行划分，系统管理员需要对有关部门的员工基础数据进行注册、修改与删除等。

供应商信息管理：采购部门对农产品、农资以及其他产品的供应商的基本信息进行管理。

顾客信息管理：销售部门可以协助顾客维护顾客的基本信息。

平台数据备份：每天对平台产生的数据进行备份。

系统用户权限设置：根据业务流程管理需要，为各个岗位的员工设置不同的系统使用权限。

平台实体基础数据维护：对平台的实体门店、配送中心等有关数据进行管理。

（2）主页信息发布管理。

由服务平台管理员更新主页上的有关广告、通知或公告等，并通过该模块对"生态农产品信息园地"中的有关内容进行更新。

（3）供需信息管理。

信息咨询订单管理：信息咨询部的人员定时查看每天的信息咨询

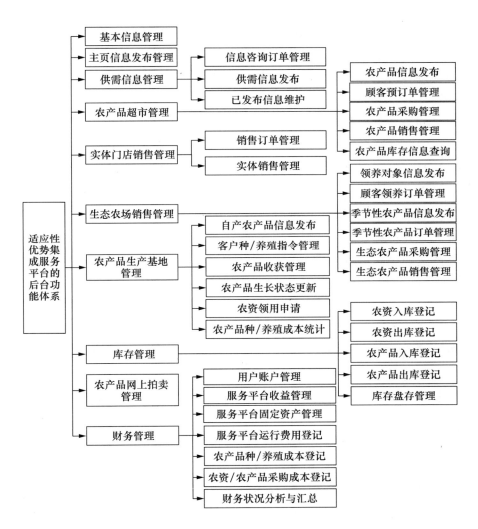

图 4 – 10 适应性优势集成服务平台的后台功能体系

订单，重点查询订单"状态"为"余额不足"的信息咨询订单，并根据具体情况通知顾客及时缴纳适当的费用，确保顾客能及时地得到所查询信息的明细反馈。

供需信息发布：信息咨询部可以自己发布收集到的有关供需信息。

已发布信息维护：适时地刷新供需信息数据，使已经超过有效期的信息自动被系统删除。信息咨询部的人员还可根据信息发布者的需要，修改已经发布的信息，例如顾客需要延长信息时限、更改信息的有关内容等；并及时删除已经过期、失效或者已经完成交易的供需信息。

（4）农产品超市管理。

农产品信息发布：销售部有关人员可登记自产农产品或外购农产品信息，发布有关农产品的品种、质量等级、价格、图片及有效期间等信息，基本功能与供应商使用的"可供应农产品登记"模块类似。

顾客预订单管理：根据时间关键词，查询当天所有顾客的预订单列表，并将有效的预订单状态更新为"订单已确认"；在销售部门开始配送顾客订购的农产品时，将"农产品网上预订单"的状态改为"农产品已配送"；在农产品配送完毕并收款后将"农产品网上预订单"的状态改为"交易完成"。

农产品采购管理：查看当天对所有供应商下达的"农产品采购订单"列表，在某个时间节点（如下午5点）前必须确认采购订单状态为"接收并备货"，方便采购人员联系供应商及时备货；当收到供应商的农产品后，采购人员将采购订单的状态修改为"货物接收"，农产品供应商还需与库存部门进行有关的货物入库处理，并到财务部进行结算，财务部门进行成本记账处理，此时即完成与该供应商的当天交易。

农产品销售管理：销售人员按照顾客的订单明细对各种农产品进行分类、打包，满足对区域内各位顾客配送的要求，进行农产品配送；库存管理人员同时登记农产品出库的明细，销售部门将根据顾客的预订单生成"农产品网上销售单"，并将"农产品网上预订单"的状态修改为"农产品已配送"。

农产品库存信息查询：销售人员可以查看各类农产品的库存情况，以及当天需求总量与库存的差异，可以作为每天向农产品供应商发出具体采购数量的参考。

（5）实体门店销售管理。

实体门店是生态农产品的线下销售平台，可在消费者集中的社区设置。

销售订单管理：顾客可以到访实体门店，面对面地进行生态农产品预订，并按约定的时间到店领取。

实体销售管理：满足顾客线下选购需求，类似于传统的线下农产品超市的销售功能。

（6）生态农场销售管理。

领养对象信息发布：平台员工登记可以领养的生态农产品信息，发布有关农产品的品种、质量等级、领养价格、图片等信息。

顾客领养订单管理：查询所有顾客的领养预订单列表，并将有效的预订单状态更新为"订单确认"；在顾客缴纳或同意划转领养预订费用后将该领养订单状态改为"领养成功"；在农产品完成交割后将领养订单状态改为"交易完成"。

季节性农产品信息发布：平台员工登记季节性农产品信息，发布有关季节性农产品的品种、质量等级、领养价格、图片等信息。

季节性农产品订单管理：查询所有顾客的季节性农产品订单列表，并将有效的预订单状态更新为"订单确认"；在顾客缴纳或同意划转季节性农产品预订费用后将该订单状态改为"预订成功"；在农产品完成交割后将季节性农产品订单状态改为"交易完成"。

生态农产品采购管理：本平台中的某些季节性农产品或顾客领养的动/植物可能存在部分外包种/养殖的情况，因此，需要根据顾客的订单量汇总情况，向外包的供应商订购相应的农产品，以便在交易之时能获得顾客所需要的农产品。

生态农产品销售管理：这里的销售管理的范围包括季节性农产品、动/植物领养客户在农产品成熟时与平台进行的各种销售活动，以及实体门店进行的销售业务等。销售部门利用该模块增加各种"农产品销售单"的有关信息，主要方法是将预订单信息转化为销售单信息，建立"农产品销售单"与"农产品预订单"之间的关系。对于实体门店的销售，则需要新建每笔销售业务的销售明细。农产品销售单中的记录是财务部门记录对应财务收益的重要凭证。

（7）农产品生产基地管理。

自产农产品信息发布：将生产基地种植的产品基本信息录入系统，

生成农产品品种、质量等级、种植数量、成熟后的图片等，其他与销售或预订有关的信息由销售部门在"农产品信息发布"中进行补充。

客户种/养殖指令管理：根据领养订单号查询当前顾客提交的"特殊种/养殖指令"，经过核对指令的合理性和与顾客交流后，确认可行的指令需要缴纳有关费用，顾客同意并缴费后将种/养殖指令状态修改为"开始处理"。此后，由种/养殖人员开始种/养殖指令的实地操作。操作完成后，查询特殊指令代码，将种/养殖指令状态更改为"处理完毕"。

农产品收获管理：由农产品种/养殖部门，对已经成熟可以用于交易的农产品进行采收登记，准备入库。

农产品生长状态更新：由种/养殖部门对于接收预订或领养的农产品按一定的周期公布农产品的生长情况，包括图片、时间以及有关情况描述等，供顾客查询最新的状态信息。

农资领用申请：种/养殖农场根据各种动/植物的生长和种植需要，向库存管理部门提出申请领用各种农资，需要向"农资领用记录表"中新增领用记录及每笔记录对应的农资成本，并在"农资领用明细表"中记录每笔领用的农资品类明细，库存管理部门根据"农资领用申请表"的记录发放有关的农资。

农产品种/养殖成本统计：种/养殖农场的有关人员可以根据产品编号查看每批或每个农产品的间接养殖成本，即系统可根据产品的编号汇总有关的农资使用费用，这个功能可以为有关农产品的定价提供参考。有关的成本记录需要通过"农产品种/养殖成本登记"功能来实现，由财务管理人员负责。由于核算农产品的总成本比较复杂，需要将平台每年的运营费用、折旧、税费或各种摊销计入间接成本，然后再进行合理的分摊才能准确核算，这个过程是比较复杂的。同时，考虑到农产品价格受市场影响较大，企业的定价权较小，本系统暂不提供核算农产品总成本的功能。

（8）库存管理。

农资入库登记：登记种/养殖农场采购的各种生产工具、种子、肥料、农药等，进入农资仓库时需要在"农资入库记录表"中增加相应记录，将入库单号与采购订单号对应起来。

农资出库登记：根据种/养殖农场提出的农资领用申请，发放有关的农资，并增加"农资出库记录表"中的记录，将"农资出库记录号"与"出库申请记录号"对应起来。

农产品入库登记：登记从供应商中采购的各种待销售的农产品，进入农产品仓库（通常是实体门店或销售部的分拣中心）时需要在"农产品入库记录表"中增加相应记录，将入库单号与采购订单号对应起来。

农产品出库登记：根据销售部门的销售单将分拣好的农产品登记出库，增加"农产品出库记录表"中的记录，将"农产品出库记录号"与"销售单记录号"对应起来。

库存盘存管理：管理人员掌握有关农资的库存状态信息，并对农资或农产品的损耗进行核算，增加"库存盘存记录表"中的记录，以及"库存盘存记录明细表"中的记录，库存盘存的损失要计入收益损失。

（9）农产品网上拍卖管理。

需要设置农产品"网上拍卖信息发布"以及"网上拍卖结果管理"的功能。通过"网上拍卖结果管理"能查询到每次拍卖标的最后确定的价格、购买人信息等。销售部门可根据有关信息与购买人进行沟通，并确定交易的方式。

（10）财务管理。

用户账户管理：对顾客的账户使用记录以及目前状况进行查询，当顾客交费或退费时可以进行余额的修改，在顾客通过账户余额转账进行交易时，由程序自动从账户中扣除相应的金额。

服务平台收益管理：用于实现平台的全部收益记账功能，此处的收益指的是销售收入。目前平台的主要收益可分为以下几类：信息咨询收益、网上超市销售收益、动物领养收益、植物领养收益、网上拍卖收益以及盘存收益（通常是负值）。为此，可分别为各项收益开发收益管理模块，也可开发一个通用模块。对于通用模块，使用时需要在收益录入时选择"收益类型"，即信息咨询收益、网上超市销售收益、动物领养收益、植物领养收益、网上拍卖收益以及盘存收益。销售收益记录要以"销售单编号"为基础（信息咨询收益直接以"信息咨询订单号"为基础），建立起销售记录与销售单编号的对应关系，盘存收益要与"盘存记录编号"相对应。

服务平台固定资产管理：平台对固定资产的投入进行单独管理，按具体的投入时间记录平台在运营过程中各项固定资产的投入；还可以根据具体情况，开发核算各项固定资产折旧数额的功能，以计算各年固定资产的净值。

服务平台运行费用登记：这里的运行费用指的是平台每年运行的变动成本，即包括员工、办公费、管理费、运输费、税费以及各类不属于农产品种植的支出。为使"运营费用成本项目"录入变得更加方便和规范，采用树形结构的成本项目清单，由财务工作人员点选对应的"运营成本项目"直接记账。

农产品种/养殖成本登记：这里主要是将种/养殖过程中领取的农资结转为对应的农产品成本。根据"农资出库表"以及"农资领用申请表"中的记录，核算领用的农资成本，将农资的成本计入对应的农产品在生成周期内的种/养殖的成本中。但是，这里的种/养殖成本只是农产品的直接成本。

农资/农产品采购成本登记：主要用于登记支付给农资或农产品供应商的款项，财务部门管理人员根据供应商所执的入库单或查询入库单中的有关记录即可支付款项。

财务状况分析与汇总：提供各种成本类型、收入类型以及与顾客交易相关的明细及月/年汇总额。可根据系统管理需要，开发更为具体的查询、分析及汇总的功能。

第五节　欠发达地区适应性优势集成服务平台的运行

一　适应性优势集成服务平台的系统架构

适应性优势集成服务平台采用三层架构，即后台服务器、Web门户和客户端。系统后台由 Oracle 数据库服务器、文件服务器、交易管理服务器及视频服务器等组成；Web 门户为客户及系统管理人员提供相应的服务；客户端通过互联网使用浏览器软件访问 Web 门户获取相应的服务。具体的物理架构模型如图 4 – 11 所示。

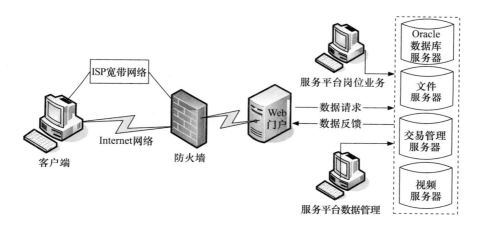

图 4 – 11 适应性优势集成服务平台的架构

二 适应性优势集成服务平台运营的组织架构

适应性优势集成服务平台的优势在于：①直接面向区域内的城镇居民，能以低成本的方式对欠发达地区内各类 AFNs 的生产和销售提供统一支持，有利于 AFNs 在更大范围内锁定目标消费者，以定向物流和全程无仓储的方式降低农产品物流成本；②鼓励区域农民和社区消费者建立更深层的联系，形成基于可追溯的高质量农产品带来的信任，从而降低 AFNs 生产主体的风险；③通过区域农产品订单式生产的方式，让欠发达地区农业主体提前得到一定价格保障的生产订单，并有动力进一步规范种/养殖活动，确保农业主体的经营收益处于较稳定的水平；④从一定程度上解决 AFNs 的"空间接近"短板，使 AFNs 农产品与 AFNs 外的生态农产品都能通过线上销售，满足区域城镇居民生态农产品消费的多样性需求。

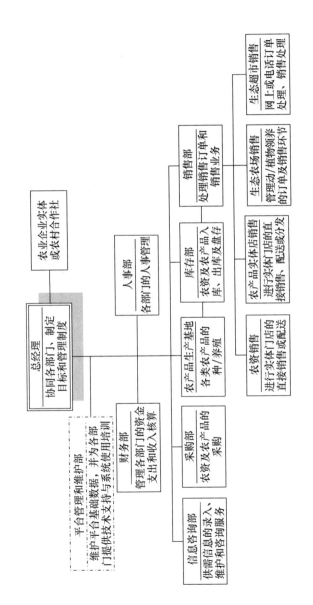

图 4 - 12 适应性优势集成服务平台运营的组织架构

当然，适应性优势集成服务平台的优势在实践中要想得到充分的发挥还需要强大的组织保障，通常可以由欠发达地区内的第三方企业实体或 AFNs 协会、农业合作社等公益性组织进行运作。根据 AFNs 主要业务运作的需要，适应性优势集成服务平台需要设置总经理一名。总经理应该在区域农业产业链中拥有较为广泛的社会资源，主要负责办理适应性优势集成服务平台市场化运作所需要的各种手续、审批业务，并制定平台运营目标、管理制度以及协同各个部门的工作等。总经理岗位下设平台管理和维护部、农产品生产基地、采购部、库存部、销售部、信息咨询部、人事部以及财务部等。其中，库存部门可分为农资库存部和农产品库存部，分别服务于"农产品生产基地"和"销售部"。其中农产品库存部只为农产品的分拣、包装提供场所，不会长时间存储大量的农产品；销售部负责四个方面的业务，即农产品实体店销售（还具有网上超市销售配送点的功能）、农资销售生态农场销售以及生态超市销售等。适应性优势集成服务平台的组织机构各部门间的主要业务及隶属关系如图 4 - 12 所示。

第五章 欠发达地区 AFNs 规模化阶段的"互联网+"策略

第一节 AFNs 规模化阶段的生产服务需求

欠发达地区的弱势农业主体在经过 AFNs 建设阶段之后，可以获得较为稳定的农产品消费群、逐渐增长的农产品生产经营收益和初步组织化的市场服务机构，有利于提高农业主体进行农产品生产和市场化的积极性。欠发达地区弱势农业主体会在区域农产品内销售市场中获得一定的比较优势，逐渐摆脱市场化经营的"弱势困境"，但以零散小规模农户家庭经营为主体与发展现代农业、转变农业发展方式的矛盾迅速显现。此时，从 AFNs 规模化阶段开始，要扶持农业龙头企业、农民专业合作社、家庭农场等参与 AFNs 的生产和经营，从而推进 AFNs 的品牌化，开发出具有地标性的农产品。进而通过特色地标性农产品生产的牵引带动，不断向周边地区渗透，形成同类产品的专业化生产，培养区域内的新生产能力，形成更大的规模效益和影响力。该阶段的重要任务是，以 AFNs 生态农产品或特色农产品的规模化和标准化生产为主线推进区域农产品结构调整，提高 AFNs 农产品在区域农产品供应市场上的占有率。

由于欠发达地区农业生产的上游不受农业生产主体控制，在规模化的情况下，消费者更担心农资供给不能满足生态化生产需求，控制绿色农资供给渠道就成为 AFNs 规模化阶段的关键问题。为此，欠发达地区需要兼顾"轻资产+服务"和"重资产+技术"两种模式，建设重点将由促进农产品消费领域向农产品生产领域拓展，其主要目的是建立起完善的农资、农产品、农业信息、农业科技等关键要素低成本流通的服务网络，保障绿色农资源供应体系，确保欠发达地区农业主体进行低成本、高质量的规模化农业生产。"重资产＋技术"的发展模式主要由规模化的农业主体实施，这是发展农业现代化不可逾越的一步。欠发达地区政府机构要积极地通过招商引资，加大农业主体对区域农业生产设施和技术应用的投入力度；同时要为区域农业主体争取各方面的政策资金，并提供多方面的优惠政策。"轻资产＋服务"模式主要是为 AFNs 规模化过程中的农业经营主体建立起互联网服务平台。这类平台把欠发达地区分散的规模化生产主体以及大部分传统农业主体聚集在一起，并吸引更多的新型农业主体参与 AFNs 网络，与区域内外的农资供应商对接，提供农业金融服务、农资团购服务、农技服务和农产品流通服务；同时，开发面向区域城镇消费者的质量发布及监控功能，树立消费者对 AFNs 适度规模化生产的农产品的信心。

但是，该阶段的"互联网＋"策略使欠发达地区面临平台建设资金来源有限、市场经济组织不活跃、线下流通渠道不通畅、技术服务推广难、服务网络信誉不足等问题。当前，OTT 服务模式的流行为以低成本的方式优化 AFNs 规模化阶段的"互联网＋"策略提供了可行的技术和运营模式设计基础。OTT 是"Over The Top"的缩写，是指通过互联网向顾客提供各种应用服务。这种应用与目前运营商所提供的通信业务不同，它仅利用运营商的网络，而服务由运营商之外的第三方提供。例如，典型的 OTT 业务有谷歌、苹果应用商店、Skype、Netflix 网络视频、国内的 QQ 以及各种移动应用商店里的应用。不少 OTT 服务商直接面向顾客提供服务并计费，使运营商沦为单纯的"传输管道"，根本无法触及管道中传输的巨大价值。目前，微信的 OTT 已经使得传统电信运营商感到生存恐惧，不得不进行全面转型。

受电信和互联网领域 OTT 业务发展的启示，欠发达地区在面临平台建设资金来源有限的情况下，要尽量避免"重资产＋服务"的建设模式，应充分利用第三方平台开展 AFNs 规模化阶段的服务。当然，不同的第三方平台性质会决定 OTT 模式的设计。湖北垄上行新公社三农服务有限公司在服务荆州市农业生产过程中就很好地利用了区域媒体（荆州电视台）的信息传播渠道和品牌优势，以低成本的方式快速建立起了农业生产规模化服务的基本架构。从实践的角度看，湖北垄上新公社三农服务有限公司现有的运营模式对欠发达地区而言具有良好的普适性，欠发达地区 AFNs 规模化阶段的"互联网＋"策略将以该基本架构为基础进行优化。

第二节　基于区域媒体的 AFNs 规模化服务平台

一　垄上行农业服务平台的 OTT 运作模式

农业生产是湖北省荆州市经济增长的主要来源，但由于当地经济发展水平不高，长期以来地方政府没有足够的能力建立起现代化农业生产体系、产品流通体系和农业社会服务体系。2009 年，湖北长江垄上传媒集团（以下简称"传媒集团"）依托其品牌节目《垄上行》的影响力，与内蒙古永业集团共同投资建立了湖北垄上新公社三农服务有限公司（简称 LSX）。它将区域电视媒体的品牌节目与市场渠道网络、政府资源、社会资本整合起来，创建了一种农资流通的新模式，并逐渐将农资产品的流通网络向全面服务于"三农"功能扩展（丁勤、田甜，2012）。由于这种农业服务模式主要是以区域电视媒体为依托，故本书将其称为"基于区域媒体的规模化服务平台"。它主要为区域农民提供农业供需信息、农资物流、科技信息以及农民生活方面的服务。有关媒体和文献普遍认为这种模式较好地解决了欠发达地区农资流通市场普遍存在的信息不对称、农产品买卖难、农资供应不畅、农业技术推广难等问题（刘蕲武、张望、张峰，2011；陆地，2007）。

荆州电视台的《垄上行》节目自创办以来，坚持立体化服务模式、力求解决实际问题、深度贴近"三农"，获得了来自官方、民间的众多赞誉，赢得了江汉平原 2000 多万名观众的认同。2010 年，《垄上行》创新了对农节目服务模式，成为唯一入选《2010 年中国广播电影电视发展报告》（中国广电蓝皮书）的电视栏目个案。《垄上行》栏目的内容包括涉农新闻、维权服务、情感关怀、生产指导、实用信息、深度分析等，以互动性强、实用性强，处处以农民利益为出发点，以传达关于"三农"的各项政策、法律、法规，深切关注农村、农民、农业中的热点、难点问题为特色，目前已成为湖北省内一档深度服务农民、以"三农"为关注重点的品牌栏目。自 2012 年 8 月以来，该栏目开始在湖北广播电视台垄上频道播出，节目信号通过有线数字、无线数字、直播卫星等多通路无缝隙覆盖湖北省全境，栏目的影响力进一步扩大，总收视人口达 4000 万，是湖北省内拥有最广泛收视人群的对农服务频道。

近年来，《垄上行》栏目积聚的影响力已经开始发挥了信息集聚效应和多方效应（陆地，2007；杨涛、朱博文，2012）：一方面，为荆州电视台带来了庞大的受众群体，并对该节目有着极高的信息期待，在有效的系统信息接收中对该栏目建立了信任；另一方面，这些受众地处不同的县市，自身的信息汇聚到一起，也就形成了一个巨大的信息源，农民主动与电视台栏目组进行信息交流，不但丰富了节目的信息库，更大大降低了电视台搜集信息的成本，也提高了信息的利用率。《垄上行》区域媒体品牌的形成为其进一步商业化运作和市场化服务能力的形成奠定了坚实的基础，《垄上行》的服务功能远远超出了单纯的电视媒体功能，荆州电视台已经确立了"以垄上品牌为中心、频道＋渠道"的发展思路，正在开辟从一个栏目到一个频道、从一个频道到产业化方向的前进历程。

2009 年，荆州电视台与内蒙古永业集团共同投资成立了湖北垄上行新公社（三农服务）有限公司（LSX），标志着广电媒体与社会资本联手，率先开启了中国农资产品营销革命的新探索。湖北垄上行新公社三农服务有限公司打造一种"沙漏"式农村商品、技术、信息、流通互动模式——垄上行新公社连锁服务体系，致力于改变中国农村流通渠道现有格局。自成立以来，垄上行新公社在荆州市范围内进行村镇全覆盖,市场占有率不断提高,对保障市场供应、稳定市场价格、帮助农民提高作物的产量和质量做出了重要贡献。2012年,垄上行新公社提出了"一主两翼"的发展规划,以大力发展"垄上行"农资超市为主,以加快垄上行新公社测土配肥扶持服务站建设和稳定发展垄上行新公社加盟店为辅,目前已经拥有100家农资直营超市、600多家农资连锁加盟店,按照一镇一家的总体布局,实现江汉平原当年全覆盖。2010年2月,荆州电视台又独资成立了湖北垄上行商贸服务有限公司,已向省科技厅申报农村信息化平台建设项目,争取国家的政策扶持,开发一批贴有垄上行标签的服务性产品。湖北垄上行商贸服务有限公司和湖北垄上行新公社三农服务有限公司(LSX)的成立使打上"垄上行"标签的潜在媒体价值品牌被逐渐挖掘出来,"垄上行模式"也逐渐清晰起来,它不再只具有单纯的对农栏目的价值,而是通过媒体和市场结合,找到了合适区域农业产业链的全方位、立体化服务于"三农"的模式。针对荆州市农产品生产和市场化经营过程中出现的问题,特别是农资产品买难、农产品卖难、农业技术推广难以及农业产业链信息不对称等情况,LSX采取了很多有针对性的措施。

(1)农资产品买难——实行集中团购的营销策略。

针对农资产品市场鱼目混珠、价格偏高,农民辨识能力和竞价能力较弱的现状,LSX设计了集中团购的策略。无论是种子、农药还是肥料,新公社都要进行认真的筛选,其依据是产品质量上乘,产品功能突出,产品价格适中,从而帮助农民解决农资产品买难的问题,最大限度地保障农民的经济利益,使农民得到更多的实惠。如2010年3月,LSX为了满足农民对化肥的需求,经过深入细致的市场调查,最后从众多企业中选择了湖北中圣化肥有限公司进行团购,通过多次沟通,最终获得了低于市场价10%的优惠价格,使广大农民得到了实惠,从而也赢得了广大农民的信任,加深了农民对LSX品牌的认可,树立了LSX的品牌效应。又如2011年10月16日,新公社在监利县龚场镇高红村举行了大型惠农活动"丰优22现场订购会",帮助农民解决了高产质优的水稻种子供给问题,保障了农业生产的顺利进行

（杨涛、朱博文，2012）。

（2）农产品卖难——开辟多渠道销售并举的模式。

农业生产主体的弱势地位还表现在既要应对自然风险，又要应对市场风险。特别是，对于从事大宗农产品种植的传统农业主体，这种弱势地位更为明显。农产品在丰收之后往往要面临低价销售或有价无市的市场风险，存在农产品卖难的问题。为帮助农民解决这一问题，LSX 研究制定出了收购联盟机制，通过与一些大型农产品生产和加工企业组建收购联盟，帮助农民解决农产品卖难的困难。2014 年 5 月，湖北长江垄上传媒集团注册了"垄上优选"微信服务号，于 8 月底开始运行。其目的是宣传"垄上优选"品牌，提高其知名度，致力于打通农业生产与农产品消费两端，用最短的供应链条将优质的农产品输送到城市社区，用最安全最健康的新鲜食材占领社区厨房。此外，湖北长江垄上传媒集团还利用电视媒体平台的优势，打造了"美嘉购物"电视购物品牌，覆盖整个湖北省收视用户 1211 万户，未来会将其打造成为全国独具特色的农产品购物平台。

（3）农业技术推广难——聘请农技指导员进行现场服务。

农民种田不能再依靠老经验，而是需要新技术来指导农业生产。但是，湖北省农业技术推广网络体系存在很多网破人散的案例，农业技术推广难以跟上农业现代化发展的新需求。为此，LSX 加强了农业技术推广服务，不仅在加盟店配有农技指导员，而且还在广大农村招聘了万名农技指导员。这也是 LSX 配合农资下乡、进村进户的一项具体措施。这些农技指导员负责向自己周边的农户推广使用优质、高效、低毒、环保的农资产品，保证农业生产安全，同时，他们还带动周围的乡亲们科学种田，摒弃老经验，达到增产增收的目的。

（4）农业产业链信息不对称——开办农会信息科技有限公司。

随着 LSX 业务内容丰富化和业务规模扩展的需要，湖北长江垄上传媒集团在 2011 年成立了湖北垄上行新农会信息科技有限公司。这是一家从事"三农"信息、商务服务的创新型"对农信息服务运营商"。作为"全国首批 40 家农业农村信息化示范基地"，通过整合媒介、行政、社会等各类资源，搭建会员制服务平台，为湖北省"三农"工作提供全方位的信息及商务服务。湖北垄上行新农会信息科技有限公司主推"新农会项目",即围绕垄上"三农"热线呼叫中心、垄上行手机报以及手机客户端、微博、微信、网站等信息服务平台和产品,在农技、公共信息等方面为全省4000万乡亲提供优质、便捷的涉农信息服务,以此有力地推进了农村手机应用和移动互联网应用的落地普及。在此基础上,垄上行新农会信息科技有限公司针对农村消费品市场商品质量参差不齐,虚标价格现象普遍,以及许多农民参与电商网购常常遭遇选购、支付、物流等诸多不便,难以享受到现代电子商务的便捷实惠服务等问题,探索打造出了乡村版的O2O电商服务新模式——"新农会服务站"项目。"新农会服务站"项目在线上充分利用垄上频道、各类自有的信息服务平台和产品,组织适于农村消费的商品,进行促销、吸引用户和订单,并监督供应商的商品和售后服务质量;在线下,在每个行政村吸收农村1—2名有电脑、会网购的个人或村头小卖部,在其家里、店里设立"新农会服务站",使其遍布广大农村地区,能够及时帮助农民完成选购、下单、支付、取货等电商服务环节,使广大农村群众能充分享受现代商业的优惠便利服务,打通"最后一公里"。

二 基于区域媒体的AFNs规模化服务平台建设

荆州电视台现已将《垄上行》栏目拓展成为一个全方位为农民服务的垄上频道,进而拓展成为农民服务的垄上行新公社,再开辟为全方位对农服务的网络平台。经过这几个阶段的转变,已经基本具备了服务于AFNs规模化阶段的主要功能和特点。LSX现有服务网络的运营模式如图5-1所示。

湖北长江垄上传媒集团在合作中的主要任务是以促进农业生产、农民生活、技术服务、市场供需等信息在媒体与农业主体间的互动为手段,构建起统一的"垄上行"品牌,而LSX则利用"垄上行"品牌资源,开辟面向区域农业主体的农资销售或技术服务渠道,是流通网络市场化运作的主体。传媒集团以荆州电视台主办的"垄上频道"为基础,依托电视媒体开展线上和线下两种渠道的涉农服务和"垄上行"品牌构建。线上涉农服务以《垄上行》《有么子说么子》《垄上故

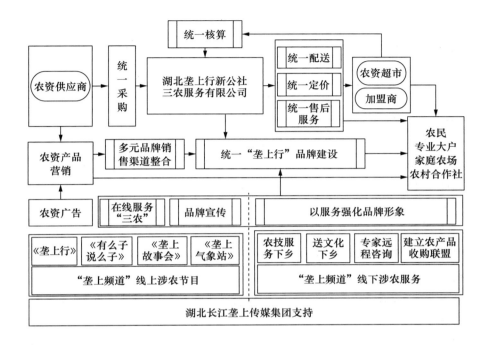

图 5-1 LSX 服务网络的运作模式

事会》以及《垄上气象站》等专门服务于"三农"的电视节目为主打，主要功能是传播各地新农村建设动态、农产品市场信息、农资及农业科技信息等内容，并从事农资广告服务、在线"三农"服务和"垄上行"品牌形象宣传；线下涉农服务有农技服务下乡、送文化下乡、专家远程咨询和建立农产品收购联盟等形式，它们通过解决区域农业主体的生产、销售和生活方面的问题，以打造亲民文化或丰富农民生活等方式来强化"垄上行"的品牌形象（魏延安，2015；陈晓华，2015）。这种品牌构建模式基于固化的区域媒体受众，品牌传播面广且可以在短时间内形成较高的认可度；而且，"垄上行"品牌的宣传不局限于特定的农资产品，而作为局域"三农"服务产业链的整体品牌，这种方式使市场化业务范围的拓展具备了较大的灵活性，也是传媒集团可以同社会资本进行合作的关键优势。LSX 在业务范围上提出了"一主两翼"的发展规划，即以大力发展"垄上行"农资超市为主,以加快测土配肥扶持服务站建设和稳定发展加盟店为辅,实现江汉平原的全覆盖。其中,加盟连锁店集销售店、信息站、服务站、记者联络站四大职能于一体。LSX 采用的是统一品牌、统一采购、统一配送、统一定价、统一服务、统一核算的"六统一"的经营模式。目前,LSX 仅在荆州市就建立了 6 个县级分公司、500 多个农资连锁店,覆盖全市 109 个乡镇、341 个村,建成了完善的销售和服务管理体系,市场占有率不断提高。它对保障区域农资市场供应、稳定市场价格、技术服务推广和保障区域农业主体利益做出了重要贡献。

LSX 现有的服务网络打造了一种农村商品、技术、信息流通的互动模式,其最大的特色是"频道是根基,渠道是方向,服务产生价值,渠道拓展价值"。企业运营与荆州电视台主办的《垄上行》节目相结合,以销售信息的提供作为服务的起点,关注生产和生活方面的服务,建立农技服务队,送科技下乡,开办农民技术课堂,为农户提供农技指导,并间接地为加盟店提供农技支持,宣传垄上行新公社的品牌,促进垄上行新公社商品的销售(刘松,2015)。从 LSX 现有的运营效果看,在欠发达地区缺乏完善的农业现代化基础、农业优势资源以及优惠支农政策的情况下,建设基于区域媒体驱动的规模化服务网络至少具有以下优势:

(1)利用区域媒体开展农资流通品牌宣传和渠道建设,可以较低的成本,将稳定的电视节目受众群转化为目标客户群,提高区域农业主体对品牌的信任度;也可以得到大批量采购的机会,降低采购成本。

(2)基于媒体影响力的农资服务网络建设不需要欠发达地区投入大量的资金用以完善区域农业现代化基础设施。

(3)电视媒体的线上服务与 LSX 的线下服务互为补充,使欠发达地区素质较低的劳动力能在不同的场合潜移默化地接受配套的技术推广教育和服务;同时可以为加盟商提供全面的广告促销、专业的市场营销机构、质量管理、农技推广和售后服务支持。

(4)服务网络的"六统一"经营模式能够发挥规模化、标准化和品牌化的优势，保证服务的标准化，为欠发达区域农资、农产品的采购、流通和消费提供量、质、价三方面的服务保障，从而可进一步挖掘区域市场潜力，使消费者建立起对农产品质量的信任。

（5）以农资分销为主，再有针对性地打造包含多样性农产品体系、物流配送和专业服务能力在内的各类服务能力，打通农资销售的线上线下渠道，并最终形成更贴近区域农村市场的新生态链闭环。

LSX 现有服务网络对促进区域农资流通效率的直接作用和提高农业主体市场化水平的间接效益受到了很多学者和机构的肯定，上述五个方面的特点也符合欠发达地区在 AFNs 规模化阶段以"轻资产＋服务"的模式开展生产服务的基本需要。为此，以 LSX 现有服务网络为模板，设计 AFNs 规模化阶段的服务平台具有较高的可行性。但是，LSX 现有服务网络中各参与主体的合作行为有何特点、长期运营绩效是否符合 AFNs 规模化生产以及农业主体关系长期维持的需要还需要进一步分析和评估。

第三节　基于区域媒体的 AFNs 规模化 服务平台绩效分析

一　规模化服务平台运营模式的特征分析

LSX 现有的核心业务是农资供给服务，在不影响总体结果的前提下，对 LSX 现有服务网络的运营绩效进行评估可以简化为探讨其农资流通网络中各个参与主体的最优决策是否存在潜在冲突，以及是否有利于提高农资流通网络在区域农资市场上的价格竞争性。利用多人合作博弈理论，从利益效用函数或运营成本的角度分析参与主体的最优决策与有关影响因素的互动关系是解决类似问题的常用方法（李薇，2011；卢丽娟，2008）。按照类似的思路，先对 LSX 农资流通网络运行模式进行适当简化。

LSX 的农资流通网络中存在农资超市和加盟商两类销售终端，它们都基于加盟协议（固定加盟费用＋统一结算价格）从事市场化运作，并进行信息、技术和服务的共享，两者的主要区别在于经营的地点和经营规模上。由于 LSX 在管理上实施统一价格，这两类销售终端可以统一被视为 LSX 农资流通网络中的代理商。LSX 不承担传媒集团的"垄上行"品牌构建的费用，但每年需要支付固定的"垄上行"品牌使用费，并按一定的比例向传媒集团支付合作收益。农资产品供应商对传统流通渠道有一个正常的市场供应价格 P_0，而 LSX 基于"垄上行"品牌渠道优势所形成的谈判能力以及采购的规模化可以获得比传统渠道更高的农资价格折扣。经过以上简化，LSX 现有的农资流通网络运营模式可抽象为如图 5-2 所示的框架。

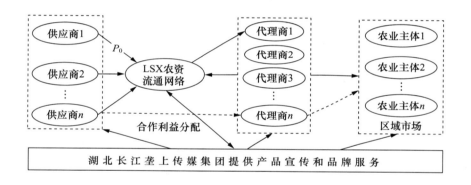

图 5-2 简化的 LSX 农资流通网络框架

由于采用了"六统一"的经营模式，LSX 应该是现有农资流通渠道中的绝对控制者，可以要求代理商在区域市场上执行统一的价格政策。然而，在经营实践中业务关联度强或利益关系联系紧密的参与主体倾向于形成紧密的合作关系（Liu S., Gao C. Y. 2009），区域内的代理商可以作为利益集团要求 LSX 提供统一的供货价格；另外，由于区域内各个终端代理商所处的地理位置较为分散，LSX 并没能足够的能力去监督代理商执行统一的销售价格，终端代理商实际上拥有面向区域市场的自主定价权。但是，相同区域内各个代理商的定价基本相同，因为如果关于区域内农资价格的信息是完整的，农业主体会选择区域内价格更低的代理商而不考虑地理位置上的有限差异。通常情况下，LSX 作为农资流通渠道的主导，具有制定农资提供价格的优先权，而区域代理商可以根据 LSX 的供货价格和市场的需求状况，根据其利润最大化的目标，共同决定区域内的农资产品销售价格。这个销售价格会决定区域农资产品的销售量，进而反过来影响 LSX 的总体利润；为了保证自身的利益最大化，LSX 平台可能要重新修正最初的定价策略，从而开始新一轮的博弈过程，直到农资流通网络中各个参与主体都达到利益最大化的均衡状态。显然，这个动态的博弈过程具有典型的 Stackelberg 博弈特征（Schoonbeek L.，1997）。特别地，在没能占有足够大的市场份额或者不能有效地监控终端代理商只能经营"垄上行"相关产品的情况下，该农资流通网络还需要与区域内传统农资流通渠道进行竞争。按照 LSX 提出的"全心全意"服务"三农"的经营宗旨，农资产品最终市场价格应该不能高于传统流通渠道同类农资的销售价格。

二 规模化服务网络平台绩效分析模型

（1）传媒集团的运营成本。设 $X_M(X_M > 0)$ 为传媒集团每年为支持 LSX 运营所需的线上和线下服务工作量总和；β_M 表示各种工作量的平均变动成本；参数 C_M 是固定成本费用。传媒集团每年的运营总成本可按以下方式给出（Liu S.，2011）：

$$C_M(X_M) = C_M + \frac{1}{2}(\beta_M X_M)^2 \qquad (5-1)$$

式（5-1）表明传媒集团每年的运营成本会随工作量的增加而增大，且增长的速度会越来越快。其合理性在于，传媒集团的品牌宣传力度达到一定程度后，新增的工作量需要有针对性地挖掘潜在农业主体或辐射到更偏远的农村区域；同时，服务水平的提高和宣传方式的升级都会不断增加传媒机构的人工成本和机构运营费用。

（2）LSX 的收益。设 α_L 是 LSX 基于"垄上行"的品牌影响力和区域市场渠道控制能力而产生的谈判能力系数。理论上，$\alpha_L'(X_M) > 0$，因为传媒集团提供的工作量会强化 LSX 的谈判能力。为简化研究，暂时假定农资流通网络中仅有一种农资产品，设该农资供应商通常情况下的供应价格为 P_0。考虑到 LSX 的规模化采购和谈判能力，假定

LSX 可获得的折扣采购价格为 $P' = P_0 - \alpha_L X_M$。再设 LSX 期望的成本收益率为 λ_L，则其向各个终端代理商提供农资产品的定价策略为 $P_L = (1 + \lambda_L) P'$。设 LSX 销售单位农资产品的变动成本为 VC_L，每年的固定运营成本为 FC_L（包括每年向传媒集团支付的固定品牌使用费 B_M），全年的农资销售量为 Q，于是可知 LSX 每年的净利润为：

$$V_L = (\lambda_L P' - VC_L) Q - FC_L \tag{5-2}$$

（3）区域代理商的收益。由于特定区域内代理商的地理位置相距不会太远，在完全竞争的市场上农业主体会选择价格最低的代理商购买产品，而忽略有限的距离差异。因此，可以将区域内的代理商视为一个整体，并假定代理商最终会使用相同的价格销售相同的农资产品。设 λ_A 表示区域代理商期望的成本收益率，则代理商的销售价格可表示为 $P_A = (1 + \lambda_A) P_L$。再设代理商的单位变动成本为 VC_A，固定运营成本为 FC_A，则代理商每年的总收益可以表示如下：

$$\pi_A = (\lambda_A P_L - VC_A) Q - FC_A \tag{5-3}$$

（4）农资销售的竞争价格。设传统流通渠道中同类农资产品的竞争价格为 P_I。基于 LSX 的经营宗旨以及完全竞争市场的要求，对于同类农资产品通常情况下应该有 $P_A \leqslant P_I$。设区域市场内农产品的生产规模一定，对某种农资产品的总需求为常数 K，且在当前状况下 LSX 和传统销售渠道能获得相同的市场份额，则 LSX 农资流通网络在区域市场上的总销售量 Q 可表示如下：

$$Q = \frac{K}{2P_I} [P_I + \alpha_0 (P_I - P_A)] \tag{5-4}$$

式（5-4）中，参数 $\alpha_0 (\alpha_0 \geqslant 0)$ 为价格差敏感系数，用以描述欠发达区域内农业主体对两种渠道所提供的农资产品价格差的敏感性，它是 X_M 的函数。当 $P_A \leqslant P_I$ 时，由于传媒集团的工作量 X_M 能对"垄上行"的品牌价值起到强化作用，同时欠发达区域内农业主体对农资产品的价格是敏感的，特别是在"垄上行"品牌农资存在价格优势时，传媒集团所做的工作量 X_M 增大自然会使 LSX 获得更多的市场份额。相反地，当 $P_A > P_I$ 时，由于假定了欠发达地区农业主体对产品价格差是很敏感的，LSX 的品牌影响力弥补不了其在价格上的劣势，因此不会占有高于传统渠道的市场份额，但传媒集团工作量的提高可减少农业主体对价格劣势的敏感性，但不具有改变市场份额处于劣势的作用，极限情况下只能占有与传统渠道相同的份额。综合这两种情况可知：

$$\begin{cases} \alpha_0{}'(X_M) > 0 & P_I \geqslant P_A \\ \alpha_0{}'(X_M) < 0 & P_I < P_A \end{cases} \qquad (5-5)$$

（5）传媒集团与 LSX 的合作收益。在合作过程中，LSX 每年需要向传媒集团支付固定的"垄上行"品牌使用费 B_M，传媒集团按一定的比例 r_M 分享 LSX 全年的净利润，而 LSX 不负责传媒集团品牌构建的任何成本。因此，可得 LSX 与传媒集团的收益函数分别为：

$$\pi_L = (1 - r_M) V_L \qquad (5-6)$$

$$\pi_M = r_M V_L + B_M - FC_M - \frac{1}{2}(\beta_M X_M)^2 \qquad (5-7)$$

三　规模化服务网络运营的绩效分析

流通网络运营绩效具体表现在流通网络中参与主体合作关系的稳定性以及其对区域农资市场价格的影响两个方面。在上述假设中，X_M 为传媒集团的决策变量，λ_L 和 λ_A 分别为 LSX 和代理商的决策变量。首先，考虑 LSX 与代理商间的 Stackelberg 博弈过程。在 LSX 给定某个成本收益率 λ_L 的情况下，代理商可以根据区域市场农资的销售情况以自身利益最大化为目标确定合适的成本收益率 λ_A，从而决定农资产品的最终销售价格。因而，首先需要求解代理商的决策 λ_A 对 LSX 决策 λ_L 的反应函数（reaction function）（罗丹、陈洁，2013）。代理商的收益 π_A 对 λ_A 求导有：

$$\frac{\partial \pi_A}{\partial \lambda_A} = -\frac{KP_L}{2P_I}\big[P_I + \alpha_0(P_I + VC_A - P_L) - 2\alpha_0 P_L \lambda_A \big] \qquad (5-8)$$

令式（5-8）等于 0，可知代理商对 LSX 决策 λ_L 的最优反应为：

$$\lambda_A{}' = \frac{P_I + \alpha_0(P_I + VC_A - P_L)}{2\alpha_0 P_L} \qquad (5-9)$$

式（5-9）表明，LSX 提供的农资价格 P_L 越大时，代理商可获得的成本收益率就越低。由于 $P_L = (1 + \lambda_L)(P_0 - \alpha_L X_M)$，进而可知在同等的媒体工作量下，LSX 提高成本收益率 λ_L，代理商就只能降低自己的成本收益率 λ_A。可见在现有的农资流通网络运营模式中，LSX 和代理商在成本收益率上的决策存在冲突。式（5-9）还表明代理商的成本收益率还同时受到价格差敏感系数、代理商变动成本以及竞争价格等参数的影响。

将代理商的最优反应 $\lambda_{A'}$ 分别代入式（5-7）和式（5-8）可得 LSX 的净收益函数为：

$$\pi_L = (1 - r_M)\left\{\frac{K}{4P_I}(\lambda_L P' - VC_L)[P_I + \alpha_0(P_I - VC_A - P_L)] - FC_L\right\}$$

$$(5-10)$$

传媒集团的收益函数为：

$$\pi_M = r_M\left\{\frac{K}{4P_I}(\lambda_L P' - VC_L)[P_I + \alpha_0(P_I - VC_A - P_L)] - FC_L\right\}$$

$$+ B_M - FC_M - \frac{1}{2}(\beta_M X_M)^2 \qquad (5-11)$$

为简化推导过程，以此假定传媒集团获得的固定品牌收益 B_M 和按比例分享 LSX 净利润的收益远远大于其完成工作量 X_M 所需要的成本，那么传媒集团的收益函数可简化为：

$$\pi_M = r_M\left\{\frac{K}{4P_I}(\lambda_L P' - VCL)[P_I + \alpha_0(P_I - VC_A - P_L)] - FC_L\right\}$$

$$+ B_M - FC_M \qquad (5-12)$$

令 $\dfrac{\partial \pi_M}{\partial X_M} = 0$ 和 $\dfrac{\partial \pi_L}{\partial \lambda_L} = 0$ 可得，传媒集团与 LSX 收益最大化的纳什均衡条件为：

$$(1 + \alpha_0)P_I - \alpha_0 P' - 2\alpha_0\lambda_L P' - \alpha_0(VC_A - VC_L) = 0$$

$$\lambda_L(1 + \alpha_0)P_I - 2\alpha_0\lambda_L(1 + \lambda_L)P' + \alpha_0[VC_L + \lambda_L(VC_L - VC_A)] = 0$$

$$(5-13)$$

由式（5-13）计算可得，传媒集团与 LSX 的纳什均衡决策为：

$$X_M^* = \frac{\alpha_0(P_0 + VC_L + VC_A) - P_I(1 + \alpha_0)}{\alpha_0\alpha_L}$$

$$(5-14)$$

$$\lambda_L^* = \frac{\alpha_0 VC_L}{P_I + \alpha_0(P_I - VC_L - VC_A)}$$

$$(5-15)$$

根据式（5 - 14）和式（5 - 15）可以分析有关参数对 LSX 最优决策 λ_L^* 和传媒集团最优决策 X_M^* 的影响：

（1）代理商变动成本 VC_A 越高，LSX 的最优成本收益率 λ_L^* 越高，同时传媒集团的最优工作量 X_M^* 越大，这样才能更大程度地降低农资的采购成本或提高农业主体对价格差的敏感性，从而维持价格的总体水平不至于太高。

（2）LSX 变动成本 VC_L 的增加会提高其对成本收益率 λ_L^* 的要求，同时也会使传媒集团的最优工作量 X_M^* 增大。这要求 LSX 在渠道建设和销售过程中应该尽可能地减少变动成本 VC_L 的支出。另外，α_L 与 X_M^* 呈反向变化关系，即当传媒集团具有强大的品牌优势后，有利于提升 LSX 的谈判能力，同时对自身后续工作量的减少将发挥重要的作用，这种相互促进的关系是 LSX 与传媒集团合作的重要基础。

（3）区域农业主体对渠道价格差越敏感，LSX 公司越有提高成本收益率的倾向，这是因为 LSX 需要在价格上涨弱势与品牌影响力提升优势间找到平衡以获得较高的市场份额。因此，在 LSX 品牌影响力不断提升的情况下，欠发达农资产品的价格可能会上涨。式（5 - 14）还表明传媒集团的工作量 X_M^* 与区域农业主体价格差敏感系数的变化方向一致。结合式（5 - 5）可知，此时必须要求 $P_A \leqslant P_I$，否则传媒集团的最优工作量 X_M^* 将不存在。

（4）竞争价格 P_I 与 LSX 的成本收益率呈反向变化关系，其原因可能是在农资产品价格较高的情况下，LSX 通过降低成本收益率可以增加销售总量，进而实现净利润总量的最大化。传媒集团的工作量 X_M^* 与竞争价格 P_I 也呈反向变动关系，这说明农资销售对象价格越高时传媒集团通过较少的工作量就可以获得越高的利益。此行为特征意味着传媒集团有可能选择性地销售高价位农资产品，而这种行为倾向与 LSX 的行为倾向正好相反，也可能会成为双方在后期进行深入合作的潜在风险。

进一步可知，均衡条件下 LSX 采购农资产品的价格为：

$$P^{*'} = (P_0 - \alpha_L X_M^*) = \frac{P_I(1 + \alpha_0) - \alpha_0(VC_L + VC_A)}{\alpha_0} \tag{5 - 16}$$

式（5-16）表明，均衡条件下农资的竞争价格较高、代理商和 LSX 运营成本较小和价格差异敏感系数较大时，会减少 LSX 对农资供应商的谈判压力。但是，由于农资供应商的正常供应价格 P_0 一定，竞争价格 P_I 也由市场所决定，那么 LSX 能否获得如式（5-16）所示的采购价格则直接依赖于 LSX 和传媒集团的变动成本控制能力以及品牌影响力和渠道控制能力能否更大程度地提高农业主体对价格差的敏感性。

LSX 向代理商提供农资的均衡价格为：

$$P_L^* = (1 + \lambda_L^*) P^{*'} = (1 + \lambda_L^*)(P_0 - \alpha_L X_M^*)$$

$$= \frac{P_I + \alpha_0(P_I - VC_A)}{\alpha_0} \tag{5-17}$$

式（5-17）表明，代理商运营成本较高时，LSX 向代理商提供农资的均衡价格较低，而传统渠道竞争价格 P_I 较高时，LSX 向代理商提供农资的均衡价格偏高。此外，农业主体对价格差的敏感性越高，均衡价格就越低，这体现了传媒集团的工作量对稳定农资市场价格的重要作用。

代理商的均衡成本收益率为：

$$\lambda_A^* = \frac{P_I + \alpha_0(P_I + VC_A - P_L^*)}{2\alpha_0 P_L^*} = \frac{\alpha_0 VC_A}{P_I + \alpha_0(P_I - VC_A)} \tag{5-18}$$

式（5-18）说明，代理商的单位变动成本和农业主体对价格差的敏感性越高，代理商的成本收益率就越高。这说明传媒集团的工作量提升会直接增加农业主体对价格的敏感性，进而会提高代理商的成本收益率，这是代理商所希望的状态；LSX 选择运营效率高的代理商对降低农资的销售价格，提高农资流通网络的价格竞争力具有重要的作用。此外，由于竞争价格 P_I 越高，LSX 提供给代理商的供货成本越高，这会促使代理商降低其成本收益率，这说明区域内的代理商为了确保流通网络的整体价格优势对于高价位的农资产品需要降低自身的成本收益率。此外，综合分析式（5-15）和式（5-18）可知，传媒集团的工作量对代理商及 LSX 的最优决策并没有产生直接影响，它通过影响谈判能力系数、价格差敏感系数来影响代理商及 LSX 的最优决策。

　　进一步可得，媒体驱动的农资流通网络中农资最终的市场均衡价格为：

$$P_A^* = (1 + \lambda_A^*)P_L = \frac{P_I(1 + \alpha_0)}{\alpha_0} > P_I \qquad (5-19)$$

　　式（5-19）表明，农资最终的市场均衡销售价格只与传统渠道的竞争价格和价格差敏感系数相关，与流通网络中各个参与主体的变动成本和固定成本没有关系。这种现象出现的原因在于 LSX 和代理商采用的是以采购成本为基础的成本加成定价策略，而采用该策略的前提是成本加成获得的收益必须要大于其变动成本。在这个前提下，参与主体的变动成本只会影响其最优决策，对最终的市场均衡价格没有影响。在式（5-19）中，由于 $\alpha_0 \geq 0$，因此，市场均衡价格 P_A^* 要比传统渠道下的竞争价格 P_I 高。这说明 LSX 公司、传媒集团和代理商的最优决策会促使区域内的农资产品价格高于传统渠道。从实际情况考虑，LSX 在渠道建设阶段会通过价格优势来维持市场价格，但各个参与主体的利益提升要求将会不断地促进农资产品市场价格的上涨，而最大化利益将在农资产品市场价格升高而市场份额不断降低的情况下出现。但是，由于欠发达地区农业主体对农资价格是敏感的，如果在存在同类竞争农资产品的情况下，要维持该农资流通网络的价格竞争优势，代理商与 LSX 之间将不存在合理的 Stackelberg 均衡，LSX 和传媒集团之间也不存在合理的纳什均衡。

第四节　欠发达地区 AFNs 规模化服务平台的优化

一　现有规模化服务网络存在的问题

　　通过上述分析可知，现有的农资流通网络会使得代理商和 LSX 在成本收益率的决策上存在竞争关系，而整个网络有使农资价格高于传统渠道竞争价格的倾向，这显然与 LSX "全心全意" 服务 "三农" 的经营宗旨相悖；另外，市场均衡结果表明，虽然传媒集团是与 LSX 直接签订合作协议，但传媒集团的影响力主要作用于网络终端农业主体对价格差的敏感性。在这种情况下，LSX 难以衡量传媒集团的工作量是否与其可获得的收益相一致。因此，在有关文献、媒体和政府部门对 LSX 农资流通网络对区域农业主体的服务绩效进行肯定和赞赏的同时，也应该更多地关注现有流通网络中各个参与主体间的潜在冲突和整体运营绩效上存在的问题。研究认为要对 LSX 现有的农资流通网络进行优化或向其他区域推广，至少需要重点考虑以下问题。

（一）合作传媒选择的问题

理论分析表明，传媒集团的工作量对农资产品的市场价格优势具有本质影响，建立服务网络所选择的传媒集团必须要在区域内具有广泛的品牌影响力，才可以从品牌固定使用费用或收益比例上获得较多的补偿。对于欠发达地区而言，还需要花费大量的变动成本重新建立和维持市场影响力的媒体不适合作为规模化服务平台构建的合作对象，否则合作媒体的工作量必然存在一个较低水平的极限值，而较低的工作量将直接影响品牌渠道的谈判能力和价格差的敏感系数，进而影响农资流通网络的整体绩效。同样，媒体机构在合作过程中要特别注意变动成本的控制，在通过各类支农服务、科技下乡、文化宣传等活动拓展偏远农业主体客户群时，要权衡品牌影响力和价格差敏感性提升的边际效用递减与活动成本递增的平衡关系。

（二）网络代理商选择的问题

虽然流通网络的市场均衡价格与各个参与主体的变动成本和固定成本没有直接关系，但是从 LSX 平台或代理商的最优决策分析，其成本加成所获得的收益必须要大于其变动成本，并且变动成本越高其期望的成本收益率和对传媒集团的工作量要求越高，同时还会增加对农资供应商的谈判压力。为此，无论是 LSX 还是代理商，都应该控制合作的变动成本，特别是 LSX 在选择下一级代理商时不能以区域位置优势为唯一标准，还应充分考虑其在区域内的市场运作能力和变动成本控制能力。这可能是 LSX 目前不断扩展流通网络规模时应该考虑的重点问题。特别是在流通渠道存在竞争关系时，代理商通常难以将其成本收益率定得过高，否则就有可能从降低服务水平的角度来节约变动成本，这样以媒体为驱动的流通网络的品牌优势在终端将得不到落实或强化。

（三）农资产品价格定位的问题

从参与主体的最优决策看，传统渠道农资产品的竞争价格越高，代理商和 LSX 的成本收益率会降低，这似乎有足够的理由相信该当前的农资流通网络可能会专注于低价位农资产品的销售。但是，市场的均衡结果表明，从长远的角度看农资流通网络总体上有促进农资产品价格上涨的趋势，甚至会出现高于传统渠道竞争价格的情况。当然，由于区域农资产品价格的提高是一个渐进的过程，加上欠发达地区农业主体对市场价格的敏感性，实际的销售价格不会高于传统渠道的同类产品，因而在存在竞争的情况下高价位的均衡状态是难以实现的。然而，面对这种状况 LSX 更好的选择是销售传统渠道没有的"新产品"，以弱化来自其他渠道的市场竞争，显然，从该农资流通网络中各参与主体的定价策略来看，当区域市场中不存在竞争性同类农资产品时，网络中农资产品的市场销售价格将没有强制性的约束，这样 LSX 就可以利用品牌、渠道、产品方面的信息优势来控制区域农资产品的价格。事实上，目前 LSX 已经在区域农资流通渠道中具有较为明显的品牌优势，渠道控制份额占有绝大多数，因此可能存在一定程度的隐性价格垄断，最终会导致某些物美价廉的产品在区域农资市场上逐渐消失。这可能是目前荆州地区农资产品价格快速上涨的重要原因之一。

（四）参与主体合作模式的问题

当 LSX 提供的农资价格较高时，代理商的预期收益率会下降，因为代理商需要通过维持一定的低价格优势来获得较高的总体收益水平。但是，LSX 如果长期要求代理商通过维持低价格来获得市场价格的优势，将有可能损害代理商的积极性。而该弱点有可能会成为传统销售渠道与 LSX 农资流通网络进行竞争的切入点。事实上，虽然 LSX 要求代理商必须保证代理 LSX 品牌的唯一性，但由于代理商的区域分布较为松散，LSX 难以进行有效的监管，而代理商出于利益最大化的考虑会同时销售其他产品。农资产品的价格倾向于上涨直观的解释是由于 LSX 在农资流通网络中相当于一个大规模的区域代理商，与传统的渠道相比甚至有可能延长了传统的农资流通网络，LSX 从网络中获得的收益将不可避免地弱化农资的价格竞争优势。

二　AFNs 规模化服务平台运作模式的优化

LSX 现有的规模化服务模式为农业现代化基础薄弱、农业特色资源和优惠支农政策欠佳的欠发达地区建设 AFNs 规模化服务平台奠定了基础。然而，理论分析表明，传媒集团、代理商和 LSX 的合作关系在现有运营模式中存在着潜在的冲突，农资流通网络总体上有推高区域农资市场价格的倾向。尤其是，在通过已经建立起的品牌渠道影响力，获得某些"新产品"垄断经营权的情况下，区域农资价格上涨的倾向表现得特别明显。这种现状与 LSX "全心全意"服务于"三农"的经营宗旨存在差距。其根本原因是，LSX 没有足够的能力对分散的终端代理商进行价格控制，它与代理商之间只是简单的"委托—代理"关系，两者的收益率诉求存在竞争性。另外，LSX 与传媒集团对农资价格定位高低的偏好不同，而且传媒集团的工作量主要通过影响农业主体对价格差的敏感性而发挥作用，因此还存在传媒集团的工作量对网络绩效的贡献难以评价与合作收益相对稳定的矛盾，这也是妨碍两者合作关系深化和稳定的潜在风险。

上述问题的存在使 LSX 现有的服务模式不能直接移植到 AFNs 规模化阶段的服务平台，加强对 LSX 渠道变动成本的控制、对代理商市场定价权的管理、有效地落实"统一定价"政策以及根据 AFNs 规模化的需要丰富现有平台的服务功能是平台优化的方向。从发展战略层面来看，平台运作主体要尽可能地实现从农资流通网络中代理商到区域规模化服务平台的角色转换，承担更多的服务于 AFNs 规模化生产的绿色农资供应功能以及规模化生产技术服务的功能。然而，LSX 现有服务网络式的根本问题是其在运营模式中延长了区域农业服务链，解决该问题的关键在于理顺代理商、LSX 平台与传媒集团的关系，需要对农资供应服务模式进行适当的调整。作为适应 AFNs 规模化阶段需求的服务平台，LSX 不适合作为区域农资流通网络中一个新增的盈利环节而存在。建议 LSX 的调整方向是：首先，转变成为农资供应商或农业主体进行信息交互的品牌化服务平台，并通过向注册用户收取费用的方式来维持基本运营；其次，LSX 可逐渐升级为农资品牌宣传和产业信息交互的平台，从需要通过 LSX 品牌优势来获得特殊销售资源或市场份额的供应商那里获得额外收益，使其盈利来源于农资供应环节之外，更多地从品牌渠道的构建和授权许可经营方面盈利；最后，当 LSX 建立起强大的品牌影响力时，可以按照类似于工业企业制造资源网的运作模式（Choi Y. H.，Kang D. W.，Chae H.，Kim K. S.，2007），内容更丰富的 AFNs 规模化服务平台，将与 AFNs 规模化有关的利益相关者所有的核心资源集成起来，更有效地培育区域特色农业品牌建设，形成相对于主流农业产业链的比较优势。按照这种优化思路，可将 LSX 现有的服务模式改造成为如图 5－3 所示的 AFNs 规模化服务平台。

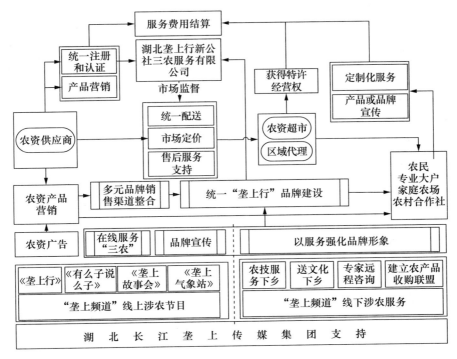

图 5－3　基于区域媒体的农业生产规模化服务平台的优化

AFNs 规模化服务平台中，区域媒体品牌建设和服务的基本职能不变，但 LSX 的角色发生了较大的变化，它不再直接对农业主体提供服务，而是作为一个网络的许可权审批者和监督者而存在。其互联网服务平台将成为对接生态农资供应商与零售商的 B2B 平台或者是直接面向农业主体的 B2C 平台。依托于"垄上行"品牌开展合作的 AFNs 规模化农资供应商、销售商、农业主体都需要经过 LSX 的审批和注册，同时 LSX 可以通过满足某些注册用户的宣传和定制化服务要求获得更高的收益。这种盈利模式将 LSX 从 AFNs 规模化服务平台中获得的变动收益转化为固定收益，使农资的价格随着平台销售规模的扩大而基本趋于稳定；同时，LSX 也可以通过提供定制化的服务来拓宽其收益渠道。另外，LSX 不再为服务网络中的农资制定市场价格（即使是统一的价格），只是对市场的价格、产品质量、服务水平起到指导和监督作用，防止因对欠发达地区农资渠道的占有而形成的价格垄断。最后，AFNs 规模化服务平台还可以演化为专业的农资交易服务商和规模化生产技术服务商。随着平台提供的商品、信息和技术服务品类的增多，交易规模的扩大，服务能力的提升，其控制交易的能力也日益提高。反过来，AFNs 规模化服务平台做强了，其议价能力也会相应提高，规模效应和资源整合能力将会逐渐显现，就更能降低区域 AFNs 规模化生产主体采购农资的成本、接受规模化农业生产有关增值服务的成本；更重要的是，服务平台可以作为 AFNs 规模化生产后，仍能向区域城镇消费者提供高质量的生态农产品的品牌背书。

第六章　欠发达地区农业产业链集成阶段的"互联网+"策略

第一节　AFNs与主流农产品网络的集成

一　欠发达地区农业产业链集成面临的问题

发达地区农业产业转型和集中度提高的趋势已日趋明显，农业产业链打造和延伸的经营格局正从局部探索转入全面深入发展阶段，形成了市场主导、企业推进、规模扩大、上下一体、领域延伸的新局面，呈现出集中度提高、竞争力增强、带动面扩大的新态势，探索出多方推进，利用现代工业理念、先进的科技成果建设现代农业的新途径。尤其是区域农业产业化龙头企业，在此过程中承担了引导生产、深化加工、开拓市场、增加农产品附加值、促进技术进步等多项重要职责功能，取得了积极而明显的成效。例如，联想集团不仅运用互联网技术改造生产环节以提高生产水平，而且运用互联网技术管控整个生产经营过程从而确保品质，同时运用互联网技术创新产品营销，最终将农业的各个环节打通，形成了完备的产业链。欠发达地区缺少具有市场影响力的龙头企业，难以在短期内形成能与发达地区竞争的大型农业企业集团，但是通过引导区域农业产业组织的分工协作和优势互补，促进农业产业链不同环节的有效合作和优化，仍然有望形成具有有效竞争力的农业产业链组织体系和商业模式。

欠发达地区多数小规模农业主体长期保持传统种植、养殖模式，制约了区域农业产业向现代化、规模化、集约化、标准化产业模式转变。同时，传统种植、养殖模式存在的产品质量不可控、抵御自然灾害能力不足、种植生态环境恶化等问题日益凸显。欠发达地区在经过AFNs 规模化阶段后，一方面通过现代化的手段、大数据应用，可改造传统农产品生产方式，提高农产品生产的效率和标准化；另一方面通过与消费者进行精准对接，减少中间环节，可以实现订单化生产。这样使规模化的 AFNs 在一定在程度上形成了对主流农业产业链具有补充效应和市场竞争力的新生力量。但是，欠发达地区依赖 AFNs 规模化建立起来的农业产业链结构并不完善，仍只是聚焦在生态农资供应、生态农产品生产和直接消费环节。因此，依托于 AFNs 建立起来的欠发达地区农业产业链结构并不完善，后续发展还应向农业产业链前端和后端延伸，从而打造出具有高附加值的 AFNs。然而从宏观情境看，欠发达地区农业产业链要向前端和后端延伸相对于发达地区要困难一些。

（一）区域农业产业链缺少主导农业企业

欠发达地区 AFNs 中的农业经营主体仍然以"小而全""小而散"的农户家庭经营为主，少数的规模化 AFNs 难以实现有效的产业发展组织，导致区域农业产业链会在很长一段时间内处于 AFNs 与主流农业产业链分散的状态，AFNs 也发挥不了对区域产业链优化升级的引擎作用。如果区域农业产业链缺少主导的农业生产企业，会造成农业经营主体成长的动力和竞争力不足，即使有限的 AFNs 规模化经营主体也会缺少向主流产业链集成的向心力。另外，由于欠发达地区缺少主导农业企业参与市场竞争，极少数外部大型农业产业链工商企业会推动区域农业市场垄断格局的形成，甚至出现"外部企业控制区域农业产业"的现象。因此，欠发达地区在农业产业链集成之前，要尽可能培育出更多的规模化 AFNs，同时建设具有吸引和带动能力的传统农业主导企业，使区域的农业生产具有一定的竞争力和市场占有率，这是在 AFNs 规模化阶段必须实现的目标。

（二）区域农业产业链集成缺少内在动力

欠发达地区没有大规模的农业生产主体和加工主体，农业主体以农户家庭经营为主体，而这种生产结构难以联合起来与组织化程度较高、在农业产业链中居于垄断地位的工商资本（包括服务业企业）相抗衡。因此，欠发达地区生产企业在传统产业链中所获取的农业价值最低。同时，欠发达地区生产企业还会受到产前农资价格上涨、生产服务价值上涨以及产品市场销售价格下降等多方面因素的影响，导致其在农产品市场竞争和价格决定中日益降至弱势地位，其在生产环节的价值创造经常受到严重挤压，进一步将欠发达地区的农业生产企业或家庭经营主体推向农业产业链利益分配的边缘。近年来，许多欠发达地区农民经常处于"承担风险多、获得利润少"的境地，农业生产在区域内的吸引力越来越小，农业经营主体老龄化和兼职化的趋势特别明显，从而使区域农业主体投资和创新的信心不足，区域农业产业链也失去了发展"互联网＋"农业的内生动力。

（三）区域农业产业链集成缺少基础条件

欠发达地区的农业主体主要围绕着生产环节进行经营和服务，但农业产业链的集成需要将发展重点从农业生产环节切换到整个农业产业链，特别是农业的产前、产后环节，如农业科技开发、农资采购与供应、农产品物流与营销、农产品加工和储藏保鲜、农产品质量安全和品牌建设、农业金融保险或农产品期货市场等领域。即使在 AFNs 规模化的前提下，欠发达地区在这些非生产环节还不具有独立而足够的生产和服务资源。随着全球范围内产业融合的深化，农业产业链的服务环节日益成为农业产业链或价值链的主导者，成为农业产业链资源整合、优势集成的策划者和组织者；农业产业链的利润重心也逐步呈现出向农业服务环节转移的趋势。在这种情况下，欠发达地区产业链正面临着全球性的竞争，其在基础条件上的比较劣势将迅速放大，对于区域农业产业链集成、价值链转型升级和农业增效、农民增收的制约将迅速凸显。

（四）区域农业产业链集成缺少关键的创新和增值能力

欠发达地区本地的农业经营主体长期处于分散的状态，没有形成强有力的产业组织架构，各种农业经营主体往往服务于某一特定的农业生产区域，农产品生产和市场需求信息难以有效地相互传导，生产和服务的整体能力难以共享，造成区域内对农业产业链集成和市场运作模式的创新能力不足，这种情况会进一步削弱农业生产环节与农业产前、产后环节争夺利润的能力。在"互联网＋"商业模式和平台经济快速发展的情况下，欠发达地区产业链集成不可避免地需要引进外部工商企业进行农业产业链投资，而区域农业经营主体在与外界强大工商资本合作时将处于谈判的劣势，甚至区域内规模化的 AFNs 也可能面临竞争性打压。欠发达地区创新和增值能力的缺失可能是制约区域农业产业链集成，甚至是全面推进农业现代化的关键问题。

二 AFNs 与主流农产品网络集成的现实需要

欠发达地区农业现代化不仅要服务于农业生产主体，还要推动规模不断扩展的区域城市建立可持续性的农产品供应体系。主流农产品供应链具有类似于工业品的生产和流通过程，批发商和零售商介入流通过程，其优势是将大量的、远距离的农产品以高效的方式带给消费者。由于储存、物流、销售等技术和服务效率的提高，主流农产品供应链克服了当地地理条件和气候因素对农产品品种消费的限制，使消费者一年四季都可以消费到各地的农产品。相对于传统的本地生产、本地消费，本地生产、异地消费是一个巨大的进步，极大地提高了消费者的生活水平。然而，这种工业化模式的农产品生产和流通模式也带来了生产环节中化学品的过量使用、流通环节中的过度包装和过度加工、局部农产品供给季节性失衡等诸多问题。

AFNs 表面上反映出了对主流食物供应系统不同程度以及不同形式的抵制，甚至是其特定的空间布局和生态特性会挑战主流食品供应链中的核心地位。然而，AFNs 的规模化发展仍然处于以主流农业产业链为核心的消费情境，两者在农资、农机、种业、种植、仓储、加工、流通等环节具有很强的利益联结机制，两类产业链不可能完成处于割裂状态。到目前为止，很多研究认为"替代性"必须被理解为同样是可以争论的"常规"概念，而且该概念的效用和意义依赖于上下文情境（Maye et al.，2007）。总体上，农业食品领域中的研究者基本有一个普遍的共识：在"替代"和"常规/主流"网络之间构建简单化的二进制是没有用的；相反，AFNs 现在正以一种混合性、复杂性和多样性的概念被使用着。Watts 等（2005）已经区分了"较弱"

和"较强"的 AFNs。"较弱的"AFNs 重点放在地方食品网络的质量和标签特征，即以农产品为中心；而后者则侧重于地方食品网络的重新评估和嵌入的特征，即以供应链/网络关系为中心。现代农业竞争已由产品之间的竞争，转化为产业链之间的竞争。作为避免回归到"常规/主流"和"替代"的二元对立的方法，重新评估和发展"较强"的 AFNs 对主流农产品网络的影响和互动作用，强调被称为"替代"的关系的偶然性，对完善区域农业产业链的构成、提高产业链竞争优势都具有巨大的现实意义。AFNs 的规模化导致的市场占有率和附加值的提升，只会使"替代网络"与"常规/主流"农业产业链产生集成发展的要求，以便于 AFNs 能依托主流农业产业链的销售渠道扩展消费其农产品的地理范围，减弱 AFNs"空间接近"所产生的负面效应。总体而言，从欠发达地区农业现代化全面推进的要求看，AFNs 与主流农业产业链这两类农业产业链的集成具有长期的必要性与实践可行性。

第二节　欠发达地区农业产业链集成的"互联网＋"思路

一　欠发达地区农业产业链集成的"五化"原则

按照国家最新提出的现代农业经营体系建设要求，欠发达地区农业产业链集成首先需要坚持集约化、专业化、组织化和社会化的原则；其次考虑到"互联网＋"技术应用对农业产业链集成的影响。欠发达地区农业产业链集成理所应当地还应该坚持网络化的原则。

（一）农业产业链集成的集约化

欠发达地区产业链集成要顺应现代农业集约化发展的趋势，消除地区农业经济粗放化发展所带来的负面影响，大力发展农业产业集群或规模化种植。农业产业链的集约化强调产业分工的地理集聚，按照集群的模式发展农业产业链，有利于发挥农业发展的吸引力和示范效应，增强区域农业产业价值链的创新能力，但也对农业节本增效和降低风险提出了更高层次的要求。第一，要强调单位面积土地上要素投入强度的提高；第二，要素投入质量的提高和投入结构的改善，特别是现代科技和人力资本、现代信息、现代服务、现代发展理念、现代装备设施等创新要素的密集投入及其对传统要素投入的替代；第三，农业经营方式的改善，包括要素组合关系的优化和要素利用效率、效益的提高。规模化的 AFNs 显然满足集约化的基本要求，但也对欠发达地区如何处理规模化的 AFNs 与主流农业产业生产基地间的集约化发展布局提出了新的要求。

（二）农业产业链集成的专业化

要努力改变欠发达地区"小而全""小而散"的弱势农业经营主体结构，集中有限的资源用于农业生产和经营的专业环节，更好地通过深化区域分工协作，获得分工协作的增值效应。专业化包括农业生产经营或服务主体的专业化和农业区域的专业化。欠发达地区主流农业产业链或多或少地已经初具专业化的雏形，因而专业化原则重点在于强调通过土地流转，促进 AFNs 生产、经营的规模化，发展专业大户、家庭农场等新型农业主体参与 AFNs，同时还要培育信息服务、农机服务等专业服务主体。农业的区域专业化包括建设具有差异性的优势农产品产业带或 AFNs 特色产品生产带，带动农业区域实现差异化的规模经济，是避免区域同质化经营的重要途径。

（三）农业产业链集成的组织化

欠发达地区的产业链集成需要强大的政府管理、行业组织和市场组织三个方面的共同作用，即进行新型农业生产经营主体或服务主体的发育及与此相关的农业组织创新，发展农民专业合作社、农民专业协会等，支持发展农民专业合作社联合社、农产品行业协会，提高农业产业链的分工协作水平和纵向一体化程度等内容。通过提高组织化程度，促进 AFNs 与主流产业链中的新型农业生产经营主体或服务主体共同成长，增进其相互之间的联合和合作等，有利于保护农业生产环节的利益，避免农业产业链的利益分配过度向加工、流通、农资供应等产前、产后环节倾斜，有利于保护农业综合生产能力和可持续发展能力。

（四）农业产业链集成的社会化

产业链集成的社会化主要强调两个方面：一是产业链集成过程中社会力量的参与；二是农业链集成要与区域经济和农业主体的利益保持统一。欠发达地区农业产业链集成的基本方向是引导 AFNs 嵌入主流农业产业链的前后端，促进 AFNs 生产环节向加工环节以及流通等服务环节转移。社会化原则强调社会参与程度的提升和维护必须要以农业产业链集成利益的多主体共享为基础，农业产业链逐步升级要与区域经济相对接，让农业产前、产后环节利益主体参与农业产业链利益分配的深化，特别是让欠发达地区农业生产主体在接受农业产业链集成过程中能得到利益上的尊重，区域农业产业链消费者主权的强化也要与产业链集成相统一。从宏观的层面看，当前农业产业链与能源产业链、金融服务链的交融渗透，都是农业发展成果社会分享程度提高的重要表现。

（五）农业产业链集成的网络化

农业产业链集成的集约化、专业化、组织化和社会化的原则将使欠发达地区农产品供应链日益由线性的单链转化为非线性的网链，这就要求在互联网技术和运作模式创新的驱动下发挥网络化的外部效应，服务区域内两类农业产业链的相关实体或服务对象的共同发展。农业产业链集成的网络化，为多种创新要素有效集成到农业产业链提供了多元化的便捷通道，有利于发挥两类农业产业链各自的优势，提高对资源、要素的吸引、动员和集成能力，更快速地促进欠发达地区主流农业产业链向生态化升级，增强区域农业产业链可持续发展能力。

总体而言，集约化和专业化更多地关注微观或中观层面，重点强调农业产业链布局和分式方式的选择。组织化横跨微观层面和产业链中观层面，致力于提高农业产业链的管理能力，增强农业产业链的资源要素竞争力，影响利益相关者参与农业产业链利益分配的能力。社会化主要强调宏观方面，决定了农业产业链集成的可持续发展外在动力。网络化则对集约化、专业化、组织化以及社会化提供实施理念和技术支持，为这四项基本原则的有效实施提供了更多的创新途径。在欠发达地区产业链集成过程中，集约化、专业化、组织化、社会化和网络化相互作用、不可分割，但可以根据区域农业发展现状、潜在的要素资源供给状态，分别对这五项原则给予不同的关注。

二　欠发达地区农业产业链集成的关键内容

在移动互联网、大数据、云计算等科技不断发展的背景下，互联网思维对区域农业价值链上的研发、生产、物流、市场、销售、售后服务等环节乃至对整个农业商业生态都将产生较大的影响。欠发达地区在 AFNs 形成一定的市场占用率后，需要对主流农业企业价值链和农业产业链进行重新审视，利用互联网思维对两类农业产业链条和产业环境进行调整。欠发达地区农业产业链集成，实际上也是推动区域农业结构战略性调整的过程，应该重点关注农业产业链集成后的定位、业务环节、资源投入、产业组织体系以及产业链发展环境这五个方面。

（一）制定符合区域条件的农业产业链发展战略

欠发达地区要围绕着自身的资源、环境和"互联网＋"农业发展趋势，明确农业产业发展战略，制定明确的长期发展目标以及商业化模式。"多阶段双链协同三产融合"的欠发达地区农业现代化路径即可作为欠发达地区农业产业链发展战略。该发展战略充分利用了互联网技术，也充分体现了"互联网＋"的用户思维、平台思维、协作思维、跨界思维。即 AFNs 建设的出发点体现了为区域城镇居民解决农产品消费痛点的用户思维；同时，AFNs 生产平台和对应互联网服务平台的建设充分体现了平台协同思维和协作思维；"三产融合"发展的最终目标是"跨界思维"最突出的表现。

（二）以 AFNs 为基础扩展高附加值的环节

建立 AFNs 为欠发达地区在生产环节创造高附加值的生态农产品奠定了基础，但欠发达地区如果仅专注于提供农业初级产品，其利润水平终究是有限的，只有将初级产品变成特色工业品，增加其附加值，延长产业链条才能创造出更高的价值。欠发达地区在产业链集成阶段需要将规模化的生产增值环节向农业产业链的前端和后端延伸。例如，在农业产业链前端，需要整合农业技术开发；在农业产业链后端，要将生态农产品的加工、物流、营销等产业链各环节进行垂直整合，并保证各个环节的规模和运作机制能相互匹配和协调。同时，还要鼓励区域农业企业拓展服务业务，实现从农业产业链纵向生产集成到农业产业链横向增值环节的扩展。

（三）建设网络化的产业资源供应渠道

农业产业链集成还需要以农业产业链为媒介，将区域内涉农科技、人员、资金、基础设施以及服务机构等资源集中起来，共同服务于区域农业产业链的发展。然而，欠发达地区农业比较优势通常正处于加剧下降的态势，进而降低了农业对优质资源、优质要素的吸引力，甚至导致了区域已有的农业优质要素的外流。不改变这种恶性循环将会严重制约欠发达地区农业要素结构的优化升级，侵蚀农业产业链完善和集成的根基。欠发达地区可利用互联网技术来扩展区域多元化要素投入的范围和渠道，提高要素投入的灵活性，将区域内外相关的要素和资源以网络化形式联结起来，形成一个有机的资源供应系统，解决区域农业产业集成资源受限的关键问题。为此，欠发达地区要善于利用大型互联网企业和基础电信企业的互联网基础条件，完善公共网络服务平台建设以及平台的接入模式，为区域农业产业集成创建低成本、便利化、全要素的产业资源供应渠道。

（四）建立区域农业产业链集成组织体系

农业产业链集成如果缺少完整有效的组织体系，将难以实现产业布局、资源利用、科技应用等方面的规模经济与范围经济，妨碍区域农业创新能力、抗风险能力和可持续发展能力的提升，甚至会造成AFNs与主流农业产业链长期处于分割发展的状态，影响区域整体农业产业链、价值链的转型升级。欠发达地区农业产业链组织体系的形成要注重培养各类充满活力、富有竞争力和创新能力的新型农业经营主体，并通过加强组织机构和管理机制设计，形成分工协作、优势互补、链接高效的现代农业产业组织体系。为此，重点要鼓励区域内的农业骨干企业通过互联网参与产业链各环节紧密协同，促进农业生产、质量控制、物流和运营管理系统全面互联，以此来带动区域农业产业集群的产生。在形成产业集群的基础上，构建网络化的产业链发展公共服务平台，面向产业链的细分环节，提供农业生产资源、技术服务、市场需求的集聚与对接，加快全区域多元化农业资源的有效协同，提高农业产业链的资源整合能力。

（五）优化农业产业链发展的区域环境

欠发达地区农业产业链定位、产业链特色形成、两类农业产业链的集成绩效都离不开区域经济环境和政策支撑。农业产业链集成过程中，政府首先要进行合理的农业产业区和产业链发展规划，为区域农业产业链的形成提供地理分布上的保障；其次，要结合区域经济和社会发展的需要，推动"互联网＋"农业发展的固定宽带网络、移动通信网、物联网、云计算等设施的建设，使农业产业基础得到有效巩固加强，应用支撑和安全保障能力明显增强；最后，欠发达地区政府还要大力开展农业服务主体、组织模式和服务模式创新，引导和推动全社会形成集体参与、集体服务的区域环境。

第三节　欠发达地区农业产业链集成的 "互联网＋" 模式

一　利用"互联网＋"改造主流农业产业链

利用"互联网＋"支撑欠发达地区农业产业链集成时，可分两步进行：第一，利用"互联网＋"改造主流农业产业链；第二，利用"互联网＋"促进 AFNs 与主流农业产业链集成。

利用"互联网＋"改造主流农业产业链首先需要对欠发达地区现有的主流农业产业链结构进行价值链分析，在充分了解农业产业链成本利润构成的基础上，探索区域农业产业链经营主体的最佳盈利点、各农业主体的职能或分工，才可能确定利用互联网改造主流农业产业链的最优切入点。主流农业产业链通常可分为产前、产中、产后三个环节，而每个环节可以继续细分为多个业务环节以及环节间的商业运作关系（陈诗波、李崇光，2007），而每个业务环节都可以成为一个经营主体关注的利润节点，如图 6 - 1 所示。

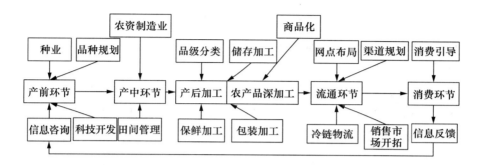

图6-1　农业产业链的基本模型

欠发达地区主流农业产业链改造首先要加强产前、产中、产后加工、终端消费等环节的生产能力或服务能力；其次要兼顾各个环节间流通和服务能力的建设。凭借互联网技术强大的流程再造能力，可以从科技开发、金融服务、高效流通、现代化生产、定向营销等环节彻底升级主流农业产业链，创新其商业运作模式，最终可发展成为具有一定竞争优势的完整农业产业链。互联网对于欠发达地区主流农业产业链的深度改造主要体现在以下五个方面。

（一）农业生产的标准化

农产品生产难以标准化一直是制约农业发展的重要因素。然而，利用物联网技术及二维码技术可以彻底改造农业生产环节，使农业生产自动化、精准化、可追溯，同时伴随着人力成本和生产成本的降低，并可逐渐实现农产品生产的标准化。物联网技术可以通过各种无线传感器实时采集农业生产现场的光照、温度、湿度等参数及农产品生长状况等信息，再将采集的参数信息汇总整合，最后通过智能系统进行定时、定量、定位处理，及时精确地遥控指定农业设备的开启或是关闭，真正实现"智能化农业"。

（二）创建廉价且高效的营销平台

欠发达地区农业发展竞争力弱化的一个重要原因就是没有形成品牌效应，导致农产品附加值低、农业生产主体无利可图。当前，基于互联网的新型社交工具可应用到农业产业链，为农产品交易提供便利的营销入口。更重要的是，这类方式的营销成本极低。微博、微信、

QQ 及 SNS 等都是免费的互联网平台，利用这些平台固有的、便捷的社交功能，很容易使农业主体同消费者建立起信任关系，并以此推销高品质的产品，从而获得依赖口碑传播的品牌效应。"互联网＋"农业的营销属性有三个关键因素：一是细分市场理念的良好运用，运用大数据精准定位目标客户，避免泛化营销；二是以精良的客服实现与客户的密切互动，不断提高产品质量；三是适当的产业链控制，既不妄图进行覆盖全产业链的经营，也不是单纯外包生产，有利于经营主体有重点地把握最适合自己的产业链盈利点。

（三）树立安全健康的品牌形象

农产品安全问题已经成为我国农业发展最大的瓶颈。通过互联网创造透明的供应链体系是最直接的方法。从农产品生产领域延伸出来的可追溯系统，目的是解决农产品安全和农产品品牌信誉问题。有了互联网、物联网、网络视频以及云计算等技术的支持，消费者通过手机扫描二维码后，就可以看到农产品的追溯信息，哪里耕种、何时采摘、谁来采摘、包装日期等一应俱全，实现了农产品生产过程的全程追溯，再加上质检等权威机构的合作，就可以协同创造出真正透明的农业产业供应链，从而树立起农业产业链安全健康的品牌形象。

（四）农产品销售模式的升级

由于农产品生产具有明显的季节性、区域性，又很容易受到气候因素的影响，加之欠发达地区传统的农户经营体制难以与大市场实现有效对接，所以农产品经常面临增产不增收的尴尬局面。基于互联网的电子商务可以拉近生产者和消费者之间的距离，一定程度上减少农产品因为地域原因而滞销情况的发生。电子商务平台可使农产品直接被送至消费者，省去了传统的中间经销渠道，也使得产品的价格大幅降低。更重要的是，互联网渠道可以从根本上改变生产和销售的关系，运用大数据分析定位消费者的需求，按照消费者的需求去组织农产品的生产和销售，从而实现农产品的零库存。

（五）提高农村金融服务水平

欠发达地区的农村金融服务长期以来并不能满足农业现代化和农民生产的需要。近年来，央行和银监会开始逐步鼓励涉农金融机构开展包括村级互助基金、林权抵押贷款、小额信贷、村镇银行、资金互助社等多种方式的金融产品和服务创新。但是，受到地域、资源、产业结构、盈利能力等多种因素的制约，这种由监管层主导的农村金融产品创新并没有很好地改善农村金融问题，农村金融产品种类单一、供给不足的问题仍然较为突出。然而，互联网农村金融服务可以方便地为区域内的农业经营主体提供小额信贷。它通过互联网 O2O 模型聚集借款人以及投资人，贷款人可以通过线上互联网平台出借资金，通过线下的贷款办事处工作人员对贷款人进行摸底，同时上门去审核借款人资质，确保其信息可靠，使得借款人的风险降到最低。另外，随着农民生产经营的规模化和资金投入的增加，农民的风险意识正在逐步增强，农业保险就成为农业发展所必需的金融产品。但由于农业生产经营风险大、保险赔付率高，商业保险公司开展农业保险的积极性较低，导致农业保险险种较少。互联网金融可以提供农业生产和经营保险，减轻区域农业经营主体所面临的自然风险和经营风险的双重压力。

二　AFNs 与主流农业产业链集成的模式

互联网技术渗透到欠发达地区主流农业产业链中，有利于利用互联网、物联网、大数据等技术提升农业生产效率，并逐渐优化科学育种、栽培、施肥、灌溉等多个辅助生产环节，最后倒逼"精细农业""生态农业"形成。这种改变无疑使主流农业产业链与 AFNs 的核心特征产生了统一性，使这两类农业产业链集成发展具有了充分条件。

为使欠发达地区"互联网＋"经济与实体农业产业链形成协同互动的发展格局，要充分发挥"互联网＋"技术优势，将 AFNs 嵌入到主流农业产业链的生产环节，或按照 AFNs 的要求去改造主流农业产业链；再进一步在产业链前端整合农业技术开发，在产业链后端对加工、物流、营销等产业链各环节进行垂直整合，保证区域农业产业链各个环节能充分合作；再者，向休闲农业、循环农业、高科技农业、有机农业、旅游农业等方面进行农业产业链的横向拓展，从而打造出区域完整的农业产业链。按照这种思路，欠发达地区 AFNs 与主流农业产业链集成的模式如图 6 - 2 所示。

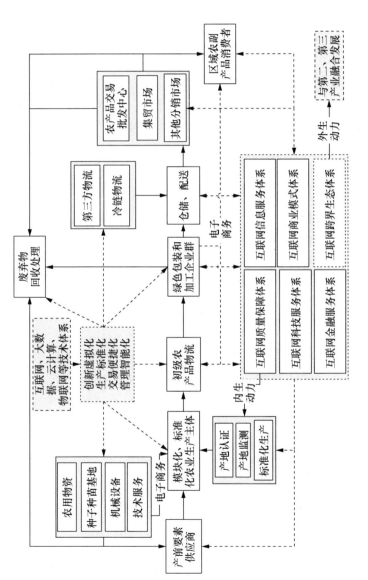

图6－2 基于"互联网＋"的欠发达地区农业产业链集成模式

　　AFNs 规模化可使其农产品在生产环节和市场占有率上的地位得到巩固，同时会更大程度地提升区域消费者对主流农业产业链向生态性方向升级的需求。图 6－2 所示的集成模式正是立足于"互联网＋"条件下的主流农业产业链与 AFNs 的核心特征趋于统一的态势，将 AFNs 的生产环节与主流产业链的上游农资厂商、中游生产商、下游零售经销商和消费者整合在一起，形成农业产业链的总体架构。这种产业链架构有利于使规模化的 AFNs 从初级农业产品供给功能扩展到高增值环节。欠发达地区通常要通过"重资产＋技术"模式，进行必要的现代农业生产、流通技术、物联网技术等方面的投资，实现 AFNs 生产与主流农业产业链的研发和农资供给前端、生产端、加工端与消费端的紧密集成，使欠发达地区形成集农业基础研究、规模化生产、物流、农产品深加工以及营销于一体的完整农业产业链，从而使区域农业比较优势转化为稳固的竞争优势。

　　具体而言，欠发达地区在该阶段需要以市场认可度逐渐提升的 AFNs 为基础，通过"农户＋AFNs 合作社＋产地交易市场""核心加工企业＋合作社＋AFNs 生产基地""超市＋AFNs 生产基地"以及集科研、加工、销售于一体的 AFNs 现代农业园区等模式在区域农业核心主体及传统农业主体间形成多样性的利益联结机制，打造出快速、高效、各节点主动协同的区域农业产业链网络。缺乏实行"重资产＋技术"模式条件的欠发达地区，适宜采用以优惠政策来吸引外部投资或企业结盟的形式来加快 AFNs 与主流农业产业链的集成，尽可能快速地改变欠发达地区农业产业链长期被区域外部强势工商资本所垄断的格局。

三　欠发达地区农业产业链集成服务平台建设

　　欠发达地区为了更好地促进农业产业链集成，需要建立起对应的"农业产业链集成服务平台"。这类服务平台主要为农业产业链集成提供互联网技术体系集成、互联网服务体系集成、发展动力集成三项服务功能，如图 6－2 所示。

（一）农业产业链互联网技术体系集成

　　欠发达地区农业产业链优势的发挥需要在产业链的某些环节培育

核心竞争力,互联网技术应用于农业产业链各个环节的优化和重构环节间的联系可以成为培育核心竞争力的有效途径。因此,欠发达地区农业产业链集成需要全面的互联网技术体系作为支撑,即利用互联网、大数据、云计算、物联网等技术优势,对两类农业产业链中的生产、流通和交易环节等进行必要的改造和合并,以实现两类农业产业链中各个环节运作的高效化、生产的标准化、交易的便捷化、管理的智能化、合作的网络化,以实现两类农业产业链高效集成与协同运营的目标。

(二) 农业产业链互联网服务体系集成

欠发达地区需建立起"农业产业链集成服务平台"为 AFNs 与主流农业产业链集成提供多元化的服务,使区域内能形成"新型农业生产主体＋传统农业主体＋农产品经营主体＋各类农业服务主体＋城镇居民"协调分工、资源共享、风险共担的农业产业链格局。"农业产业链集成服务平台"通常应具有政府公益性投资建设的性质,但这类平台的运行要善于利用市场机制,引导区域内规模化的 AFNS 优势资源自主地嵌入主流农业产业链,解决政府导向所致的农业产业结构趋同和产业链同质化问题,并研究如何利用"农业产业链集成服务平台",搭建起区域农业协会或产业联盟,培育农业产业链合作伙伴关系,增进农业主体的共同利益或解决区域农业产业链的共性问题。从满足实践的需要看,完整的"农业产业链集成服务平台"至少要包括互联网信息服务体系、互联网科技服务体系、互联网金融服务体系、互联网质量保障体系、互联网商业模式体系、互联网跨界生态体系等。

(1) 互联网信息服务体系。

应用互联网技术将农业产业链的生产、流通、消费等环节连接起来,通过 EDI (数据交换)、数据仓库技术、POS 数据采集技术等实现数据的自动采集、存储和交换,建立为区域农业产业链服务的农产品市场供求、交易价格和农产品检验等信息的收集、整理和发布制度及信息管理系统,实现区域农业产业链中与生产和交易紧密相关的信息共享。例如,农产品和农资供求信息、市场价格信息、流通服务信息、农产品质量安全信息、产品溯源信息、食源性疾病监测、农业生产环境以及天气信息等。信息服务体系还要重点推进农产品行情数据服务，为农产品生产者、农产品经纪人及各级管理部门等提供产业链运作的直观数据。

（2）互联网科技服务体系。

互联网科技服务体系首先要通过互联网实现技术供应与技术需求方的实时对接，将农业经营主体与各类技术专业人员联系起来，特别要对基层农户加强职业技术教育，提高其农业生产和经营技能；其次要围绕优质、高产、高效、安全的生态农业导向，大力推广无公害农产品生产技术、生产设施维保技术、农产品加工及保鲜储运技术、农业生态保护技术；再次要围绕生产管理过程推广物联网技术，实现农产品生产管理过程的标准化、智能化；最后科技服务体系还要上升到产业链或行业标准层面，根据欠发达地区的实际情况以及全国农业标准化现状，制定适合区域农业发展现状及趋势的产前、产中、产后及流通等环节的标准，并将标准贯彻于区域农业产业链的种植、生产、仓储、沟通和交易等环节，以此来增强农业产业链在确保农产品生态性和质量安全上的核心优势。从长远的角度看，欠发达地区还要充分发挥互联网支持开放创新的优势，积极推广众包、云服务等新型科技服务模式，充分利用区域农业高新区、科技企业孵化器、大学科技园、商贸企业集聚区、小微企业创业示范基地等现有条件，通过市场化方式培育一批线上与线下服务相结合、孵化与投资相结合的农业科技服务企业。

（3）互联网金融服务体系。

欠发达地区农业主体在规模扩大前期普遍具有较大的资金需求，虽然国家积极推进对农业商户放贷政策，但由于欠发达地区农业主体缺乏房产、土地以及有价证券等资产作为抵押，无法达到银行授信准入条件，因此农业主体基本上很难获得金融机构及时的支持。但欠发达地区农业产业链集成过程必然会产生来自综合开发、基础设施建设、农业科技推广、农副产品加工、运输、消费信贷以及交易赊销等方面的大量资金需求。在这种两难的情境下，发展基于互联网的金融服务体系尤其重要，它有利于扩展欠发达地区的资金供应渠道，准确地对接资金供应方和资金需求方，使双方能方便、快速地建立借贷关系。欠发达地区还可建立依托区域农业产业链的联合担保机制，加强与各类商业银行的合作；还可基于区域农业主体的过往交易、生产经营情况，建立区域互联网金融众筹机制，通过互联网金融杠杆为其提供多元化、综合性的金融服务。

（4）互联网质量保障体系。

互联网质量保障体系将进一步强化欠发达地区建立在 AFNs 基础上的农业产业链能确保生态性农产品供给的核心优势。互联网质量保障体系主要包括市场准入机制、农产品生产和加工许可制度、农产品溯源机制、质量安全认证机制、农产品检测监督机制以及产地监测机制等。近年来，我国致力于在全国范围内建立统一的农产品市场准入制度，虽然欠发达地区农产品的质量标准可以因地区的不同而与发达地区有所区别，但在主体资格、程序、监管、法律适用上应该具有全国范围内的一致性。欠发达地区为了从源头上保证农产品质量的安全，需定期或不定期地开展农产品产地环境、生态性农资使用和农产品质量安全状况的监测，确保上市农产品质量安全必须符合或超过国家有关标准和规范要求。在此基础上，对本地农产品和外来农产品的主产地进行安全农产品认证。同时，农产品生产和加工许可制度的适用种类和范围要进一步扩大，做到对农产品实施强制检验。通过"互联网＋二维码"技术和数据共享机制，按照从生产到销售的每一个环节可相互追查的原则，建立农产品生产、经营记录制度，实现农产品质量安全的可追溯系统。欠发达地区还需要开展农产品生产基地和农产品市场质量安全状况的日常监督检测和质量安全认证管理等工作，形成企业自检、产业链组织、社会中介机构受托检测和政府部门监督抽检的监督机制，打造出区域优质农产品品牌。互联网技术还将进一步促进市场准入机制、农产品生产和加工许可制度、农产品溯源机制、质量安全认证机制、农产品检测监督机制以及产地监测机制等方面的信息共享，协调监管部门、农业行业协会、农业生产和经营主体在质量保障过程中的合作行为，形成一种质量安全标准透明，质量保障过程规范，质量问题相互监督、相互制约的农产品质量安全保障体系。

（5）互联网商业模式体系。

互联网对欠发达地区农业产业链集成的作用除了提供技术支撑外，更重要的是要改变欠发达地区农业主体间的交易或合作方式，将外界成熟市场的互联网渠道运作模式和商业模式移植到区域产业链主体间的交易过程中。欠发达地区农业产业链各节点间的商业模式需要根据不同的农业经营主体的属性合理地选择 B2B、B2C 以及 O2O 等方案。基于互联网的商务模式创新将大大降低农业产业链中各方交易的中间环节，实现区域内农资供应、农业生产者、加工者以及农产品消费者的即时对接，提高流通效率，有效地降低交易和流通成本。互联网商业模式体系的另一个作用是能够降低区域农业主体参与农业产业链交易的门槛，拓宽区域农业主体参与产业链的渠道，有利于将小而分散的弱势农业主体甚至是区域外实力强大的经营主体以一种松耦合的方式集聚起来，提升农业产业链运作绩效。

（6）互联网跨界生态体系。

互联网联结的便利性及其商业模式的可扩展性，使欠发达地区农业产业链不但可以提供农产品信息、对接农产品供应和采购服务，还可以方便地将其他工业和服务业嵌入到农业产业链中，形成一个有机的农业生态系统。例如，农村家用商品和电器设备等农村生活物质就很容易利用农业产业链的渠道和终端实现产品的推广和销售。这种跨界的生态体系会同时撬动农村其他行业或产业的并行发展，使农业产业链共享其他产业及开放平台的公共资源，形成促进农业产业链与其他产业融合发展的基础。

（三）农业产业链发展动力集成

欠发达地区农业产业链要持续地发展，需要从内部和外部两方面加强动力机制建设。欠发达地区的基础条件决定了其从规模化的角度加强自身优势比较困难，为此需要将农产品的特色和质量安全作为农业产业链发展的关键内生动力。一方面，以生鲜产品和低成本稳定区域消费群；另一方面，以 AFNs 的特色农产品吸引外界消费群体，以良好的质量保障赢得口碑，以互联网的开放性来进行口碑的传播和推广。在外在动力方面，需要强调农业产业链与区域第二产业和第三产业融合发展。因此，欠发达地区要围绕农业产业链建设、企业经营和产业合作，大力发展配套的农业生产性服务业，并将整个农业产业链的发展纳入区域经济和社会的整体发展规划。

第四节　欠发达地区农业产业链集成的实践

一　荆州华中农高区建设概况

荆州市地处湖北中部，位于江汉平原腹地，国土面积 14100 平方公里，是中国历史文化名城、国家优秀旅游城市、国家园林城市、华中重要的工业生产基地、国家粮棉油及淡水渔业生产基地、长江黄金水道重要港口，是"北煤南运"铁路大通道与长江交会的重要节点城市。荆州市属亚热带季风气候区，光能充足、热量丰富、无霜期长，多数年份降雨量在 1100—1300 毫米，适宜多种农作物生长发育，是全国重要的农产品生产基地。粮、棉、油、水产、生猪、禽蛋等产品产量位居全省前列，农副产品资源尤为丰富。

近年来，粮食年产量 370 多万吨，年出栏优质生猪 500 余万头，出笼家禽 7300 万只以上，淡水产品达到 108 万吨，油菜总产量 1116 万担，棉花总产量 297 万担，花卉苗木经营板块总面积达 10 万亩，共 200 多个品种。规模化、优质化、专业化的农业产业化经营格局已基本形成。近年来，荆州食品及农副产品加工产业发展迅猛，已成为荆州市工业经济主要支柱产业之一。荆州市作为农业大市，廉价的原材料资源及交通运输条件使农副产品加工产业具有较大的市场潜力。2014 年，荆州市农产品加工业产值超千亿元，达 1102.02 亿元。但是，目前荆州市食品、农副产品加工产业规模不大，规模以上企业数量偏少，产业布局较为分散，产业集群还处于发展期。为解决这些问题，同时为响应国家大力发展农业现代化、新型城镇化的战略部署，2012 年，省政府将荆州市华中农高区项目列为省级重点建设项目，拟将华中农高区打造成第三个国家级农业高新区①。

（一）规划范围

华中农高区规划面积为 67.33 平方公里，范围西至太湖镇（农场）行政边界，东至引江济汉渠边界，北至太湖镇（农场）行政边界、新 318 国道及汉宜高铁线，南至太湖镇（农场）行政边界以及李埠镇葡萄园边界。

（二）项目定位

力争将华中农高区打造成为农高产业集聚区，"四化同步"生态城。

（三）项目建设目标

到 2017 年，初步建成荆州国家农业科技园区，实现特色产业明显聚集、科技创新体系基本完善、服务配套齐全、管理机制运行有效，将园区建设成为农业科技成果转化、推广和带动区域农业产业转型升级的重要抓手。到 2020 年，将荆州园区建设成为科技创新引领、体制机制领先、高端要素聚集、配套功能完善、环境发展优化、功效发挥充分、综合效益显著、社会民生和谐的国家级农业科技园区的"排头兵"。

（1）农业产业发展目标。到 2017 年，形成粮油、水产、林果等农产品生产与加工四大主打产业体系，核心区入驻企业超过 200 家，产值超过 300 亿元。孵化一批科技型企业，建设一批具有中部特色的种植业、养殖业生产加工基地。核心区农民实现充分就业，人均纯收入达到 3.5 万元以上。直接辐射带动农户生产 1 万户以上。

（2）农业科技创新目标。到 2017 年，建设一批影响巨大的国家级、省级公共研发机构与企业研发中心，搭建一批服务区域特色产业的公共技术服务平台，会聚一批农业高端科研领军人才，形成并转化一批在国内外具有影响力的重大原创性创新成果。

（3）服务体系建设目标。到 2017 年，形成以公共服务机构为依托、合作经济组织为基础、龙头企业为骨干、社会力量为补充的新型

---

① 华中农高区门户网站，http://www.hznykfq.com.cn/。

农业社会化服务体系。转化农业科技成果 200 项以上，技术培训 1.5 万人次以上。

（4）城乡一体化发展目标。到 2017 年，核心区基本建成环境友好、资源节约的新农村社区，满足群众增收致富、提升素质、休闲娱乐、改善居住条件等方面的需求，生态旅游业快速发展，实现经济社会的可持续发展。

（四）园区总体布局

华中农高区按"一区多园"布局，具体分为核心区、示范区和辐射区。园区结合荆州资源禀赋特点，汇聚孵化一批农业企业，转化一批科技成果，聚集并培养一批农业人才，搭建一批农业研发平台，开展农业技术的集成示范应用，提高农业生产、生态和示范的高端化和现代化水平，促进第一、第二、第三产业融合，大力开发国内外市场。

核心区是园区开发建设重点，主要立足于集聚创新要素，引进和培育创新主体和创新资源，提供全方位的科研开发、信息服务、技术推广、产业转移等配套条件，搭建科技成果转化应用及创新、创业平台，成为农业高端技术及产品的发源地和辐射塔。核心区主要包括综合服务区、农副产品精深加工产业园、农业生态旅游中心、生物农业产业园、名优水产科技示范园、农业高新技术产业孵化园、农业科技成果转化园、名贵花卉苗木科技示范园、农业科技创新园和综合服务区副中心。

示范区主要位于核心区以外区域，分别建立淡水产品健康养殖示范园、粮油高产种植示范园、林果作物示范园。重点转化示范核心区内的新品种、新技术、新模式，促进园区粮油产业、淡水产业、林果产业的发展壮大。

辐射区充分利用国内和国际"两种资源、两个市场"，大力发展江汉平原优势特色农副产品加工业和农业高新技术产业，通过农业科技示范推广，带动湖北省乃至华中地区农业产业化发展，逐步辐射全国。

（五）园区建设进展情况

2014 年，华中农高区在荆州太湖港管理区开建，计划 5 年内建设成为全省乃至华中地区的农业高新技术产业集聚区、现代农业发展示范区、体制机制创新先行区，"国内一流、世界知名"的农业科技创新示范推广中心，全国农产品主产区产业转型的重要载体和优质农副产品精深加工的重要基地。目前，华中农高区已建设还建房、道路、桥梁、商业中心、华师附属学校、联投国际城等重大基础设施及配套项目 30 多个。2016 年，华中农高区已完成投资 12.1 亿元，2017 年计划投资 15 亿元，将全力推进中试示范园、科技孵化器、城市体育公园、农副产品深加工产业园等项目建设。

华中农高区未来将加快推进基础设施项目建设，加大招商引资力度，争取每年引进 10 家过亿元的涉农项目；将围绕产学研相结合，第一、第二、第三产业相融合的发展途径，积极引进科研院所，加快院士工作站、科技孵化器建设，提升华中农高区的科技含量。同时，华中农高区在产业发展上突出了一个"农"字，着力引进农业产业化龙头企业，吸引涉农上市公司入驻，让"农"字号产业关联度更高、集聚度更强。此外，未来还要加快荆州（国家级）淡水产品交易中心、农业科技示范园等项目建设，力争将华中农高区打造成江汉平原现代化农业科技（创新）中心。

二 依托华中农高区的荆州市农业产业链集成策略

近年来，荆州市较好地把握住了居民收入提高和城镇化深入推进带来的生态农产品消费增长机会，以华中农高区为带动力，凭借劳动力、农业资源和生态环境优势，积极承接农产品加工产业链中带动性强的精深加工企业，延伸产业链，提高产品的科技含量和附加值；规划和利用新托管的预留用地建设以华中农高区为"龙头"的优质食品精深加工基地。荆州正全力依托华中农高区，推进产学研一体化建设，聚集科技含量较高的农产品加工项目，鼓励国内知名食品加工企业落户；同时，通过整合市场资源，大力建设农资市场、农机市场、农业服务市场等，为华中农高区建设所需的生产服务提供交易市场。尽管目前已经取得了较好的成效，但未来荆州市还可以根据区域农业产业链集成的要求丰富华中农高区的建设内容。

（一）鼓励华中农高区周边建设多种形式的 AFNs

一方面，华中农高区周边工业开发较少，环境生态性好，但农业主体构成仍以传统的小规模农户为主；另一方面，未来区域内的城镇发展规划使华中农高区具备了发展 AFNs 的良好条件。从实地考察的情况看，可以通过以下几条途径开展华中农高区 AFNs 的建设。

（1）依托华中农高区商品住宅和别墅群，发展 CSA。华中农高区规划了联投国际等高端住宅群。高端住宅群的居民最可能具有开展 CSA 的群体素质和生态产品消费需求；另外，华中农高区与周边的小规模农业生产主体形成地理上的接近，便于社区居民参与 CSA 的生产、质量监督、交流互动和农产品即时消费，有利于形成发展 CSA 所需的信任基础。

（2）规划特色农产品种植区，发展"农场直接销售"型 AFNs。结合华中农高区规划所强调的农业生产、生态、生活、文化等多功能性，合理地在华中农高区内划分出特色农产品种植区，利用"近地优势"建设"农场直接销售"型 AFNs，直接吸引华中农高区社区居民进行农场观光采购，实现华中农高区商业消费与农业生产旅游的协同发展。

（3）挖掘特色农产品品牌效应，建设专业性的 AFNs。在华中农高区周边建立两湖水产品交易市场的基础上，进一步扩展其农产品交易类型，充分利用荆州得天独厚的淡水渔业资源优势，根据市场消费的新趋势，加快发展养殖特种淡水鱼类、小龙虾等项目。

（4）依托大型加工企业，稳定专业化 AFNs 的发展。例如，通过宇祥、雨润等大型农产品加工企业，带动区域内的 AFNs 从事专业的禽、蛋、鱼类、肉制品相关的初级产品生产，确保这些大型农产品加工企业的生态农产品供给，反过来保证区域内的 AFNs 获得稳定的订单式采购。

（二）强化华中农高区的农业现代化基础

（1）加快现有企业技术进步。做强现有龙头企业，采用新技术、新工艺、新设备，鼓励龙头企业新上营养健康型大米的开发生产项目，日处理油菜籽 400 吨及以上、吨料溶剂消耗 1.5 公斤以下菜籽油生产线项目等，使荆州市水稻和油菜这两类大宗农产品生产主体具有稳定的销售渠道；另外，引导小型企业开发"专、特、新"产品，实现区域内食品加工技术进步和产品的整体升级。

（2）整合区域内各类农产品生产主体。荆州市农产品加工具有一定的产业基础，但规模以上企业数量较少，且长期以来布局比较分散，没有形成农业产业聚集。为此，首先要加快推进荆州市纪南遗址保护区规划，尽早确定农产品加工产业用地计划，并引导荆州市内的农产品加工企业在此空间内集聚发展。其次鼓励小型企业与骨干企业合作，或向华中农高区迁移，为其他产业实现专业化聚集奠定基础。

（3）积极发展农产品物流及其他配套服务平台。根据农产品"便于保鲜、便于贮存、便于食用"的要求，在华中农高区内推动冷链物流配送中心项目建设，积极构建集港口、铁路、公路于一体的跨区域冷链物流配送网络。面向华中农高区的大型农产品加工企业和农产品加工集聚区，建设农副产品、种苗、农资、农机等专业市场，发展多元化的横向农业产业链服务。

（三）促进重点农业产业链纵向延伸

华中农高区农业产业链延伸要关注于利润更高的农业产前、产后环节，提高区域产业链的价值量，改变区域农业主体只能获得产中环节小部分利润的形式。华中农高区要以荆州市现有产业的龙头企业为依托，做大做强粮食、油料和水产品加工业，拓展特色产品加工业，有针对性地使重点农业产业链向纵向延伸。

（1）粮食精深加工。利用荆州市优质稻米产地的优势，重点发展精米、特种米（包括胚芽精米、营养强化米、蒸谷米及其他专用米）、碎米深加工（包括米粉类制品）、米糠综合利用等产品，提高本地稻米及副产品的综合利用率。加快区域内传统粮食加工企业的技术改造，推进技术创新、品牌创新和营销创新，提高产品的质量和品牌影响力。

（2）油脂深加工。发挥荆州市油菜籽高产优质的优势，深度开发生产精炼油、高级烹调油、营养专用油和保健油品，加强质量管理和市场营销，推进荆州菜籽油进入商场、超市，站稳省内市场，逐步扩大市场规模，形成质量和品牌优势。适时拓展油脂化工，开发药用棉酚、食品级油菜籽蛋白、工业用脂肪酸等产品，延伸产业链的增值环节。

（3）水产品加工。发挥荆州市全国第一淡水鱼产地的优势，加快两湖绿谷水产品交易市场建设，同时在华中农高区内引进水产品加工企业，按照"一保鲜、二保活、三加工"的原则，重点发展"三去"、分割、切片加工，推广淡水鱼产品标准化生产加工技术，加强保鲜技术攻关，促进优质水产品加工出口。抓好新型盐干品、熏制品、调味制品的开发，综合加工开发利用淡水鱼不可食部分，提高水产品的综合利用价值。

（4）特色食品加工。发挥华中农高区周边规模化家庭农场养殖和种植基地数量较多的优势，积极发展家禽熟制品（如发展消毒分级的洁蛋、液态蛋、软包装卤蛋和方便蛋制品）和禽肉制品，开发出地域风味独特的鸡、鸭、肠、鱼糕等地方特色食品；开发以大米为主体的方便食品、休闲食品和营养食品，发展膨化食品、糕点、糖果、肉松等休闲食品；积极开发低温脱水蔬菜、冷冻或速冻菜、保鲜菜等产品，开发食用菌保健食品，拓展浓缩果汁及果汁饮料、板栗粉等果蔬加工业。

（四）加强农业产业链集成服务平台建设

华中农高区作为荆州市农业产业链集成的实体服务平台，要主动承担起服务区域农业产业链集成的任务，远期要设计和开发出"荆州市农业产业链集成服务平台"。该平台要围绕荆州市农业产业链集成需要，以互联网技术为支撑，以信息和交易服务为媒介，把区域内主要的农业产业链条联结起来，为农业产业链集成提供互联网技术体系集成、互联网服务体系集成、发展动力集成三项服务功能。如果华中农高区受平台建设资金投入的限制，所建设的"荆州市农业产业链集成服务平台"在短期内可重点提供"三农"技术培训、远程专家培训、农业投入品采购、融资服务、农业认证、商标注册、包装、专利申请、实时监控、质量溯源、农产品销售、农村电子商务等相关服务。

（五）建设区域农业产业链质量保障体系

为确保农产品质量安全，华中农高区要特别强调对农业经营主体质量安全意识的提升以及对农产品质量的有效把控。华中农高区的农业产业链发展要坚持做好自身质量安全的把控，甚至要成为整个荆州地区农产品质量标准的制定者和倡导者。

（1）推进农产品企业标准化建设。严格执行粮食、油脂、水产品、果蔬加工等重点食品行业政策和行业准入条件，从源头上保证华中农高区食品安全；积极推行企业标准化认证，全面推进食品企业通过国内 SN/T1443.1 食品标准认证，鼓励企业通过 ISO22000 国际食品标准认证。支持华中农高区企业参与国内相关食品标准的制定，强化企业食品质量与安全意识。

（2）健全安全监管体系。推进华中农高区农产品质量与食品安全监控中心和实验室建设，督促企业增加原料检验、生产过程动态监测、产品出厂检测等先进检验设备配置，提高农产品质量与安全检测能力。积极配合上级主管部门和机构，明晰食品安全监管职责，形成监管合力，实现对农产品全程监管和无缝衔接，提高农高区农产品安全的信誉度。

（3）落实企业农产品质量安全主体责任。强力推动华中农高区企业完善内部质量控制、监测系统，加强对农药残留、重金属、真菌毒素、微生物等项目检测，建立食品质量可追溯体系。对于农产品质量安全保障先进企业，在项目争取、政策支持等方面给予优先照顾；对不符合农产品质量安全的企业，责令其限期整改，直至退出华中农高区。实行农产品质量安全投诉管理制度、不合格产品追溯制度、农产品退市召回等制度，强化企业质量安全责任。

（4）重点建立基于互联网的农产品溯源机制。通过"二维码＋云计算"技术，对荆州市主要农产品和品牌农产品供应过程产生的各种物流和交易信息进行完整、及时地记录和储存，从而逐渐实现对各类农产品的溯源。

第五节　欠发达地区农业产业链集成的 建议和对策

当前，荆州市 AFNs 建设的类型和规模还未形成足够的市场影响力，总体上区域农业产业链集成还处于主流农业产业链集成发展的阶段，农业主体经营的重点还只是通过产业链向后端延伸来增加初级农产品的附加值；而且，"互联网＋"的优势在主流农业产业链集成过程中还没有发挥出来。总体上看，荆州市未来农业产业链集成效果很大程度上取决于 AFNs 建设的类型和规模，取决于能否通过强化"互联网＋"的应用深度和广度促进 AFNs 与主流农业产业链密切嵌入，取决于能否通过深化改革和政策创新建设有效的农业产业链集成服务平台和政策环境。荆州市农业产业链集成状况在我国欠发达地区内具有一定的代表性，建议类似的欠发达地区进行农业产业链集成时可采取以下对策。

（1）兼顾主流农业产业链与 AFNs 的协同发展。

近几年，很多欠发达地区向工商企业的土地流转过快，提升了农业向"非粮化"发展的速度，增加了危及粮食安全的隐患。为此，荆州市在土地流转和农业产业链集成过程中，必须要确保水稻、小麦、油、棉等大宗农产品的中心地位。防止农产品生产过度资本化后导致的区域农业产业链甚至土地经营和技术选择日益受到区域外部商业资本的控制。外部商业资本很少直接投资农业生产，而是将投资的重点放在利润更高的农业产前、产后环节，导致区域农业利润大量外流，而本地农业主体只能获得产中环节中的小部分利润。同时，导致小规模传统农业主体缺乏获得和应用现代化农业技术的机会，进而因失去农业生产合理的利润而被迫成为城市低收入群体。在欠发达地区农业现代化进程中，地方政府要做好城乡土地建设规划，避免农村土地过度流转给工商企业，预留好或综合利用城市空间，做好 AFNs 融入周边城镇发展的场地布局；另外，要调动区域农业主体积极地参与生态产品生产，大幅度提高 AFNs 农产品供给的多样性，改善生态农产品在城镇居民食品消费结构中的比重，为未来 AFNs 农产品嵌入主流农业产业链奠定坚实的基础。

（2）优化主流农业产业链与 AFNs 的规划布局。

主流农业产业链具有生产工业化、运行企业化、经营市场化等特征，它与现代农业的工业化要求相容性，是经营方式和生产规模高度异质的传统家庭农业主体所不能企及的。随着农业产业链运行中消费者主权的强化和对食品安全重视程度的提高，主流农业产业链现有的比较优势可能会逐渐弱化，而 AFNs 的比较优势有可能会日益凸显。因此，AFNs 与主流农业产业链应该在欠发达地区内共生发展，促进区域农产品生产结构形成大宗农产品生产稳定，小规模农业产品特色鲜明、生态性突出的格局。家庭农业主体的生产主要定位于特色化、小规模 AFNs 农产品生产，为城镇居民进行准确的"农厨对接"；而专业大户、家庭农场可承担规模化的 AFNs 运作；至于公司农业、农业产业化龙头企业则需要稳定主流农业产业链的生产和市场化运作。欠发达地区要通过农村土地流转和城乡规划，按照空间聚集的思路布局主流农业产业链，同时适当地预留空间，鼓励农民合作社、专业大户和家庭农场发展规模化 AFNs，以期在空间布局上形成分工有序、重点突出、特色鲜明、相互补充的新型农产品供给结构。

（3）建立农业产业链集成的"互联网＋"服务体系。

欠发达地区要将培育新型农业主体、农业企业家和发展农业产业链服务体系有机地结合起来，形成类似日本的"少数农业企业家＋发达的农业生产性服务业＋大量弱势传统农业主体"的现代农业发展途径（姜长云，2014）。从国际经验来看，围绕区域农业产业链形成的生产性服务业会成为促进现代农业发展的战略引擎。通过"互联网＋"的方式，发展农业主体多元化、服务专业化、运行公益性与营利性兼顾的区域农业生产性服务体系，促进区域农业产业链的纵向环节和辅助横向环节的网络化发展，更好地拓展农业发展与产品市场、要素市场甚至产权市场对接的通道，形成农业组织结构创新、新型农业主体发育与农产品市场、农业要素市场创新联动发展机制，拓展农产品市场空间和农业要素结构优化升级的空间。发展基于"互联网 +"农业生产性服务体系要以建立"农业产业链集成服务平台"为依托，强调农业生产性服务体系的系统化、产业化，增强农业生产性服务体系的可持续发展能力。

（4）建立基于"互联网 +"的区域农业产业链集成组织体系。

随着欠发达地区新型农业生产主体、经营主体和服务主体数量逐渐增加，农业产业链横、纵向节点将不断完善，但生产和服务组织规模小、层次低、功能弱、服务能力差、同质性强将成为欠发达地区农业产业链集成面临的关键问题。虽然区域政府在地理规划和产业发展形态上发挥着主导作用，但是农业产业链的运作模式和内部构架仍需要通过农业产业市场进行组织创新，形成分工协作、优势互补、链接高效的现代农业产业组织体系。区域农业产业组织创新的重要任务是协同产业主体间的合作关系，优化产业链各主体发展的分工和协作。具体而言，在宏观层面，欠发达地区要在区域农业产业发展定位、规模经济和范围经济等方面做出规划；在中观层面，要利用"互联网 +"协调区域农业产业化协会、农业产业化联盟、龙头企业集团甚至农业产业集群、农民合作社、农民专业协会、种养大户、家庭农场等经营主体的利益联结机制，制定农业产业链垄断制衡机制，促进各类农业主体在横向一体化或纵向一体化上的能力协作，形成区域性的协同效应和网络效应，以便更好地对接要素市场、产品市场，增强区域产业链的整体竞争优势；在微观层面，要利用"互联网 +"技术优势，对区域农业产业链节点的质量控制、成本控制、风险控制、商业模式创新、外部协作能力等方面提出具有针对性的对策。

（5）综合处理农业产业链与工业产业链的协同关系。

欠发达地区农业产业链的发展必将对区域内非农业产业链产生影响，但由于农业发展往往对地方经济的贡献较小而且缓慢，受到地方经济增长的需求以及区域地理环境的限制，农业产业链发展与区域工业产业链发展会存在一定的战略布局和发展冲突。很多情况下，地方政府为追求工业生产的高附加值，往往会选择性地放弃对农业产业的扶持。对于传统工业体系布局相对完善的欠发达地区，如何解决农业产业链与现有工业产业链两者之间的冲突就显得尤为重要。关于"富碳农业"发展方面的研究成果为欠发达地区解决该问题提供了可供参考的思路。如果能保证给农作物提供充足光照和高浓度二氧化碳等条件，传统农业产出的效率将会大幅度提升，"富碳农业"则将工业生产的低碳化和农业生产的富碳化要求结合起来，强调通过合理的产业布局将区域工业产业链产生的过剩的二氧化碳用于农业生产（杨菲，2014）。

"富碳农业"远远超越了现有农业产业链的范畴，它将拉动区域农业、工业和服务业的全面发展。"富碳农业"产业的直接参与者包括农业工厂的研发机构，农业工厂的建设者和建筑材料供应商，光伏发电、光导和热导设备与材料的供应商，碳捕捉和利用的供应商，生态农业种子、肥料和农药的供应商，农业工人及其教育培训机构，全产业链的物流供应商，包含碳交易在内的"富碳农业"金融服务商，产业政策制定及实施的政府部门等。"富碳农业"产业链将工业排放由原来的被动减排转变为主动疏导和利用；充分运用太阳能、风能、气肥、温控、新种子、无菌车间等技术和组织条件，战略性地建设高效率、劳动密集型农业工厂；激励当前工业排放气体的处理、再利用，将企业减排的压力化为经济动力，减轻区域大气污染和水资源短缺等资源环境压力。

首先，欠发达地区提前规划布局"富碳农业"有利于带来大面积的农业增产经济效益和循环经济效益，提高经济收益。其次，有利于在市、镇、村创造新的就业机会，农民可以选择在"富碳农业"工厂工作或是参与区域食品加工和运输服务。对于农业工厂而言，本地人力资源成本远低于"跨省"雇用。再次，"富碳农业"产业链贡献的税收则可以用于恢复和加强市镇和农村的基础设施，减缓欠发达地区财政压力。最后，农业工业化将催生更加便捷高效的物流网络，将大大提高区域农产品收获、分类、加工、仓储、运输、配送等方面的效率。

近年来，我国在"富碳农业"产业所依赖的太阳能、碳捕集、农业工厂综合技术等方面取得了重大进展，尤其是高效太阳光能、热能和电能的综合开发利用取得了世界领先的成果，使欠发达地区实现"富碳农业"成为可能。欠发达地区农业主产区当前普遍面临着人口、资源双重压力，其中，传统工业体系布局相对完善的欠发达地区可以按照"富碳农业"产业链的基本结构，因地制宜地探索和发展农业产业链与工业产业链协同发展的模式。

第七章 欠发达地区农业产业融合发展阶段的"互联网+"策略

第一节 农业产业融合发展阶段的生产服务需求

欠发达地区经过农业产业链集成阶段后，可建立起较为完善的区域农业生产和服务网络体系，将有效地促进生态农产品生产成本下降，高质量的、品牌化的农产品诞生，产品竞争优势进一步加强，而这种发展趋势必然要突破仅面向区域城镇居民提供农产品的服务定位。另外，随着"互联网+"行动的持续推进，区域内农业主体对互联网融合农业创新的认识不断深入，互联网融合发展面临的体制机制障碍得以有效破除，公共数据资源开放取得实质性进展，相关标准规范、信用体系和法律法规逐步完善。基于互联网的新兴业态将不断涌现，电子商务、互联网金融快速发展，"互联网+"会成为产业融合、创新发展的重要驱动力量，其对农业产业发展和增效的促进作用更加凸显。

在此背景下，欠发达地区将进入农业产业融合发展阶段，即以互联网为媒介，最大限度地汇聚区域内外的农业要素，推动农业与其他产业融合创新。特别是要促进多元农业生产性服务业与农业产业链的融合发展，增进农业服务业对农业产业链转型升级的引领能力。这种融合发展即将产生"6次产业"模式，有利于引入互联网在工业、服务业中的成熟技术和模式，使其更好地嵌入以工促农、以城带乡、城乡互惠、城乡一体化发展的过程中，形成欠发达地区农业现代化的外在动力。在农业产业融合发展阶段，欠发达地区需要建立一种能促进生产、流通、加工、销售和技术开发水平进一步提升，强化区域内外各类技术、资金、劳动力和产业政策协同的方法，建立一种加强内部农业竞争力因素和扩大外部市场的动力机制。此时，需要建立能为区域农业主体提供包括信用、交易、加工、技术乃至创业等在内的综合性服务组织，这种服务组织要推进专业化、规模化、标准化、品牌化、网络化和信息化，以及引导科技人才、优质要素进入农业生产性服务业，形成覆盖区域农业主体的网络体系，强化内部农业创新和生产能力，并引导区域农业主体加强与外部农业组织的合作，促进区域农业竞争优势向外溢出，区域农业生产的网络化、智能化、服务化、协同化的农业现代化生态体系基本完善。

现代农业企业的发展战略与区域农业产业发展的社会责任相结合，可以成为促进农业企业竞争力提升的战略支撑点。欠发达地区的重点涉农企业实体应该成为农业科技创新、基地认证、产品标准化、资金支持以及技术服务的主体，采用业务流程再造、纵向联盟、横向一体化等方式提升其自身的竞争力，而农业产业集群的产生则是多元农业主体协同发展的自然结果。

欧美农产品市场的发展实践已表明，平台性组织的建立有助于产生规模化的市场渠道、紧密的合作组织结构、信息共享和信任机制以及公共的支持环境等，并且由平台性组织而引起的交易模式变革会促进农业产业内部结构的调整。由于在前三个阶段，欠发达地区以AFNs为主线的农业产业链已经构建成熟，围绕农业产业链各个环节的服务体系已日趋完善。为此，欠发达地区在农业产业融合发展阶段的重点任务是建设促进农业产业与第二、第三产业协同发展的服务平台，在此称其为"农业产业融合发展服务平台"。农业产业融合发展服务平台是指以提升区域农业竞争优势的社会责任为导向，通过适当的交易契约安排对农产品生产和流通所依附的核心资源进行组织和协调的实体服务平台或网络服务平台。该平台通常由区域内农产品交易龙头企业来主导，同时推进"农业融合发展实体服务平台"和"农业融合发展网络服务平台"的建设。其作用是形成覆盖全产业链的要素流动和服务供给引导机制，带动优质资源和高级、专业性生产要素加快进入集成化的农业产业链，或使农业产业链的优势向区域服务业溢出，创造更多的就业或创业机会，带动区域经济全方面发展。具体可以有以下几方面的作用：①以农业市场机制引导区域优势资源的自主发展，保证农产品供应链的多样性，解决政府导向所致的产业结构趋同和重复建设问题；②为区域农业组织的横向一体化及纵向联盟等提供平台，广泛开展农业技术和产业发展创新，形成集农产品生产、采购、仓储、流通加工、物流和销售于一体的集成化供应链和优势农产品产业区；③建立标准化农产品种植、包装和运输制度，以及农产品质量全程控制和回溯系统，保证区域农产品质量安全；④吸纳区域内的农业剩余劳动力，通过就业带动创业，提高农民的工资性收入和经营性收入；⑤通过农博会、跨区域农业主体虚拟合作等形式整合区域内外的优势资源，创新区域农产品优势发展的新模式，完善农业产业集群产生的供给条件、需求条件与社会条件；⑥通过监控农产品的价格指数和区域农业竞争优势指数，建立区域农产品市场预警机制，提高政府对农产品市场的宏观调控能力。

第二节　农业产业融合发展服务平台的运营模式

一　农业产业融合发展服务平台的功能演化

农业产业融合发展服务平台的建设具有系统性，难以一步到位，通常理想的农业产业融合发展服务平台的功能演化分为三个阶段：首先，该服务平台通过提供交易场所和制定标准，使区域内的涉农组织共享技术、信息和公共资源等，实现以市场为导向的农业区域分工，促进优势农产品产业链的延伸和专业化；其次，服务平台利用其规模优势和品牌优势，实施虚拟化经营模式以促进区域内横、纵向优势资源的合作，为优势企业的地理聚集和合作关系的稳定奠定基础；最后，服务平台通过建立网络服务平台实现竞争优势向外部区域的溢出。农业产业融合发展服务平台的演化过程如图7-1所示。

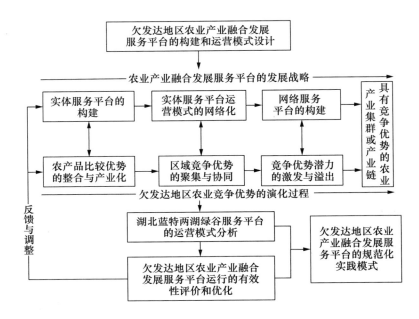

图7-1 农业产业融合发展服务平台的演化路径

实体服务平台的构建、实体服务平台运营模式的网络化以及网络服务平台的构建是区域农业产业融合发展服务平台演化的三个主要阶段，各阶段都服务于更多的农业主体市场化和区域农业竞争优势的提升。农业产业融合发展服务平台的建设和运营机制设计具有明确的社会责任导向，持续地促进区域内农业资源的共享、优势资源的协同、外部优势资源的地理聚集直至产业集群的形成是平台建设及其运营模式设计的核心。实践中，必须考虑宏微观因素的影响和相关主体的利益关系，需要从平台的投资、管理组织、运营模式、支持技术、辅助资源体系以及政策环境等多角度进行整体构思，有效地结合欠发达地区的环境特征、农产品供应链管理、交易费用、信息技术、农业产业化等理论才可能设计出支持区域农业持续发展的农业产业融合发展服务平台。

二 农业产业融合发展实体服务平台的运营模式

农业产业融合发展实体服务平台（以下简称"实体服务平台"）的建立和运营需要大量的企业实体投资，需要占用较大范围的土地面积，这需要地方政府的大力支持。实体服务平台建立的主要目的是将低成本、高质量的规模化生态农产品推向更大范围的市场，促进区域农业竞争优势的提升。

实体服务平台的建设和运营需要内部主体功能和外部市场化环境的共同支持。从功能上讲，实体服务平台至少需要包括四个方面的主体功能，即农产品交易物流中心、高科技农产品加工中心、农业科技研究中心、品牌产品交易博览中心。这些主体功能的实施，通常还需要区域市场化宏观环境的支持，如土地、技术和人才资源，区域物流、仓储条件，区域农业规模化和品牌化程度，区域政府政策软环境等。实体服务平台的主要构成如图7－2所示。

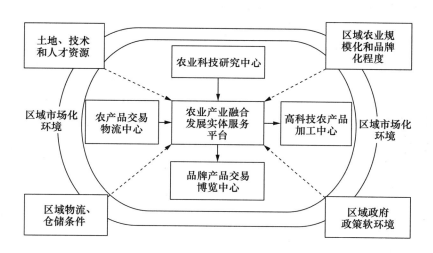

图7－2 农业产业融合发展实体服务平台的构成

（一）农产品交易物流中心

欠发达地区在完善农业产业链后，区域农产品的质量和规模进一步提升，区域城镇居民的消费能力将不足以消化所有的农产品供应量。另外，出于为使区域城镇居民获得更多外部优质农产品的考虑，也需建立具有一定规模的农产品交易物流中心。农产品交易物流中心是实体服务平台最基本的，也是最主要的功能。由于供应链关系是农产品交易主体间的基本关系，实体服务平台的主要作用是将区域内外农产品供应链上的主体联系起来，建立低交易成本的农产品流通渠道，促进区域品牌化的农产品向全国范围内扩散以及外部优质、优价农产品向欠发达地区流入。

（二）高科技农产品加工中心

单纯的农产品交易难以获得较高的收益，区域农业要做强做大还需要通过集群化的农产品深加工来实现。高科技农产品加工中心一方面通过吸纳全国范围内具有农产品加工实力的品牌企业入驻加工中心，对区域农产品进行深加工，提高产品附加值。另一方面农产品加工中心对初级农产品需求量大，"农户 + 基地 + 企业"的大额订单式合作是城镇居民直接进行 AFNs 订单式消费的有效补充形式，更有利于解决区域农产品因季节性集中上市而造成的短期供需失衡问题。

（三）农业科技研究中心

农业科技发展是提高区域农业产品质量、规模和降低成本的重要动力。农产品交易中心和农产品加工中心的建设将汇聚广泛的农业主体，也将成为农业主体进行农业信息咨询、农业技术交流，共享潜在市场需求的平台。农业科技研究中心建设一方面可以促进区域农业科技研究组织技术水平的提升，加快外部高技术的引进，服务于地方农产品的种植与加工；另一方面可以快速地促进农业技术的转化与应用，让农业技术研究组织能快速地回收 R&D 成本，促进研究与市场应用转化的良性循环。同时，农业科技研究中心也是提高实体服务平台知名度的重要媒介，可以在学术及企业界同时引起更广泛的关注，扩大实体服务平台的影响力。

（四）品牌产品交易博览中心

品牌产品交易博览中心的作用是定期进行特色农产品的展销，推荐农业产业链相关的种/养殖技术、加工技术、代理渠道以及各种辅助资源。通过这种方式使有关产品在行业内或全国范围内具有一定的市场占有率和影响力，特别是强化公众对欠发达地区特色农产品的认知度。品牌产品交易博览中心还可以根据市场需要不定期地举办各种产品推荐会、农业产业化论坛等。通过搭建销售、宣传、会议等方面的平台来强化品牌建设、集成资源和扩大市场认可度。

（五）其他区域农业服务功能

实体服务平台是欠发达地区农业交易信息的集散地，还可以承担一定的区域农业经济服务功能，如统计、信息发布、政策咨询等。例如，实体服务平台可以编制区域农业竞争力指数，用于测度区域竞争优势的变化。实体服务平台与竞争优势指数发布系统开展互动，可以实时地监控区域内农产品价格指标、竞争力指标、发展潜力指标等的变化，建立起区域农产品市场变化预警机制，为区域政府对农产品市场的宏观调控提供决策参考。

实体服务平台的运营不可避免地会受到区域环境的制约，且由于实体服务平台运营企业掌握资源的有限性，其四大核心功能以及辅助社会服务功能的实现需要欠发达地区资源要素和政策等方面的保障。

（1）土地、技术和人才资源保障。

实体服务平台建设需要大量的土地资源，没有政府部门对建设用地需求的支持是不可能实现的。通常情况下，农产品交易用地的产业收益要少于其他行业，但所需的用地面积又相对较大。这就需要区域政府转变观念，认清农业产业链发展的经济价值潜力和社会外部效应，在用地价格和用地数量两方面都需给予实体服务平台建设的支持。技术、人才资源则是区域农业规模化和品牌化的基础，是实体服务平台建设的前提；特别是农业企业管理人才和专门人才资源的培养、招聘、储备也是实体顺利运营必不可少的条件。欠发达地区是否具有一定的农业教育、科研实力，或者是否具有对人才的吸引力，都应该是区域政府部门需要考虑的宏观保障因素。

（2）区域物流、仓储条件保障。

区域农业产业的发展通常建立在供应链或产业集群发展的基础上，而一个由企业主导的公共平台性企业不可能具有整个农业产业链物流所需的所有资源，因而欠发达地区在条件成熟的情况下要集中力量建立各类公共配套资源，如优化实体服务平台周边的商业环境，鼓励企业开展区域物流、仓储配套服务；通过招商引资进行道路基础设施、物流园区、大型冷库等方面的建设投资等。

（3）区域农业规模化和品牌化程度保障。

不具有任何特色农产品的区域建立实体服务平台缺乏商业化运营基础，只有在区域内建立了完善的农业产业链，能生产品牌化的农产品或深加工产品，并且特色农产品在区域农产品市场消费中具有一定的市场占用率之后，才可能使实体服务平台投资具有经济效益上的基础保障和后期规模扩展的可行性。

（4）区域政府政策软环境保障。

为保障农产品供给的数量和质量，稳定市场价格，保障区域农业主体的利益，实体服务平台的管理和运营具有一定的特殊性，更需要区域政府在农产品流通、农产品质检、信息化服务、产品认证、经营税收、程序审批等方面提供更多的便利和优惠，以保障实体服务平台的建设和日常经营不存在非市场因素的阻碍。

三 农业产业融合发展实体服务平台运营模式的网络化

实体服务平台的网络化是实体服务平台整合区域内外优势资源的必要手段，它对扩大区域农产品的生产规模，提高生产效率、产品质量、区域品牌化产品的知名度，促进区域农业产业集群的形成都具有重要的作用，是实体服务平台发展到一定程度后，进一步扩大影响力和服务能力需要经过的新阶段。实体服务平台运营模式的网络化主要是通过网络信息技术使实体运营平台的模式转向线下与线上相结合，其核心是结合欠发达地区特色农产品供给的特征，创新实体服务平台的线上运营模式。

随着电子商务的广泛应用，有关农产品交易网络已经较为成熟，为传统的农产品贸易方式带来了革命性的变化，越来越多的实体服务平台开始利用 B2B 和 O2O 的形式进行网络化运营。从经营实践来看，实体服务平台运营模式的网络化以"中国农产品网"（www. zgncpw. com）为典型代表。中国农产品网是专业服务于全国农业企业（经济主体），提供农副产品（含农资、农机类产品）网上展销、自由交易和团购的农业 B2B 电子商务网站，是目前国内最具规模和专业化的网上农产品交易服务平台，为涉农企业和个体经营者提供大容量和迅捷的网上网下商务贸易服务。自推出以来，该网站以其独具特色的运营能力和服务模式吸引了大量用户的加入，创造了无限农贸商机，成为网上农业商务的首选，被称为永不闭幕的网上农贸市场。近期，连续两届获得了中国十强农业网站称号，是中国互联网协会农村信息服务工作委员会会员单位。

"中国农产品网"拥有覆盖全国的农业信息和服务网络体系；拥有农业主管部门的监管和支持平台；拥有一大批农业专家顾问队伍的服务条件；拥有准确可靠的农产品供应商和认证农产品资源数据库；拥有实体农贸批发市场的坚强后盾。针对中国农贸特点，中国农产品网精心打造了系列精品栏目频道，集文字、图片于一体的网上展厅，为会员企业全年展示产品及企业形象；精美的网上商铺为会员企业在中国农产品网上安了一个家，展示最全面的企业和产品信息；中国农产品网上洽谈，促成供需双方见面，撮合农贸交易；每天大容量的供需信息发布为会员提供了巨大的商机；随着网上和网下业务的互动开展，为会员企业提供了实用、方便、快捷的服务功能，极大地促进了农贸交易。

总体而言，实体服务平台运营模式的网络化需要结合电子商务创新的基本框架，利用 B/S 网络构架和现代通信技术使各区域内外的农业主体能实现农产品、农业科技以及农业信息方面的在线交易。但它不仅是一个涉农产品及有关科技服务的实体服务平台，在远期目标上可以进一步强化其服务于区域的社会公益功能。由于农业资源信息具有明显的空间信息特征，主要表现为空间性、时序性和分布性，这些特点决定了农业资源信息的发布需要网络化空间信息系统（WebGIS）的支持。因此，这类系统远期建设目标还可能包括：利用 WebGIS、全球定位、遥感技术等技术手段，统筹区域内外的种植、养殖、流通渠道、土地、服务企业、政策优惠等各种优势资源，供平台的注册用户进行合作对象选择、数据获取、统计分析、决策分析等，并可开发专家在线咨询功能，为农产品供应链的各个环节提供服务；建立农产品供需、价格等方面的预警机制，面向农民、涉农企业及全社会广泛传播农业生产预警信息。值得注意的是，实体服务平台运营模式的网络化并不能取代实体服务平台，基于实体与线上协同运作的 O2O 模式才是实体服务平台运营模式优化的总体方向。

四 农业产业融合发展网络服务平台的运营模式

（一）农业产业融合发展网络服务平台的建设

现有的理论和实践研究表明，虚拟化组织具有分散风险、敏捷性、自治性、优势集成等特征，各合作伙伴优势突出、适应能力强，具有较好的前瞻性和市场需求创造能力。农业产业融合发展网络服务平台通过虚拟合作形式，集成区域内外部的多种资源，为实体企业的发展、项目合作创造机会。面向跨区域的合作伙伴，农业产业融合发展网络服务平台（以下简称"网络服务平台"）的建设和运营需要强大的分布式信息系统，为区域农业产品的推广、跨区域合作以及农业竞争优势的溢出提供技术支持。图 7－3 显示了分布式信息系统在网络服务平台虚拟合作中所起的作用。

网络服务平台的作用是支撑虚拟合作项目整个生命周期内的信息交流和资源整合，将跨区域的、具有核心能力的各个农业主体在逻辑上集成一个面向项目的整体，使网络服务平台内的农业主体可以方便地同区域内外部的优势资源进行合作，有利于实现竞争优势的聚集、整合与溢出。为了设计这样的信息系统，首先需要了解农业虚拟合作项目所包含的业务过程，即跨区域合作伙伴的工作流程、时间约束以及协调活动等情况，厘清虚拟合作项目全生命周期内各阶段相关的工作、伙伴间的关系以及构建过程。其次才能进一步确定适合的开发方法和实现技术。

然而，参与虚拟合作的农业主体拥有不同的核心能力，使用不同的应用系统也可能是异构的，如 ERP、财务系统、供应链系统、客户关系管理系统、工作流系统等，这些应用系统采用的实现方法或者技术都是基于不同分布技术的，如 CORBA、DCOM/COM＋等，这些组件技术如果是在一个局域网内少数的服务器的环境下是比较适合的，但是在 Internet 这种高度分布的、高度分散化的环境下实现任意两台

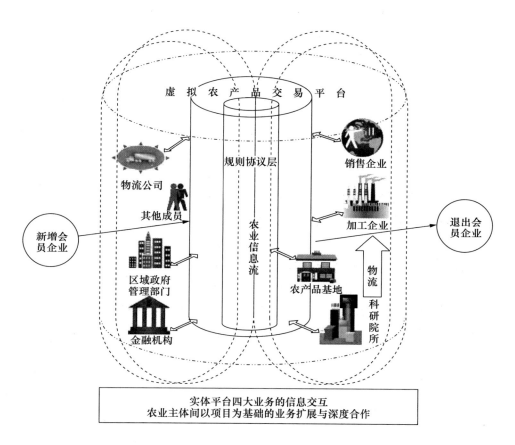

图7-3 农业产业融合发展网络服务平台的运营模式

计算机之间的远程调控却比较困难。同时，虚拟组织间的消息传递机制也都是异构的，导致虚拟组织内部各个企业的数据格式不同，信息共享变得非常困难。Web Services 的出现为解决上述问题提供了思路，它是一个新兴的用于对网络上计算机之间的交互进行支持的分布式技术，它采用的是网络中标准化的 XML 消息机制来进行信息通信。它使用基于 XML 语言的协议来定义与其他 Web Services 的交互或数据交换，通过 Web Services 接口实现应用程序之间的松耦合。广泛的主流厂商对 Web Services 核心标准的支持是 Web Services 技术能够比以前更加容易地、成本更低地实现企业内部或企业之间应用集成的关键因素。松耦合模式意味着不仅在不同的平台或操作系统上实现应用，而且允许在不影响接口的情况下对应用程序的实现方式进行更改。因此，Web Services 具有完好的封装性、松散的耦合性、使用协议的规范性、使用标准的规范性、高度可集成能力、跨平台性、开放性等特性。Web Services 技术组件的基本部分包含扩展标记语言（EXML）、简单对象访问协议（SOAP）、统一描述、发现和集成协议（Universal Description Discovery and Integrated，UDDI）、Web Services 描述语言（Web services Description Language，WSDL）。

通过上述分析，Web Services 技术可以很好地满足跨区域异构伙伴的数据集成和业务集成要求。因此，利用 Web Services 技术，可以有效地搭建起网络服务平台运作所需要的分布式信息系统。这类系统通常应具有多层体系结构，如图 7 - 4 所示。

（1）数据层。它是参与虚拟合作的农业主体各种数据信息的集合，是系统运行的前提，包含有农业主体基本信息、用户信息、资源信息、工艺数据和模型以及工作流相关的信息等。利用存储在数据库中的数据、知识，系统可以提供辅助智能手段帮助合作的农业主体管理项目进程等。

（2）商业应用逻辑层。由一系列的一般数据处理逻辑及数据访问的组件构成，其中有两部分构件集中和应用了企业商务的特点。其一是工作流的处理。虚拟合作中，农业主体商务需求变化的跨度大，商务工作流程具有很大差异。因而，具体农业主体的工作流程则被抽象到工作流描述文件之中，工作流引擎读取这些文件，并产生相应的工作流控制。其二是 XML 信息处理引擎。

（3）Web 服务层。主要提供来自本系统客户端、其他系统客户端、移动用户或其他个人数字助理机（Personal Digital Assistant，PDA）消息的前端处理，进行异构网络同质化处理。它由 XML 解析 SOAP 消息处理组成。负责 XML 的语义解释、结构分析、SOAP 消息处理、客户端 SOAP 消息的接收和对来自商业应用逻辑层文档和所查询数据的 XML 封装、发送。将 Web 服务层与商业应用逻辑层分开的是当合作主体需要面对新的访问设备或技术进行访问时，无须对商业应用逻辑代码做任何改动，只需要 Web 服务层增加一个模块即可。

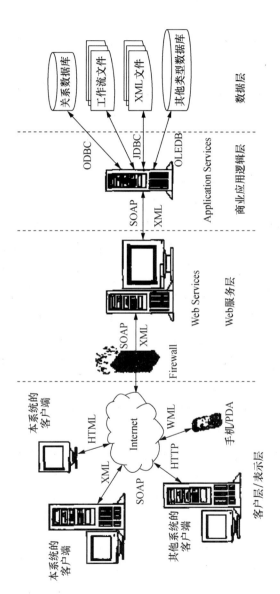

图7-4 农业产业融合发展网络服务平台支撑系统的体系结构

Web 服务层与商业应用逻辑层之间通过 SOAP 与 XML 进行通信，与分布式组件技术（CORBA、DCOM/COM＋、EJB）一起增加了系统对异构网络服务平台的适应能力。

（4）客户层/表示层。该层是真正给用户看的界面，也可以是与其他系统的接口。针对不同合作农业主体的访问需求，从一般的浏览器到手机浏览器再到其他系统的访问，表示层由不同的访问处理模块组成，为用户提供了简易、透明、高效的操作，用户无须了解系统内部的结构与数据处理过程。利用常用的浏览器即可进行产品设计、数据查询、统计、报表与输出等。

（二）基于网络服务平台的虚拟合作过程

网络服务平台的运营主体通常与实体服务平台运营企业一致，在欠发达地区内任何一个注册的农业主体都可以登录该网络服务平台，利用其所提供的工具和功能为合作项目构建特定的虚拟合作联盟。因此，网络服务平台可同时建立针对不同项目或市场机遇的多个虚拟合作组织。虚拟合作组织一旦建立，各个参与主体必须严格履行虚拟合作规则，利益共享，风险共担。一旦市场机遇消失或成功得到响应，这种动态的虚拟合作联盟就会自动解散，各个合作伙伴即可以根据新的农业产品市场需求进行动态重组，建立起下一个新的虚拟合作组织。总体而言，基于网络服务平台的虚拟合作过程可包括：目标确定、伙伴选择、组织创建、运行维护和联盟终止五个阶段。

（1）跨区域农业合作项目目标的确定。

合作项目中的盟主通过市场分析和实际需要，确定区域农业市场中的新机遇。同时，根据自身的基本条件和响应市场的要求，制定多种可行项目方案；再通过进一步调查后，确定最佳的实施方案及对应的目标。

（2）跨区域合作伙伴的选择与资源集成。

合作的盟主（通常为项目发起人）在网络服务平台上通过查询公有 UDDI，获取为实现项目目标所需的服务信息及必需的核心农业资源，以发现潜在的、可以信任的农业主体或服务提供商；然后，根据系统提供的潜在合作备选对象信息，利用 Internet 或其他方式与潜在的合作对象进行交互；在相互协商和双向选择的基础上，根据所需要补充的资源，确定最适合的项目合作主体。

（3）创建以项目为基础的农业虚拟合作组织。

根据虚拟合作管理的需要，盟主需要在网络服务平台上创建针对项目的私有 UDDI 注册中心，同时通知合作主体通过注册私有 UDDI 加入到虚拟合作组织中，各个合作农业主体一旦全部注册成功，一个针对具体农业合作项目的虚拟合作组织即建立成功。各个合作农业主体即可通过基于 XML 的 SOAP 协议作为标准通信协议，完成合作农业主体的资源和工作流的无缝集成。

（4）农业虚拟合作组织的运行和管理。

在通过统一虚拟平台集成的环境下，每个合作主体都是以 Web Services 的方式去实现其在合作项目中的角色和任务，可以采用异构的组件模型来实现 Web Services API，这也是 Web Services 技术的最大优势。同时，还可以采用业务流程执行语言（Business Process Execution Language for Web Services）将合作主体现有的 Web Services 整合起来，定义为一个新的 Web Service 以描述 Web Services 业务处理机制，实现各个合作农业主体间的相互协调。通过 Web Services 的技术优势可以在网络服务平台上实现对所有跨区域合作农业主体的管理和监控，并保存有关的合作记录。

（5）农业虚拟合作组织的解散。

农业虚拟合作组织在项目目标完成后，或者是合作失败时，各个参与农业主体需要从平台上的私有 UDDI 注销自己的服务，同时项目的盟主企业要删除自己所建立的私有 UDDI，这样与该项目对应的虚拟合作联盟即终止。然而，参与合作的农业主体的优势资源、合作绩效、合作表现等相关记录都将在网络服务平台上得以保存，这些记录的优劣将直接影响农业主体在后期合作中被其他项目盟主选择的概率。

第三节 农业产业融合发展服务平台的实践

2007 年，湖北蓝特集团启动两湖绿谷项目，遵循科学发展观，胸怀"两湖熟、天下足"的愿景，秉持"让天下农民笑起来"的发展理念、"聚集两湖、给养中国、通汇天下"的经营宗旨、"绿色、环保、安全"的市场准则，积极投身于现代农业发展。该项目为荆州市农业产业与第二、第三产业的融合发展提供了基础性的实体服务平台，主要包括两湖平原农产品交易物流中心、高科技农产品加工园、农业科技研发中心、农业博览中心四大板块。

一 农产品交易物流中心——农产品流通的平台

农产品流通作为连接生产和消费的纽带和中枢，不仅具有引导生产、拉动消费的作用，而且具有调节物价、稳定市场的功能。农产品交易物流中心作为两湖绿谷的一项基础工程，其发展总体目标是：按照"建设大市场、发展大贸易、搞活大流通，实现贸工农、内外贸一体化"的思路，建设以农贸市场为基础、以批发市场为主体、以现代物流为手段，上连生产基地和农户、下接消费市场和加工企业，与区域卫星市场和省际市场信息互通，具有产品集散、价格发现、信息共享、生产引导等多种功能的国家级农产品交易市场"航母"。

农产品交易物流中心坐落于荆州物流园区，占地 670 亩，建筑面积 40 万平方米，总投资 5.8 亿元，分设粮油、副食、水果、蔬菜、干货、水产品、肉食禽蛋、农资、种子、农机及配件十大专业市场和检验检测、物流配送、冷链仓储、信息网络、电子商务、农商培训、商务服务、农业会展八大功能中心。市场辐射全国 28 个省市区的 400 多个县市级市场。该项目系湖北省发改委投资备案项目，也是国家商务部促进试点地区流通业发展重点项目和"双百市场工程"之一，设计年交易量 300 万吨、年交易额 200 亿元、年利税 8 亿元。2013 年，两湖绿谷农产品市场交易量突破 552 万吨、交易额达到 340 亿元。目前，两湖绿谷农产品交易网发展会员 10.5 万个，网上交易额达 102

亿元。农产品交易物流中心现已成为国家八部委认定的"农业产业化国家重点龙头企业"、国家商务部确定的全国"双百市场工程"、国家农业部确定的"农产品定点市场"、中国物流与采购联合会确定的"中国物流实验基地"。

农产品交易物流中心运用"合纵连横"的运营机制，提高农产品进入市场的组织化程度，是两湖平原农产品交易物流中心的特点之一。"合纵"，即采取"农户（基地）+加工企业+销售网络"的方式，形成农产品交易物流中心上接农产品生产基地和初加工企业，下连超市、深加工企业、经销商和消费者的纵向延伸，实现农产品产、供、储、销的直接对接。"连横"，即以区域各类农产品专业市场的资源整合、互利合作为基础，与全国各地农产品中心批发市场建立信息互通、资源共享、余缺互调的运营合作机制，实现农产品交易物流的横向扩展。

农产品交易物流中心的另一个突出特点是，运用现代技术手段，构建六大功能系统，提升农产品现代交易物流的效率和效益。其一，信息传导系统。即与国家农产品信息网和区域农产品中心市场联网，集并和发布农产品生产与需求的实时信息，引导农户生产，服务商家经营。其二，检验检测系统。即在市场实行农产品准入制度的同时，运用检验检测设备，对进入市场的农副产品进行实时抽测检验，建立数据库，把好进出关，确保市场农产品质量安全。其三，物流配送系统。即直接为厂商提供农产品仓储、保鲜、分拣、包装、贴牌、装卸、运输等全套专业物流服务，加速农产品流通，减少储运损耗，降低运输成本。其四，电子商务系统。即运用信息网络，为厂商提供电子商务交易平台，实现农产品远程交易的直接通达。其五，电子结算系统。即运用该系统快捷、公平、安全、互惠、经济的特点，在市场实行"无纸化结算、一票制收费"，实时记录市场交易品种、数量、等级、价格、成交时间、产销地点、购销主体等信息，为溯源农产品质量安全提供依据。其六，安全监控系统。即对市场进行24小时全天候电子监控，为市场交易创造安全、有序的经营环境。

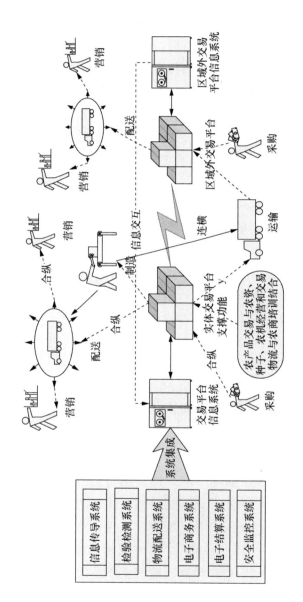

图 7 - 5　两湖绿谷农产品交易物流中心的运作模式

把农产品交易与农资、种子、农机经营和交易物流及农商培训结合起来，也是农产品交易物流中心的主要特点。实行农产品交易与农业生产资料经营的结合，有利于拓展消费性需求和生产性需求，既能够为农民提供便捷的产销服务，也能够使经营者扩展营销市场空间。开展农商培训服务，运用农产品交易物流的市场资源，指导和帮助农民把握市场需求、调整生产结构、谋划经营策略、实现产销对接，不仅能让区域农业主体从生产环节和销售环节获得更多的利润，而且也能够带动更多的农业主体学会经营，形成在"互联网＋"行动计划推进浪潮中的创新创业能力。

二　高科技农产品加工园——农产品深加工的平台

高科技农产品加工园是推动两湖地区农业和农村经济持续发展的"加速器"。农产品加工业作为农业产业化经营链条中不可或缺的重要链接，对充分利用两湖农业资源、适应生产与消费需求、实现农产品转化增值，用工业理念谋划农业发展，在农业产业化经营中壮大企业自身、带动农民致富具有多方面的经济和社会意义。

蓝特集团和湖北二十一世纪物流股份公司致力于与海内外投资者的合作，采取战略投资、股份合作、工程承包等多种方式，投资建设和经营两湖绿谷高科技农产品加工园，共同吹响了推动全民创业、促进企业创富的集结号，合力打造产业集群优势凸显、入园企业互利共赢的新型工业园区。两湖绿谷高科技农产品加工园毗邻荆州物流园，首期规划占地200公顷，总投资17亿元，建筑总面积约130万平方米。在完善"七通一平"和环保、绿化等基础设施建设的基础上，按四大功能区进行规划布局。一是生产加工区，集中建设标准工业厂房，或按入园厂家要求"量身定做"生产厂房。二是仓储物流区，分别建设原料、成品仓库，冷库和配送物流设施。三是科研孵化区，集中建设以产品开发、项目孵化、生产工艺、包装保鲜、储藏运输等技术研发及农业生产技术培训推广为主要功能的农业科技研发中心。四是综合服务区，集中建设办公、会议、接待、银行、宾馆和员工食堂、公寓及超市、文化体育、医疗保健、农业观光、物业管理等配套服务设施。

高科技农产品加工园产业定位于发展以农产品精深加工为主导的食品工业，通过以大带小、以小聚大，实现以群成强、以强显优，进而发展成荆州农产品加工业"园区式"产业集群，进入了湖北农产品加工产值过100亿元加工园区的方阵。园区既面向国内外知名度高、影响力大、带动力强的农产品深加工企业和食品生产企业招商，也面向全国各地特色食品中小企业招商，发展具有两湖平原资源优势和产品特色的食品加工业。

高科技农产品加工园实行低成本进入、低成本经营、低成本管理、低成本发展、全方位服务的"四低一全"运营模式，让入园企业能进入、能盈利、能做强，进而实现可持续发展。入园企业可以租赁，也可以购买园区标准厂房和仓储设施，还可以根据生产需要"量身定做"工业厂房和仓储设施。签订购房合同而资金不足的企业，由园区担保，按协议和有关规定，工商银行和建设银行均可提供按揭服务。入园企业缺乏流动资金，可与园区担保公司签订协议，以设备和固定资产抵押，为其办理流动资金贷款。园区设置有物业管理、后勤服务、医疗保健、交通运输、商务接待、产品会展、市场拓展、产品研发、检验检测、技术咨询、原料采购、仓储物流、信息网络、电子商务、金融信贷、法律事务、行政许可申报、人才招聘培训18大功能性服务中心，采取公司模式运营，导入市场竞争机制，实现资源的共享共用和集约经营，从而降低入园企业的营运管理成本，提高园区的资源利用效率，闯出一条资源节约和环境友好"两型社会"建设的新路。

三 农业科技研发中心——农业科技成果转化的平台

发达国家在农业产业发展中掌握了"互联网＋"农业应用的核心技术，也牢牢控制了"互联网＋"农业领域发展的主导权，而国内"互联网＋"农业发展主要重在技术应用而非核心技术创新。尽管经过了20年的发展，我国在某些应用技术中形成了新的优势，但从整体上来看，欠发达地区互联网技术创新主要集中于已有应用的完善与改良，除了少数农业企业巨头外，很少涉及"互联网＋"农业核心技术研发。因此，欠发达地区要大力发展"互联网＋"农业必须要联合有实力的网络龙头企业和农业领域高技术企业，进行区域农业生产技术、加工技术、流通技术以及"互联网＋"农业应用技术的研究。

作为两湖绿谷发展的科技支撑，农业科技研发中心既是开展农业实用技术和应用技术研发、推广、应用的大舞台，也是促进科技成果转化及市场化的大平台。其发展思路和方向是：围绕农产品标准化规模化生产开展科研示范，围绕农产品现代交易物流技术进行应用研究，围绕农产品精深加工进行科研开发，为两湖绿谷农产品加工园和交易物流中心提供技术支持，为农产品生产基地和农业主体提供农业技术服务，为农业科技企业提供孵化平台，提出能有效地解决技术转化"最后一道坎"和农技推广"最后一公里"问题的新途径、新方式、新办法。目前，两湖绿谷农业科技研发中心具有五大功能。

（一）为绿色农产品生产基地建设提供技术保障

包括建立专家智囊库、开展农业技术培训和指导、建设标准化规模化生产基地、完善农产品质量控制和检测体系等。

（二）为技术创新提供智力支持

通过引进技术、课题招标、组织联合攻关、开展院企合作、招聘技术人员、进行员工培训等工作，为农产品加工园企业开发新产品、采用新技术、攻克技术难关提供智力支持，促进农业科研大联合、大协作，提高农业科技自主创新能力，支撑区域农业现代农业发展。

（三）为推进农产品交易物流现代化提供技术研发和应用服务

包括农产品保鲜、包装、仓储、运输技术研究应用，农产品标志标识和可追溯制度的建立，农产品信息服务和电子商务系统的开发应用等。

（四）为科技成果转化为生产力提供孵化平台

包括引入风险投资、吸收技术入股、共建研发基地、创办农业科技企业、提供技术咨询和中介服务等。

（五）加快实施"互联网＋"跨区、跨境合作

建立区域农业大数据研究与应用中心，覆盖农业大数据采集、加工、存储、处理、分析等全信息链，面向国内外推广基于"互联网＋"的农业大数据应用服务。长期来看，要择机加强与美国、日

本、澳大利亚、英国、欧盟等国家和地区的农业部门、科研院所及比尔·盖茨基金会等跨国私营部门建立稳定的合作关系，利用农业全信息链优势，构建基于"互联网＋"的跨国农业科研虚拟协作网络，实现农业科技创新的大联盟、大协作，提高农业科技创新能力。

实现两湖绿谷农业科技研发中心五大功能需要建设对应的五大实体进行支撑。通过建立农产品加工研发中心，为入园企业的科研机构提供产品开发、生产工艺和生产手段技术研究的场所和相关服务；建立农产品物流技术服务中心，为从事农产品保鲜、储运技术研发的科技人员提供平台，并以其研究成果服务农产品物流企业和经销商；建立农产品基地技术推广培训中心，吸纳农业科技人员，以两湖绿谷建立的农产品生产基地为重点，开展农业生产实用技术研究、推广、培训和指导；建立农产品食品质量检测指导中心，对"绿谷"基地农产品质量和加工园区食品质量标准化及检验检测进行技术研究和指导服务；建立农业技术咨询服务中心，面向全社会，以科技成果转化应用为重点，全方位开展农产品生产、加工、储运等先进技术和新产品、新项目、新技术、新设备的中介服务和技术咨询。

两湖绿谷农业科技研发中心把建立农业高科技人才与农业实用技术人才相结合的科技队伍作为发挥其科技支撑作用的前提，采取多种形式，广揽科技人才。园区聘请高级农业和经济专家组成智囊团，为农产品交易物流、精深加工、技术研发、资源整合、市场拓展等进行科学论证、统筹策划、把关定向。同时，以入园企业的科研人员为基础，采取建立科研实验基地、开展农业科技企业孵化，实行农科教、产学研、科工贸结合以及课题招标、技术攻关、专题讲座、短期受聘、技术入股等多种方式，引入各类农业科技人才，发展与各类农业科研机构、大专院校的技术合作。农业科技研发中心将建设建筑面积2万平方米的中国（两湖）绿谷科技大楼，为入园科技人员和科研机构提供科研、实验场所。其后勤保障、配套服务、物业管理则与两湖绿谷农产品加工园实行公共设施共用、园区资源共享。灵活的人才引进方式、多样的技术合作形式、良好的科研工作环境，不仅为农业科技研发中心聚集科研人才队伍创造了前提条件，而且为科技人员运用科研成果、开展自主创业拓展了用武之地。

四　农业博览中心——特色品牌产品交易的平台

两湖绿谷的一大亮点是发展现代会展业，为区域内外的农业主体提供全方位的产品展销商务服务。现已建设 4.5 万平方米的农业会展大楼，既为农产品及其加工品提供展销平台，也为各类工业品和科研成果提供会展服务。目前，两湖绿谷农业博览中心以荆州地区的淡水鱼交易为主，未来会扩展成为区域内或区域外其他农产品的交易和展示平台。由蓝特集团投资建设的国家级荆州淡水产品交易中心占地面积 1500 多亩，总投资 25 亿元，主要包括淡水产品交易、仓储物流、商务会展、专用码头、渔业文化展示、农资农机交易六大区域，其中淡水产品交易区经营面积 31 万平方米，农资农机交易区面积 30 万平方米，会展中心 4 万平方米，渔博馆 1.5 万平方米。项目建成后，将成为全国淡水产品物流集散中心、价格形成中心、信息传播中心、会展贸易中心、科技交流中心和渔业文化旅游中心，淡水产品年交易量可达 200 万吨、交易额 300 亿元，农资农机年交易额可达 100 亿元，将提供就业岗位 1 万个以上。

从 2010 年开始，两湖绿谷的农业博览中心已经成功举办了多届中国荆州淡水渔业展示交易会，搭建了与国内外淡水渔业养殖、加工、销售、科研合作平台，提高了荆州水产的知名度和美誉度。成功地搭建起了一个淡水渔业养殖、加工、流通、销售、科研合作平台，为展示"鱼米之乡"荆州的水产业发展成果，推荐"楚江红"小龙虾、"梁子"牌梁子湖大蟹、"洪湖渔家"生态鱼等名特优水产品和加工品牌，促进国内外淡水渔业发展信息交流发挥了巨大作用。搭建全国范围内的农业平台，不仅给荆州本地的水产品加工企业带来了巨大的经济效益，同时也带动了周边地区的名优水产品共同走向全国市场。

两湖绿谷的农业博览中心将继续开展淡水渔业博览会及其他名优农产品、科技服务以及学术交流活动，通过举办、参加展会、学术交流等多种途径，进一步扩大荆州区域名优产品的影响力，吸纳全国各地的资金、技术等方面的投入，促进区域农业现代化的快速发展。

第四节　农业产业融合发展服务平台建设的对策

一　两湖绿谷农业产业融合发展服务平台的运营特色

两湖绿谷农业产业融合发展服务平台目前的业务仅仅处于服务平台发展的第二阶段，即仅仅实现了实体服务平台经营与实体服务平台网络化经营的互动，还没有涉及建设网络服务平台的阶段。因此，两湖绿谷农业产业融合发展服务平台后期还需要更多的基础投资，特别是在经营模式网络化创新和网络服务平台建设方面，才能进一步满足区域农业主体与外部主体进行跨区域协同创新的要求。总体而言，两湖绿谷的服务功能已经具有很强的综合性，涵盖了农产品流通平台、农产品深加工平台、农业科技成果转化平台、特色品牌产品交易平台等。同时，两湖绿谷农业产业融合发展服务平台在运营方面已紧紧把握农产品交易的主流通渠道、公益性等特征，着力在"点、链、面、块"四个方面进行服务平台运营模式的创新，实现了农业产业融合发展服务平台、商户、区域农业主体和区域农业经济四方的和谐共赢发展。归纳起来，两湖绿谷农业产业融合发展服务平台在运营模式上具有以下几方面的特征。

（一）以"会议＋展览"的形式扩大服务平台的影响力

两湖绿谷会展中心投入运营后，坚持农业会展的经营方向和"会议＋展览"的经营模式，先后成功承办了"2010 中国荆州淡水渔业展示交易会""2010 中国荆州农产品交易会""2011 第二届中国荆州淡水渔业博览会"三次全国性会展和十多次大型地方性农产品会展，取得了扩增市场辐射力、展示产业发展成就、扩销名优新特产品等良好效果。三次全国性会展签订农产品购销合同 300 多份，合同金额 50 多亿元，现场交易额达 3.2 亿元。会展之后，有 400 多家专业合作社、农商、加工企业在两湖市场设立直销点和专销区，市场交易物流额从 2009 年的 70 多亿元增加到了 2010 年的 180 多亿元，市场的集聚和辐射功能得到进一步增强。

（二）完善农产品物流的配套设施

2010 年，两湖绿谷市场已配套建设容量达 5 万吨的高低温冷库及年交易物流规模达 20 万吨的冷冻食品专业市场。以增加经营品种、完善冷链基础设施为工作思路，经过缜密的市场调研和技术分析，决定对原低温冷库扩容并新增香蕉批发市场。新增高温库投入运营后，农商入驻率达 100％，其冷储量和交易物流量较上年同期增加了 50％以上。香蕉市场投入营运，农商入驻率达 100％，新增商户 50 多家，新增就业岗位 200 多个，其交易物流额较上年同期增加了 30％以上。完善冷链物流基础设施进一步强化两湖绿谷市场的竞争优势和冷链物流运作效率，对促进农民增收、提高市场物流水平和效率产生了积极的影响。

（三）坚持"对接产地、连通消费"原则，打造农产品货源和价格优势

两湖绿谷市场以联结 100 多万农户、200 多万亩农产品生产基地为基础，直接建设和发展了 100 多个订单基地，种植总面积达 30 多万亩，联结农户 10 多万户，并开展订单直采销售，农民年户均增收 1100 多元。2010 年，两湖市场农产品直采量近 30 万吨、直采销售额 20 多亿元，约占市场总交易物流总额的 11％。此外，在激励农商建立基地工作中，主要采取设立交易农商创业扶助基金、交易费优惠和鼓励设立专销点等办法。通过上述措施，不仅平抑了市场物价，而且促进了农产品的大集散、大流通。目前，两湖市场产销辐射范围已达全国 29 个省（市、区）的 800 多个县、市，农产品日均交易量已突破 7000 吨。

（四）实体市场与网络市场的结合

实体市场与网络市场相互支撑是农产品市场交易业态的发展方向，两湖绿谷确立了依托两湖绿谷市场的农产品资源和农商资源，大力发展农产品网上交易的战略规划。具体操作中，遵循建设农产品信息、交易、物流配送三大板块于一体的原则，着力打造"中国绿谷网"。目前，"中国绿谷网"总投资近 4000 万元，业务范围以农产品

为主，并涉及少量农资农机交易，可覆盖12000个以上大品类，基本满足一站式采购。该网站以流量吸引农业产业链上下游集成与合作。上游为农产品种/养殖基地、生产加工企业、专业合作社等，下游为大型农批市场、集团式采购、连锁超市、生产加工企业、电商平台分销商。网站的业务涉及在线交易、信息采集发布、物流配送、客户服务、市场运营、技术开发；农产品信息平台、农产品综合交易平台、行业动态、农产品物流平台等。项目投入营运后，每天发布市场信息已超过100条，实现网上撮合交易量近2万吨。目前，正在完善商务网的功能并加大网站的推广宣传力度，以期使"中国绿谷网"成为湖北省农产品网上交易和农业服务领域最有影响力的网络之一。

（五）发挥农业资源集成功能，服务于地方农业产业链建设

两湖绿谷发展的战略目标是：品牌兴园，科技兴谷，特色兴企，集群兴业。以流通为中枢、以加工为支柱、以科技为支撑、以企业为主体，创新集农产品现代交易物流、农产品精深加工转化、农产品生产加工科技研发及培训推广于一体的园区产业链发展模式，是中国（两湖）绿谷的显著特点。两湖绿谷聚集各类市场主体，形成农产品和食品生产、加工、流通有机组合、相互依存、紧密相连的产业链，将有力带动农产品厂商"扎堆式"的产业集群发展，增强入驻厂商的市场竞争力。其产业链的发展，以建立农产品生产基地为基础，直接连通生产与消费，具有引领农业产业化经营的"连锁"效应，从而带动更多的农户走上现代农业发展之路，并从中获益。两湖绿谷农业科技研发中心突出农业先进实用技术、食品生产加工技术和保鲜储运技术的研发、推广和运用，将为"绿谷"产业链中所有经营主体提供强有力的技术支持。两湖绿谷推动区域农业发展的切入点是大力推广农业科技的应用和交易，通过平台的影响力将农业科技研发者、农业主体以及配套服务主体紧密联系起来，以农业科技的应用、推广和标准化把农业科技人员和广大农民及农产品加工、物流企业紧紧地联结在一起。蓝特集团利用荆州市长江大学农学院、荆州农科院、长江水产研究所等科研机构在农产品生产、加工、储运技术和市场营销策划等方面的教学、科研及应用技术优势，将种源种植和农产品种养、加工

实用技术方面的研究成果向各地市推广，形成了一大批国家级和省级良种繁育、特色水产、无公害蔬菜瓜果生产基地和粮食、棉花、油料、畜禽基地县市。蓝特集团通过主动投资在各地建设农产品基地的形式，以解决基层农业主体生产资金不足的问题，调动各方面参与农业技术推广，形成了多元化农技推广网络，开展农产品标准化、规模化生产科技示范，有效地促进了地方农业特色产品的开发和农业经济的发展。

（六）强调服务员工、农业主体、商户和区域发展的公益性

在企业员工管理方面，蓝特集团坚持共建共享理念，依靠职工发展企业，发展成果让职工共享。坚持职代会、职工董事、职工监事制度，企务公开制度，业主与职工定期对话制度，规范集体合同、工资集体协议，实行全员社会保险，增办职工意外伤害险和女性安康团体商业险，建立董事长奖学、助学基金，职工健康档案，实行清明、端午、中秋放假制度，劳资关系和谐，被授予市和谐劳资关系优秀企业称号。在服务区域农业主体创新方面，坚持以市场引领创业、以创业带动就业、以就业惠及民生的发展新路。依托蓝特商贸城和两湖绿谷大市场，吸纳4.5万人创业和就业，减免租金2900万元，支持和扶持商户搞活经营、做大做强，培育资产过千万元的商户100多个，过百万元的商户560多个。在社会公益方面，坚持以履行社会责任为己任，公益慈善事业捐款5000万元，提供就业创业岗位5万个；在荆州市设立"蓝特扶助特困职工基金"，用于"98抗洪"、汶川震灾和扶贫济困、助学助残、慈善和光彩事业，修建3所光彩小学、1所民族培训中心、1座图书馆。

二　农业产业融合发展服务平台建设的启示

两湖绿谷的建设和发展，是国家重大涉农产业政策的集中导向与区域农业经济发展要求有机统一的最佳选择，也是区域农业主体市场化，推动欠发达地区特色农业现代化的大胆创新。根据两湖绿谷运营的经验，在不断反馈和完善的基础上可以形成指导其他欠发达地区政府利用农业产业融合发展服务平台，促进欠发达区域农业主体市场化和农业竞争优势提升的规范化对策。

（一）农业产业融合发展服务平台的建设需要得到地方政府的支持

区域政府应该抓"互联网 + "农业发展规划、AFNs 发展、农业产业链建设以及对应的服务平台建设，颁布执行目录，及时发布信息。特别是在农业产业链建立起来之后，要给农业产业融合发展服务平台建设给予政策指导与鼓励。两湖绿谷建设得益于国家有关部委和省、市的高度重视和大力支持。国家商务部将两湖平原农产品交易物流中心纳入了促进试点地区流通业发展重点项目和"双百市场工程"。荆州市委、市政府也抓紧落实项目选址、建设用地和相关优惠政策，为两湖绿谷农产品交易物流中心尽早投入运营抢得了先机。

（二）农业产业融合发展服务平台的基础是规模化的、品牌化的农产品基地

农业产业融合发展服务平台的建立需要以区域农产品规模化和品牌化为基础，其内生动力是区域农业嵌入区域经济发展的需要或区域特色农产品向外界流通和销售的需要。因此，对欠发达地区而言，具有比较优势的农产品发展到一定规模后，必须要建立多个规模化的品牌农产品基地，以确保农业产业融合发展服务平台的农产品交易具有一定特色和交易量的稳定性。淡水产品是荆州地区的优势农业产品，也是两湖绿谷农博中心的特色交易对象。荆州淡水养殖面积和产量连续 15 年位居我国地市之首，是全国有名的淡水水产大市，但荆州名特优水产品不多，产值和效益偏低，核心竞争力不强，资源优势发挥不够的问题还十分突出。因此，荆州淡水产业需要不断转变生产发展方式，加大对精深加工的投入力度，在水产品的营养保健方面进行深入研究，进一步整合渔业资源，努力培育出一批精品深加工名牌产品。目前，全市各县区大力调整水产养殖结构，打破了"四大家鱼"一统天下的局面，形成了小龙虾、黄鳝、河蟹、龟鳖、黄颡鱼五大名特优产品。未来几年，荆州市将力争实现水产养殖面积 220 万亩、水产品产量 150 万吨、渔业产值 150 亿—200 亿元，水产业综合产值 400 亿—500 亿元，成为淡水水产品生产、加工、销售位居全国地市级前列的"淡水渔都"。围绕这一目标，总投资 25 亿元的中国淡水产

品交易中心已于 2016 年底建成并投入运营。

（三）搭建面向全国的农业产业融合发展服务平台，建立跨区域利益共同体

两湖绿谷通过品牌产品博览交易会的形式，定期或不定期地为区域内外的特色农产品搭建起服务平台。此外，其更重要的功能是，将全国范围内的优势农业资源集成起来为区域农产品的生产、加工和品牌化服务，再进一步将产品推向全国市场。两湖绿谷目前产销辐射范围已达全国 29 个省（市、区）的 800 多个县、市。两湖绿谷坚持互利合作、共同发展的原则，面向海内外招商引智，吸纳农产品现代物流企业和农产品原产地经销商共拓市场，吸纳品牌和特色农产品生产、食品加工企业共同创业，吸纳包括战略投资者在内的各类投资主体共建园区，吸纳各类农业科研机构和科技人员共展才智，让两湖绿谷每一个市场主体在共创财富中获得丰厚回报，实现合作共赢。

（四）农业产业融合发展服务平台需要区域农产品物流辅助设施建设

由于农产品具有季节性强、运输损耗大、存储条件要求高等特点，农业产业融合发展服务平台的顺利运营必须要有强大的物流系统作为支撑，解决好农产品物流、仓储等问题。首先，荆州地区特别强调物流交通网络的建设。荆州位于两湖平原和长江三峡三大农业板块的中心，依傍长江黄金水道，建有国家一级港口。市境内，207 国道与 318 国道，宜黄高速公路与荆襄、随岳高速公路纵横交会互通，汉宜高速铁路、荆（门）沙（市）铁路、荆岳铁路连通全国各地，加上沙市机场和三峡机场，具有水路、公路、铁路、航空"四运"联动功能的承东接西、通南达北的交通运输优势。良好的地理区位和"四运"联动的交通运输，为两湖绿谷落户荆州创造了不可多得的必备条件。其次，物流仓储辅助设施及服务机构的建设也扎实推进。例如，两湖绿谷水产品交易对水产品现代化冷链物流建设提出了很高的要求，荆州市已着手建设江汉平原最大的集水产品交易、水产品检验检疫、冷链物流、电子商务、特色旅游餐饮于一体的交易中心和流通集散地，不断地补充和完善水产品交易所需的辅助设施，避免落后的储

运方式对区域农业主体增收和水产品生产产生制约。

（五）完善农业产业融合发展服务平台的产业化服务功能

农业产业融合发展服务平台的功能不仅限于大宗农产品交易，还需要成为建设项目招商引资、名特优苗种供应、农资销售及高新技术对接和转让等方面的服务平台。通过服务平台功能的扩展对区域农产品产业链或产业集群的发展提供全方位的运作服务，成为农业产业链发展资源全面集成的公共平台。在两湖绿谷水产交易展示会上除可进行单纯的水产品展示、售卖外，还可开展养殖技术咨询和交易。成功推荐了小龙虾野生寄养、网箱养鳝、鱼鳖混养、虾蟹混养、青鱼专养、鳜鱼套养等八大优化养殖模式，以及与之相关的人工繁殖、水质调控、纳米增氧等十大技术。此外，两湖绿谷也成为荆州地区渔业深加工业、流通业、休闲渔业等水产第二、第三产业的服务平台，对荆州地区非农产业的发展起到了重要的推动作用。依托于淡水产业的发展，荆州未来还积极谋划和开发休闲渔业，在有条件的县市和城郊建设观赏鱼养殖基地、水族市场，在风景旅游区水产养殖基地增设垂钓、观赏、餐饮、娱乐等项目，建设集生态、旅游、观光等于一体的休闲渔业场所，发展与鱼或渔文化有关的服务产业，不断推动传统渔业向现代渔业转型。

（六）完善准入制度或生态产品认定标准，确保农产品质量的安全性

两湖绿谷中的"绿谷"二字深含发展绿色、环保、安全、特色、科技农业的方向定位。在两湖绿谷，无论是进出交易物流中心的农产品，还是出入农产品加工园的原材料和食品，都必须符合绿色、环保、安全的国家标准，实行农产品标志和可追溯制度。两湖绿谷水产交易平台不仅使养殖规模和水产品总量等多项指标连续15年位居全国淡水渔业第一，还对保障农产品安全有效供给发挥了重要作用。通过起草和实行严格的农产品准入制度，两湖绿谷水产交易平台建立了统一的和质量合格标准，从源头上确保区域百姓食用安全，实现了社会、经济效益的双赢。例如，在水产品准入制度方面，就涉及水产品的养殖、运输、防疫等各个环节，如鲇鱼养殖技术规范、活鱼运输技

术规范、鱼病预防技术规范等，一些标准要求甚至严于国家规范。同时，两湖绿谷的农产品严格实行产地准出、市场准入制度。重点抓住市级以上规模化 AFNs、农业产业化企业和农民专业合作社等农产品生产源头，建立以标准化生产记录、产品质量自检和包装标识为门槛的农产品产地（企业）准出制度。荆州地区经过交易平台认定的无公害水产品产地已达 138 个、面积 187 万亩，获得无公害水产品标志品种 280 个、绿色食品标志品种 6 个。在此项制度的引导下，逐渐形成国家级水产健康养殖示范县、区、场 19 个，省级水产健康养殖示范场 21 个。实行市场准入销售的农产品，须附产地证明及农产品质量安全检验（检疫）合格证明；无公害农产品、绿色食品或有机农产品等质量安全认证的有效证书复印件，及近 1 年内农产品质检机构出具的产品检验（检疫）合格证明，以及其他全国或全省认可的检验检测机构出具的质检（检疫）合格证明等。

（七）注重农业产业融合发展服务平台建设和发展的公益性

欠发达地区农业主体通常在地区经济主体中处于弱势地位，农业产业融合发展服务平台的发展需要更多地服务于区域农业发展的社会责任，将平台的发展与区域农业主体的市场化、创业创新或地方公益事业联系起来，缔结与弱势农业主体的利益联结机制，以此扩大农业产业融合发展服务平台的影响力和品牌效应。两湖绿谷所属的蓝特集团现已荣获全国文明单位、全国精神文明建设先进单位、全国模范劳动关系和谐企业、农业产业化国家重点龙头企业、国家 AAA 级档案馆、就业与社会保障先进企业、守合同重信用单位、模范职工之家、民营企业思想政治工作先进单位、湖北省先进基层党组织、湖北省"双强百佳"企业、思想政治工作十佳单位、十大优秀企业文化品牌、百佳纳税人、"发展强党建强"百佳企业、最佳文明单位、荆州市最具社会责任感企业特别贡献奖等荣誉。蓝特集团在服务员工、农业主体、商户和区域发展方面的众多举措都值得在农业产业融合发展服务平台的运营管理中进行推广和借鉴。

第八章 "互联网+"驱动的欠发达地区农业现代化保障体系

第一节 做好欠发达地区农业现代化的顶层设计

只有欠发达地区各级政府、企业、社会公众齐心协力才能推动区域农业转型升级，加速实现区域农业现代化。在此过程中，需要协调众多利益相关主体的合作或冲突关系，如果欠发达地区缺乏合理的顶层设计，将有可能导致农业现代化以同质的方式一哄而上，呈现出局部性或片面性发展的不良态势。

一 强化区域绿色生态农业发展的理念

尽管欠发达地区拥有丰富的农业特色资源和绿色环境优势，但缺少迅速将这种资源、环境优势转化为产品优势和竞争优势的途径（张有闻，2007）。"五化同步"的战略使发展生态农业可能会成为欠发达地区相对于发达地区农业规模化生产的比较优势，欠发达地区应该将生态农业作为农业现代化的核心内容。无论是 AFNs 建设，还是主流农产品供应链的转型都应该坚持农业发展生态化的基本理念。

（一）对欠发达地区内可耕种的农业土地进行分类管理

欠发达地区要利用好城镇化建设以及农村土地确权、流转的契机，对管辖范围内各区域的农业用地进行整理、合并和分类统计，并引入互联网系统对各类农业用地进行动态管理。同时，结合城镇建设规划、工业发展规划、区域农产品特色以及农业市场需求的发展趋势等，确定适合发展规模化 AFNs 的用地布局；另外，还要对各类土地最佳的农产品生产用途进行引导，确保农产品生产不会对区域的生态环境造成损坏。

（二）严格控制欠发达地区生态环境污染源

欠发达地区要针对重点 AFNs 用地区块和农产品规模化生产区块制定生态污染防控计划，从控制农村生态环境污染源的角度来整体提高农村生态环境保护水平。主要工作包括：严格控制重点农业发展区域的工业厂房、交通项目建设，减少工业、车辆尾气对农业生产的污染；严格控制生态农作物的化肥、农药施用量，保护 AFNs 用地的土质和水质，确保 AFNs 农产品的质量；在居民聚集地进行有针对性的宣传和教育，有效解决农业农村畜禽污染处理问题、农村生活垃圾处理问题、地膜回收问题、秸秆焚烧问题，着重恢复轻度污染土地的生态功能，挖掘农村发展 AFNs 的用地潜力。

（三）建立欠发达地区生态环境监测服务系统

从长远的角度看，要真正树立 AFNs 生态农产品的品牌形象，欠发达地区要实现对生态环境的实时监测，建设专门的生态环境监测服务系统。这种系统对欠发达地区的重点农业用地进行网格化管理，分网格坐标确定各种工业、农业、生活污染源，将各个可能的污染源纳入责任管理范围。分管责任人要利用互联网系统对污染源以及重点农业资源的生态状况进行实时跟踪与分析，并及时反馈异常信息，做到有异常必报、有问题必查、有责任必究、有漏洞必整改。生态环境监测服务系统是欠发达地区确保生态农业可持续发展的必要手段，是建设农业循环经济、实现农业现代化的坚实基础。当然，欠发达地区受农业现代化基础以及投资方面的限制，生态环境监测服务系统建设需要逐步实现，但是在开展"互联网＋"农业基础设施建设时，要提前做好生态环境监测服务系统所需的互联网资源的长期发展规划。

二　农业现代化顶层设计的主要内容

欠发达地区在挖掘"五化同步""'互联网＋'行动计划"、粮食安全保障以及"精准扶贫"等政策的主要内核和关联性的同时，要制定适合区域具体情境的农业现代化战略规划，出台"互联网＋"驱动的农业现代化指导意见及产业发展规划。规划中要协调好区域内农业主产区以及农业主体的发展关系，甚至要协调欠发达区域与周边发达区域的关系，切实将"互联网 +"农业打造成能推动欠发达地区农业现代化持续、高效、稳定发展的新引擎。

（一）制定引导区域"互联网 +"农业产业发展的规划

欠发达地区要从省、市两级主动完善农业现代化服务，搞好"互联网 +"农业顶层设计，研究制定"互联网 +"农业健康发展的指导意见，特别是要强化各类"互联网 +"农业服务平台的建设。要充分借鉴发达地区、发达国家"互联网 +"农业的成功经验，并结合实际，因地制宜，合理定位，科学组织实施，研究制定适合本地的"互联网 +"农业产业发展规划、"互联网 +"农业发展技术路线图以及具体的行动计划，鼓励开展"互联网 +"试点示范，推进"互联网 +"区域化、链条化发展。特别是要杜绝盲目建设和重复投资，务实有序推进"互联网 +"农业行动计划。

（二）优化欠发达地区的农业产业发展布局

（1）做好农业产业发展的分工布局。欠发达地区要根据各区域农业发展的特色，做好各区域 AFNs 生产的重点产品和特色产品分工，实现区域农业差异化发展，避免区域内 AFNs 产生过度的同质性竞争。

（2）做好"互联网 +"农业发展的基础设施布局。"互联网 +"技术直接服务于 AFNs 各阶段的发展，也是欠发达地区农业产业链集成和三产融合发展的必备条件。欠发达地区要提前落实农业农村信息化基础设施建设，借助"宽带中国"战略实施方案加快推进落实区域互联网基础设施建设，重点解决宽带村村通问题，加快研发和推广适合农民特征的低成本智能终端，加强各类涉农信息资源的深度开发，完善农村信息化业务平台和服务中心，提高综合网络信息服务水平。

（三）营造适应"互联网 +"农业发展的社会环境

欠发达地区要抓住"互联网 +"农业发展的主要矛盾，制定具有针对性的解决方案。建立"互联网 +"行动实施各相关主体的联席会议制度，统筹协调解决重大问题，切实推动行动的贯彻落实。联席会议设办公室，负责具体工作的组织推进。建立跨领域、跨行业的"互联网＋"行动专家咨询委员会,为政府决策提供重要支撑。认真做好区域"互联网＋"农业发展政策宣传,让区域农业主体能认识"互联网＋"农业,并能积极主动参与其中。欠发达地区政府要研究适应"互联网＋"农业发展特点的财税金融、保险政策,维护公平市场竞争秩序,推动"互联网＋"农业领域有关产品标准制定、法律法规建设,破除"互联网＋"农业准入、数据开放、市场监管等方面的政策障碍,以开放包容的态度鼓励区域农业主体进行创业创新。同时,还要为推动农业数据开放、人才培养、产业链延伸等,为"互联网＋"农业发展创造良好、包容的社会环境。

(四) 以市场机制为主体推进"互联网＋"农业的发展

欠发达地区在实现农业现代化的进程中,要尊重市场机制的主体地位,依靠市场力量形成具有竞争力的农业新生态。具备线上线下生态整合能力的数据驱动型、平台经营型企业和新型农业主体将成为区域"互联网＋"农业发展的主体和领导者。欠发达地区政府部门的工作重点在于制定重大发展规划和支撑政策,企业主体则应结合自身基础和优势,准确把握互联网与农业融合创新态势和重点方向,加快创新变革和转型发展。农业与互联网融合可以说是依赖区域 AFNs 和主流农业产业链数据,又进一步优化甚至重塑农业产业链、农业价值链和农业生态链的过程。在这个过程中,有两大类企业主体可作为推进"互联网＋"农业发展的动力。

(1) 大型互联网企业和基础电信企业。这类企业应致力于打造欠发达地区"互联网＋"农业生态圈和产业价值链,要利用其完善的网络设施和基础平台,参与区域 AFNs 发展各阶段的互联网服务平台建设,提升农业网络平台的服务水平,加快互联网与农业融合创新业务的推广和普及;同时,大型互联网企业和基础电信企业要开放基础平台,为中小微企业提供"互联网＋"农业创新创业的网络环境。

(2) 欠发达地区规模化农业经营主体。这类企业主体要做好三方面的工作:第一,要夯实线上基础,通过自主建设、收购兼并、结盟合作、云计算等方式,构建连接农产品生产与管理各个环节的网络基础设施、数据链及信息系统;第二,要结合自身农业产品生产、营销服务、生产和农业产业链协同等新需求，利用互联网新技术，分阶段、分层次提高企业网络化和数字化水平，并加快向生产、市场管理智能化迈进的步伐；第三，要推动企业组织变革，使企业的管理模式能适应"互联网＋"农业发展的新需求。

第二节 夯实欠发达地区农业现代化发展的基础

一 完善农业现代化所需的"互联网＋"基础设施

"互联网＋"农业是资本、IT基础、农业、冷链物流、区域政策等方面的综合竞争，欠发达地区农业现代化的发展亦不能跨越互联网基础设施在农业农村领域大范围普及的阶段。欠发达地区农村基础设施建设相对薄弱，对区域内"互联网＋"驱动的农业现代化构成了巨大的挑战。为使欠发达地区的网络设施建设达到农业现代化的要求，欠发达地区政府要积极争取国家农村信息化有关政策，完善区域农业现代化所需的"互联网＋"基础设施。

（一）积极布局互联网相关基础设施建设

在欧美日等发达国家，互联网及相关产业已成为最具活力、规模最大的产业之一，成为经济可持续发展的重要推动力量，与之相关的产业在其国内生产总值中的比重已经达到甚或超过50%，对国内生产总值增加值的贡献率更是远远超过第一和第二产业，成为创造就业岗位的重要推动力。相比之下，我国信息通信技术（Information Communication Technology，ICT）的水平依然不高，落后于欧美等国至少10年以上。在国际电信联盟（ITU）发布的2014年《衡量信息社会报告》里，中国ICT水平排名第86位，可想而知，我国欠发达地区的ICT水平将会更低。目前，我国农村地区互联网基础设施相对薄弱，农村仍有5万多个行政村没有通宽带，拥有计算机的农民家庭比例不足30%，农村互联网普及率只有27.5%，还有70%以上的农民没有利用互联网，或者即使互联网已普及也没有利用互联网从事农业生产和销售的意识。

农业现代化的推进首先需要将国家层面对农村互联网基础设施的建设和普及作为基础支撑。2015年，"互联网＋"上升为国家战略，国务院也出台了"电商国八条"。5月20日，国务院办公厅下发《加快高速宽带网络建设推进网络提速降费的指导意见》，中央财政将拿出20亿元专项资金，明确提出本年新增1.4万个行政村通宽带，在1万个行政村实施光纤到村建设，95％以上的行政村通固定或移动宽带，80％以上的行政村实现光纤到村（苏德悦，2015）。欠发达地区要积极争取国家政策，落实"宽带乡村工程"，加快开展"互联网＋"助力智慧农村信息服务行动，通过恰当的城镇规划和基础设施投资实现互联网资源城乡均等化，破解城乡信息化鸿沟。

2015年10月14日，国务院总理李克强主持召开国务院常务会议，决定完善农村及偏远地区宽带电信普遍服务补偿机制，缩小城乡数字鸿沟。改革创新电信普遍服务补偿机制，支持农村及偏远地区宽带建设，是补齐公共产品和服务"短板"、带动有效投资、促进城乡协同发展的重要举措。会议决定，加大中央财政投入，引导地方强化政策和资金支持，鼓励基础电信、广电企业和民间资本通过竞争性招标等公平参与农村宽带建设和运行维护，同时探索PPP、委托运营等市场化方式调动各类主体参与积极性，力争到2020年实现约5万个未通宽带行政村通宽带、3000多万个农村家庭宽带升级，使宽带覆盖98％的行政村，并逐步实现无线宽带覆盖，预计总投入将超过1400亿元。宽带建设运行情况要接受社会监督，用信息技术促进农村偏远困难地区群众脱贫致富。

（二）加强区域农业产业链的物流网络规划

物流网络作为连接生产和消费的纽带，还能把消费者的要求及时地传递给生产者，使商品生产能更好地满足消费者需求。但是，物流配送问题目前已是影响欠发达地区农业产业链建设的现实挑战之一。欠发达地区由于长期缺少相关的整体规划和资金投入，很多区域的农村物流配送产业严重滞后，极大地了阻碍了区域农业现代化建设。以荆州市为例，乡村道路建设虽然取得了长足的进展，但基本仅限于对乡村居住地进行联结，到达不了农产品的生产区域，更到达不了生态条件更好的偏远地区；而且大多数乡村道路的宽度不足 3 米，在农产品集中上市季节，极易产生严重的拥堵问题。尽管欠发达地区正在推进现代农村物流网络建设，如"万村千乡"等基础设施建设工程，但农村的整体物流发展水平仍明显落后于城市。因此，对于事关区域农业现代化发展全局的战略性基础设施建设，区域政府要将农业产业的发展与城市功能布局结合起来，合理地规划工业产业链与农业产业链的布局，进而对区域内城乡物流网络进行整体规划。

（三）引入社会资本加快基础设施建设

农业生产基础设施落后是制约欠发达地区农业现代化发展最大的瓶颈，特别是在 AFNs 规模化发展后期，生产过程现代化的投资需求更大。在区域财政支出有限的情况下，更多地需要千方百计地引入社会资本加快基础设施建设。欠发达地区要利用地方资源特色、政府优惠政策、劳动力成本以及潜在的消费能力等比较优势，吸引发达地区资本对区域农业基础设施和平台建设进行投资。另外，要积极与国内"互联网＋"农业巨头进行战略布局对接，积极利用市场资本力量，加快欠发达地区农业现代化基础设施建设。

二　农业现代化的数据共享机制建设

农业现代化实现关键要解决三个问题：一是区域农业产业链的集成；二是打通涉农产品消费的线上和线下两条渠道；三是进行农业产业链发展的跨区域协作。而解决这三个问题都需要欠发达地区建立起良好的数据共享机制和对应的管理机制。目前，欠发达地区的农业数据资源的利用效率还很低、数据分割严重，更难以实现跨区域的农业数据共享。欠发达地区的互联网相关信息技术投资要转化为现实农业生产力以及建设数据共享的任务都异常艰巨。

（一）开放农业相关领域的公共数据

公共农产品和服务数据的供给是推进区域"互联网＋"农业发展的基础。欠发达地区有关部门要推动与农业、交通、公共服务等相关的公共数据资源开放共享，同时进行相应的数据接口和服务机制建设，使区域农业主体能享受到更公平高效、优质、便捷的数据共享服务；区域政府同时要发挥区域农业市场主体优势，促进公共数据与市场主体数据的深度融合。

（二）加快农业产业链间数据共享

互联网本质上是数据共享和传统的工具，而数据的数量、质量以及使用方式则决定了区域农业产业链的价值创造能力。"互联网＋"农业一方面通过现代化的手段、数据应用，改造传统生产方式，提高了生产效率；另一方面通过与消费者精准对接，减少中间环节，可以实现订单化生产，建立可追溯体系。为此，要在区域范围内建立起农业产业链大数据应用及研究中心，建成一个覆盖农业数据采集、加工、存储等全环节的完整信息链，服务于农业产业链的各个环节。同时，需要提升各类涉农信息的深度开发，增加农业信息服务的价值。

（三）加强农业互联网数据的安全保障

基于开放数据、开放接口和开放平台，可以构建一种"生态协同式"的农业产业创新。开放的数据、接口和平台将不可避免地产生一些网络安全问题。在当前互联网知识普及程度尚且不高的情况下，即使是较早接触互联网的城市居民也常常为网络安全问题所困扰。欠发达地区农业主体是互联网应用和创新领域最为弱势的群体，当其面对复杂多变的"互联网＋"应用环境时，一旦由于互联网安全问题或操作失误而蒙受损失，他们会本能地抵触互联网的普及。为此，欠发达地区在建设数据共享机制的同时，要从技术上、管理机制上以及用户操作能力等方面进一步完善数据共享的安全机制。

第三节 完善欠发达地区农业现代化主体培育体系

农业现代化需要大批有文化、懂经营、会技术的新型职业农民，他们是实现农业现代化建设的人才支撑（王艳华，2015）。欠发达地区的农民能否成为真正意义上的"新农人"，是区域互联网与农业进行深度融合的关键。根据中国互联网络信息中心最新数据，截至 2015 年 6 月，我国网民规模已达 6.68 亿，互联网普及率为 48.8%，其中，农村网民占比仅为 27.9%，在农村网民中也只有 1600 万是农林牧渔的生产者。欠发达地区农民受区域互联网基础设施以及自身知识水平的限制，能否顺利地、快速地融入"互联网＋"的发展趋势，是互联网与区域农业现代化能否真正实现深度融合的关键。

阿里研究院发布的《中国新农人研究报告（2014）》中提出，"新农人"群体的形成是互联网赋予"三农"的必然产物。随着农村互联网的普及和互联网技术在农业的应用推广，未来的农民都是"新农人"。目前，欠发达地区主要位于产业链中的农产品种植、养殖等上游环节，从业人员普遍老龄化、素质不高，其技术敏感性、互联网意识以及抗市场风险能力都不太适应"互联网＋"农业的发展。基于对荆州市的实地调查表明，全市多数农民因受教育水平较低，不会熟练地操作运用互联网，又担忧网络交易安全问题等而不愿意接触网络。欠发达地区农业主体从本能地抵触互联网到逐渐地简单应用，再到依托互联网进行生产、经营和发展，以至于依托互联网获得竞争优势必然要经过很长一段时间。然而，这些转变不能是在"互联网＋"农业发展趋势下的被动行为，否则欠发达地区将会再一次失去提升区域农业竞争优势的机会。

2017 年，中央一号文件提出，要积极发展"三位一体"的综合合作，要培育一批乡村专业人才和扶持一批乡村工匠等。欠发达地区政府部门和社会培训机构应该对农业主体进行有针对性的教育、指导和培训，迅速地提升区域农业主体的市场经济理论水平、互联网思维、"互联网＋"农业的生产模式和商业模式，以及"互联网＋"技术应用和操作能力。结合欠发达地区"互联网＋"驱动的农业现代化路径要求，区域农业经营主体的培育体系需包括以下重点内容。

一 以适应性优势集成平台作为欠发达地区"新农人"触网导入媒介

为欠发达地区传统农业主体传授市场经济基础知识从长期来看是十分必要且重要的，这样可使农业主体能够看得清市场走向，从而进行正确的市场决策。但这对于当前欠发达地区传统农业主体的素质现状而言,无疑是有些超前的。当务之急是,通过培训使传统农业主体认识到建立 AFNs 对突破农产品市场化瓶颈的积极作用,掌握 AFNs 生产和销售的特征;再结合适应性优势集成服务平台对农民进行培训,使其了解并掌握"互联网+"农业的运作模式与操作方法。欠发达地区适应性优势集成服务平台在功能上涵盖了网站注册、信息咨询、产品信息发布和更新、农场种/养殖管理、农业信息浏览、在线交易以及信息反馈等电子商务网站的基本功能,这些功能操作简单,容易被整体素质不高的农民所掌握。在农业主体市场化的初级阶段,可将该平台作为培训的媒介,欠发达地区农业主体可以结合从事 AFNs 农产品生产和交易的现实需要,选择性地使用其中的某些功能,逐渐地培养欠发达地区新型农业主体和传统农业种/养殖户,使其养成使用互联网平台的习惯。

二 对欠发达地区农业主体进行分类培育

按照欠发达地区农业现代化的多阶段路径,需要大力培养 AFNs 生产管理型、AFNs 平台经营型、企业经营型、农技服务型、农业物流型等方面的人才,以满足智慧农业生产、线上线下经营、物流、技术服务以及市场管理等方面的需求。同时,还需要针对各类型农业主体的业务发展问题,制定相应的培训内容和计划。国家和省市有关部门可联合互联网企业、学校和社会教育机构,开展网络化教育服务、定点办学服务以及专业教育服务,大力推进互联网基础教育、相关分类职业的教育、考核和认证,实现欠发达地区新型农业主体的职业化。2017 年中央一号文件也要求今后高等学校、职业院校要培养大量的农村规划设计、推进产业发展等方面急需的专业性人才,开设乡村规划建设、乡村住宅设计等相关专业和课程,要培养一批专业人才,扶持一批乡村工匠。如果能有几个精明强干的当地农业企业家带领着农民,帮助农民选择经营方向,就很容易形成区域性的示范效应。为此,欠发达地区要把促进新型经营主体带头人(或企业家)的成长放在突出位置。尤其要注重对大农场主、专业大户户主、农民合作社甚至农业企业带头人的"企业家精神"或企业家素质的培养,依托带头人的成长带动区域其他农业主体参与培训。

三 以欠发达地区组织化的经营主体为重点培训对象

欠发达地区农业现代化需要解决由个体经营转变为 AFNs 规模化经营的问题，为此需要一些新兴的经营主体而不是个体农户来发挥 AFNs 建设和发展的中坚力量的作用。因此，欠发达地区一方面要积极开展"互联网＋"助力新型职业农民培育行动，培养造就有文化、懂技术、会经营的新型职业农民。另一方面由于区域内农民触网的机会不多，直接对农民进行教育的方式在现阶段可能不现实，不仅成本高，而且培训效果难以保障。欠发达地区农业主体培训可以选择组织化的经营主体为主要对象，再通过传、帮、带的方式逐渐对参与 AFNs 的其他农业主体进行教育。

四 为欠发达地区构建基于"互联网＋"的培训环境

欠发达地区可以以村级支部活动室或农业合作组织场所为基层平台，构建基于"互联网＋"的"新农人"培训网络教学环境，开展面向基层农民的科技和文化远程教育服务。积极利用现有的智慧农民云平台，引入基于移动终端的在线课堂、互动课堂和移动课堂，逐渐实现新型职业农民培训的移动化和智能化，补充传统的集中式的农业主体培训模式。同时，充分利用社会"互联网＋"相关的培训资源，作为区域"互联网＋"农业主体培训体系的补充。例如，农村淘宝合伙人可以享受由阿里巴巴配备的电脑、电视等网上交易必需品以及相关技术支持、业务培训、运营支持、物流培训等。

五 培训欠发达地区青年农业主体的就业和创业能力

李克强总理认为，推动大众创业、万众创新是中国缩小贫富差距最重要的工具之一。我国农民工总量 2014 年已达到 2.74 亿，每年还会新增 600 多万农村剩余劳动力，这些农民工主要依靠外出打工增加收入。2015 年 6 月 10 日，国务院提出了支持农民工等人员返乡创业的计划，欠发达地区政府部门应该在农业主体培育体系中专门制定针对青年农业劳动力返乡创新、创业的优惠政策及培训方案。鼓励青年返乡创业，不仅有利于弥补欠发达地区高素质青壮年劳动力的缺口，还能通过就近就业，解决欠发达地区城镇化、留守儿童、养老等方面的社会问题。目前，欠发达地区的农产品以小规模的形式分散在千家万户，而农副产品经纪人又是自发的兼职行为，农产品对接信息来源渠道少，建设一支懂市场、善经营的农副产品经纪人队伍也非常重要。欠发达地区内粮食、大豆、棉花这类大宗农产品由于不存在完全开放的市场环境，不需要在营销上下功夫。但一些非粮食类农副产品，尤其是一些 AFNs 所依赖的特色产品还需要进一步强化市场营销意识，要加大产品的宣传推广力度，搞好品牌建设，并探索建设一体化的销售渠道与销售终端。

欠发达地区政府要利用好区域有限的财政资金，建立专项基金，优化培训服务，让青壮年劳动力参与到适应性优势集成服务平台、AFNs 规模化服务平台、产业链集成服务平台和农业产业融合发展服务平台的建设和运营管理中，大力支持青壮年劳动力的创业创新。此外，还要建设农村劳动力转移与就业信息服务系统，实现农村劳动力培训、转移、就业服务的全程信息化，也使培训教育更具有面向农业产业链发展劳动力市场的针对性。

第四节　建立欠发达地区农业产业链发展服务机制

一　打造基于 AFNs 的完整农业产业链

实现欠发达地区农业现代化要集中力量打造基于"互联网＋"的新型农业产业链，积极推动区域 AFNs 与主导农业产业链在农产品生产、流通、加工、储运、销售、服务等环节的集成以及互联网化，并通过农业产业链的横向延伸促进欠发达地区第一、第二、第三产业的深度融合。

（一）农产品生产环节

在生产环节，欠发达地区首先要通过适当的土地流转，奠定 AFNs 的生产规模化的基础。虽然国家已经开始实施农村土地流转政策，但是，目前土地的整体流转速度仍然偏慢，多数欠发达地区绝大部分的土地仍然处于小规模种植状态。因此，欠发达地区需要对农业生产区域进行合理规划，将区域的城镇化规划、土地流转与农业发展联系起来，尽可能实现农村居民向区域城镇的聚集，同时建立农村土地流转信息服务系统，逐步实现农村土地承包经营权动态化管理，以市场化机制实现农业生产区域的合理布局。其次重点培育龙头企业和AFNs规模化专业户、家庭农场，鼓励和支持有实力的农业经营主体利用物联网、大数据等先进信息技术改造传统农业生产方式，实现土壤监测、育种、栽培、灌溉、收割等环节的智能管理，促进农业物联网、智慧系统在AFNs规模化过程中的广泛应用，有效提高劳动生产率和资源利用率。

（二）农产品物流环节

欠发达地区许多特色、生态农产品集中在偏远区域，外运到城镇区域比较困难，这种现象导致即使借助"互联网＋"产生了农产品消费需求，也不能实现农产品市场化。同时，因为信息不畅，外地对原产地农产品缺乏了解，也近乎求购无门。"互联网＋"可以把农业生产与要素供给、市场需求连接起来，但欠发达地区在一定时期内仍将受制于农产品生产的地域依赖和物流滞后问题。为此，欠发达地区必须围绕农业现代化各阶段的生产特征和服务平台运营的需要，加快建设具有支撑性的物流网络，以提高农资、农产品的物流供需信息对接效率，有效地降低农产品物流成本。

（1）支撑适应性优势集成服务平台的物流形式。适应性优势集成服务平台的主要物流需求一方面来自于AFNs对分散的农产品的采集，以解决"最初一公里"的物流问题；另一方面来自"农产品"超市销售形式对农产品配送的需求。该平台的物流服务可来自于两个方面：AFNs中的农业主体自有物流和集成平台组织的配送物流。由于AFNs的物流能力通常有限，因而采购端物流由分散的经营主体的自有物流完成，而配送端可设置组织化的物流完成或委托给第三方物流企业完成。总体上，"最初一公里"物流主要通过小规模AFNs主体自主或联合物流方式将农产品运输至合作社或平台运营企业指定的农产品集散点，再由第三方物流企业或平台的自有物流进行销售端的配送。适应性优势集成服务平台可以对其系统功能进行扩展。当然，根据适应性优势集成服务平台交易的规模还可以进一步提供更细化、更贴心的物流方式。例如，如果"农产品超市"的交易规模较大，可安排专有运输设备完成物流工作；为满足农产品"农厨对接"的要求，可鼓励发展社区自提柜、冷链储藏柜、代收服务点等新型社区化配送模式。

（2）支撑 AFNs 规模化服务平台的物流形式。AFNs 规模化服务平台主要提供生态农资和科技服务，使各种生态农资或技术服务能以低成本的方式为欠发达地区农业主体所接受。为此，物流信息共享信息也将变得很重要，需要由平台的运营方发挥互联网的信息集聚优势，构建下达市县、兼顾乡村的物流信息互联网络，以聚合各类物流信息资源。通过搭建面向社会的物流信息服务平台，整合面向各类农资供应商的仓储、运输和配送信息，促进各农资供应商的人员、货源、车源等信息高效匹配，有效降低货车空驶率，提高配送效率。另外，由于农资物流的时效性要求不高，因此平台经营企业可考虑将物流任务外包给第三方。当然，也可以根据其业务量的大小，组织自有物流系统，其主要任务是构建起物流信息互联网络，加快推进村级的物流配送网络、网点建设，由村级物流点进行到户配送，有效地解决物流配送"最后一公里"的问题。特别是，在这个物流体系中必须要与规模化服务平台进行合作，共同承担起确保农资质量、环保和诚信交易的责任。

（3）支撑农业产业链集成和融合发展服务平台的物流形式。基于这两类服务平台的大宗商品物流可以由交易双方自主完成，但从物流的效率和成本角度来讲，这种方式不具有经济性。为此，物流服务很重要的任务是集成、共享物流信息，并提供公共的物流仓储设备和公共技术，应用智能化物流装备提升仓储、运输、分拣、包装等作业效率，以提高各类复杂订单的出货处理能力，缓解实体服务平台货物囤积停滞瓶颈制约，提升仓储运管水平和效率。在物流服务体系的各级仓储单元和合作单位中积极推广应用二维码、无线射频识别等物联网感知技术和大数据技术，实现仓储设施与货物的实时跟踪、网络化管理以及库存信息的高度共享的同时，要利用大数据平台挖掘分析农产品物流需求、规模、车辆船舶行驶特征等，确保能准确预测物流趋势，提高货物调度效率。还可以进一步建立各类可开放数据的对接机制，推进省际、货运车与物流园区、仓储设施、配送网点等信息互联，在更广的范围内促进物流信息充分共享与互联互通。

（4）灵活利用"第四方物流"解决好"最后一公里"和"最初一公里"的问题。一亩田总裁高海燕分析指出，就中国农村整体而言，并不存在物流资源短缺的问题。从运输资源看，农村手扶拖拉机、三轮摩托、皮卡车、小货车等交通工具皆可使用；就道路资源而言，目前80%以上的农村都已实现了村村通公路。为此，"最后一公里"和"最初一公里"问题缺少的并不是资源，而是高效益的运输解决方案①。例如，"云农场"着力搭建最后100米村级物流服务站，找农村当地站长帮村民在线代购，货物运送到站长处，农民自行上门提货，站长赚返点。欠发达地区可以充分发挥"第四方物流"的灵活性，不建仓库，不建车队，完全依靠社会运力来解决农产品的分散采购和定点配送问题。"适应性优势集成服务平台"就可以向能提供物流服务的社会运力开放，无论个人或者公司，都可以在平台上发布使用车辆或者提供车辆服务的信息。

欠发达地区农产品物流网络的建设需要与交通运输领域建设统一起来，通过基础设施、运输工具、运行信息等互联网化，可以更好地为各类平台的物流提供便捷化、高效化、低成本化的服务，显著提高区域物流资源的利用效率和管理精细化水平。区域交通运输主管部门要加强对公路、铁路、民航、港口等交通运输网络关键设施运行状态与通行信息的采集，将服务性数据资源向社会开放，为社会公众提供实时交通运行状态查询、出行路线规划，利用物联网、移动互联网等技术，进一步推动跨地域、跨类型交通运输信息互联互通，推广船联网、车联网等智能化技术应用，形成更加完善的交通运输体系。

---

① http：//epaper. 21so. com/html/2015－07/27/content_ 133910. htm？div＝－1.

（三）农产品销售环节

现代农产品的销售要充分发挥线上与线下两条销售渠道的优势，欠发达地区农业现代化各阶段所建立的服务平台都具有农产品销售功能。

（1）适应性优势集成服务平台的销售模式。该平台主要针对区域城镇居民销售 AFNs 提供的生态产品，产品销售规模通常比较小。由于当前互联网平台开发技术的模块化和开源代码的存在，现代互联网 O2O 平台间的功能差异日渐缩小，更突出的竞争优势存在于谁能将 O2O 的线上体验做实、做真。由于 AFNs 的目标市场定位与生产地间存在近地关系，适应性优势集成服务平台采用 O2O 模式具有天然的优势。服务平台中的"农产品超市"和"动/植物领养"功能都具有 O2O 的性质，O2O 线下体验的便利性符合 AFNs 通过消费者直接消费对接建立供消双方信任关系的本质特征。

（2）规模化服务平台的销售模式。LSX 公司依托于区域媒体的影响力扮演着区域代理商的角色，其目前的主要作用在于对农资供应商议价的规模效应，但实际上存在对区域农资供应渠道垄断的负面影响，为此，规模化服务平台要克服这一弱点，建立一个使农资供应商直接面向于区域农业经营主体的 B2C 平台将是其优化的转型方向。规模化服务网络平台的主要作用是对接农资和农业科技服务的供需双方，而取消其作为中间商的获利环节，同时防止欠发达地区农资供应渠道过度垄断而产生的定价权滥用的现象。B2C 农资和农技服务网络的形成真正让欠发达地区农业经营主体获得了互联网带来的便利性、市场竞争的低价格，使农资和农技服务可以低成本的方式被广大欠发达地区农民所接受，更好地服务于 AFNs 农业主体的规模化生产。

（3）农业产业集成服务平台或融合发展服务平台的销售模式。大宗商品销售是这两类服务平台的主要功能之一，它通过批量的实体交易商、农博会、跨区域农业主体线上合作等形式促进欠发达地区内外的农产品流通。这两类服务平台线上交易的主要形式是 B2B，将区域内外的农产品经营主体的供需信息对接起来，促成区域内外农产品的流通，实现区域特色和优势农产品对外部市场化。服务平台的实体会吸纳区域内的农业剩余劳动力从事农产品对外经营；同时，大宗商品交易现状及其对未来市场趋势的判断，决定了欠发达地区农业发展方向。服务平台为了支撑大宗商品的交易必须要将农产品生产、采购、仓储、流通加工、物流和销售集成为一体，进而倒逼区域建立标准化农产品种植、包装和运输制度，建立农产品质量全程控制和回溯系统，保证区域农产品质量安全。

（四）农业产业链的纵向、横向延伸

欠发达地区建立在 AFNs 基础上的农业产业链除涵盖了生产、物流、销售环节外，还需要向前端的农资供应环节发展，以及后端的农副产品加工环节发展。欠发达地区还需要围绕农业产业链的主要环节进行横向延伸，发展与各个主要环节配套的产品和服务，也可以按照农业现代化的要求对传统产业进行相应的改造。农业产业链的纵向、横向延伸会涉及农药企业、饲料企业、农机企业、IT 服务业、生物农业以及化肥产业等。例如，农业产业链可以与生物农业进行融合，为欠发达地区"互联网＋"农业发展提供更具生态环保要求的种子、动物疫苗等。区域内的化肥生产企业可以将其产品结构倾向于环保肥、复合肥、有机肥、微生物化肥。

欠发达地区要用"互联网＋"完成上述农业产业链各个环节的集成或改造，必然需要巨额资金的投入。传统农民主体和小规模企业很难承受，在充分调动小规模农业主体积极地参与 AFNs 和主流农业产业链融合共建时，区域政府部门要把工作重点放在引进或培育集群化、规模化的龙头企业上，以期通过龙头企业的投资和示范效应引领这种变革。

二 建设完善的区域农业产业链发展服务平台

《关于积极推进"互联网＋"行动的指导意见》中提出，要巩固和增强我国电子商务发展领先优势，大力发展农村电商，积极开展电子商务进农村综合示范，支持新型农业经营主体和农产品、农资批发市场对接电商平台，积极发展以销定产模式。在国家政策的引导下，欠发达地区要加快实施"互联网＋"助力农产品电子商务建设行动，破解"小农户与大市场"对接难题，提高农产品流通效率，实现农产品增值，促进农民增收。电子商务应用创新贯穿于整个"互联网＋"驱动的欠发达地区农业现代化路径，集中体现在适应性优势集成服务平台建设、规模化服务平台建设、农业产业链集成服务平台建设、农业产业融合发展服务平台建设和服务模式创新等方面。

（一）加快推进适应性优势集成服务平台建设

适应性优势集成服务平台的本质是利用电子商务为欠发达地区弱势农业主体提供市场价格、市场需求分析、订单式生产、供需信息等方面的服务，发挥区域弱势农业主体的适应性优势，致力于提高区域消费者对 AFNs 生产的本地农产品的认可度，减少区域农业主体的经营风险。它能将区域内城镇居民与 AFNs 农业经营主体快速地联结起来，有利于发展体验式农业经济和订单式农业经济。适应性优势集成服务平台主要由基层主体建设，可以是地方企业，也可以是农业合作社。虽然适应性优势集成服务平台的适用范围具有一定的局限性，但它是对于欠发达地区而言最容易构建和实现的低成本互联网平台。适应性优势集成服务平台未来可以扩展到移动社交、新媒体等新渠道，发展社交电商，开展有针对性的网络营销新模式，促进区域城镇居民形成以互联网为载体、线上线下互动的新兴农产品消费体验和习惯。

（二）抓住主导电商平台向农村基层网络扩展的机会

欠发达地区政府部门需要对阿里巴巴、腾讯和百度这样的互联网巨头的农业电商战略给予重视。这些公司已经在现代服务业广泛布局，高度渗透，并具备强大的技术优势。发达地区的农业经营主体和互联网产业巨头早已开始在线上谋划布局，并积极寻求与互联网公司更深层次的合作。欠发达地区与互联网巨头合作，共同推进区域农业现代化发展乃是大势所趋。

欠发达地区要利用阿里巴巴、京东、腾讯等互联网公司开展农产品电子商务布局的机遇，主动申请区域性的信息站，将区域内的 AFNs 特色资源进行整合，融入"一村一品"项目的建设。在"适应性优势集成服务平台"运营成熟后，也可以将其嵌入互联网巨头的农产品电商平台，将 AFNs 的特色农产品通过主流电商平台进行更大范围的推广。从而可打破适应性优势集成服务平台在地域上的限制，形成面向全国的农产品零售网络，可提高 AFNs 农产品的知名度，夯实 AFNs 品牌化经营的基础。

（三）推动基于区域媒体的 AFNs 规模化服务平台建设

基于区域媒体的 AFNs 规模化服务平台是利用区域媒体的稳定受众，实现 AFNs 规模化服务网络的快速、低成本建设。规模化服务网络推动各类农资和农业科技服务市场向线上转型，引导传统商贸流通企业与电子商务企业整合资源，开展农资、农技、农产品的信息咨询、销售与服务，积极形成农产品供应链与互联网融合。基于区域媒体的 AFNs 规模化服务平台建设的前提是要有稳定的媒体受众，区域媒体的品牌影响力是农资质量的担保，同时要完善农村电子商务物流配送网络，才能实现降低 AFNs 生态农资供应成本和确保供应质量的双重目标。

（四）推动区域农业产业融合发展服务平台建设

（1）利用农业产业融合发展服务平台促进农业大宗商品电子商务发展。

积极推动区域内的大型农产品交易平台自建电商平台，促进区域农产品规模化交易，同时构建基于"互联网＋"的农产品冷链物流、信息流、资金流的网络化运营体系。积极促进区域农产品交易平台与区域外大型农业企业合作，开展电子商务信息共享和数据集成，在更大的范围内实现大宗农产品电子交易、粮食网上交易等。通过大宗交易的实现，倒逼欠发达地区农副产品标准化、物流标准化、冷链仓储建设等关键问题，逐渐形成完善的区域性农业产业链。

（2）利用农业产业融合发展服务平台促进跨区、跨境农业合作。

农业产业融合发展服务平台要助力欠发达地区开展跨区域农业合作，通过平台招商、自主孵化和协同创新等形式，加强区域农业产业链与国内农业发达地区的技术、市场方面的合作与交流。高水平的农业现代化要重点推广农业传感器、北斗卫星农业应用、农业精准作业、农业智能机器人、全自动智能化植物工厂等前沿和重大关键技术的应用，开展面向作物主产区域、主要粮食作物的长势监测、遥感测产与估产、重大灾害监测预警等农业生产智能决策支持服务。欠发达地区农业产业融合发展服务平台还可以进一步利用中国—东盟、中国—新西兰等自贸区优势，发挥我国与美国、加拿大、澳大利亚、日本和欧盟有关国家和地区双边农业磋商机制的优势，积极建设跨境农产品电子商务平台，逐渐打造出具有国际品牌的特色优质农产品。

第五节　优化欠发达地区农业现代化的区域环境

当前国家重大涉农政策为突破互联网与农业产业融合发展面临的法律、监管、体制机制约束创造了条件，也为实施创新驱动农业现代化的发展战略奠定了良好基础。欠发达地区相关部门在国家政策的导向下需要充分发挥农业企业在市场中的主导作用，尽快制定农业生产、市场主体经营以及社会化服务等各方面的补充和明细政策，为区域内农业主体的发展提供更多的有效服务，使欠发达地区农业现代化生产体系、"互联网＋"商业运营模式、服务平台以及政策支撑体系更加系统化，从而产生多方面相互促进的协同效应。

一　强化区域政府"互联网＋"运作的示范作用

政府部门创新"互联网＋"网络化服务方式对欠发达地区推进"互联网＋"与农业的融合具有较强的示范作用，为此，欠发达地区各有关部门要加强对"互联网＋"行动的宣传，加快政府公共服务体系与互联网的深度融合，推动农业公共数据资源开放，促进农业公共服务创新供给和服务资源整合，构建面向区域农业经营主体的"互联网＋"公共服务体系。

政府部门还要尽可能加大对"互联网＋"农业方面的硬件和软件投资，以弥补区域农业经营主体在农业现代化生产和服务投资上的不足，积极构建农业产业链综合信息服务平台，为农业经营主体的生产和经营提供需求、市场、渠道、标准、制度等各种信息资料。尤其是，政府部门需要引导农业产业融合发展服务平台建立农产品质量追溯体系，建设农产品生产质量检测云平台，完善农产品质量信息公服务体系，着力解决农产品消费者维权难、退货难、产品责任追溯难等问题。

二　大力推进欠发达地区农业科技转化

农业科技创新、引进和应用是迅速缩短欠发达地区与发达地区农业发展差距的有效途径。欠发达地区要利用"互联网＋"创业创新的机遇，加快实施"互联网＋"助力农业、农民、农村"双创"行动，加速农业科技成果在欠发达地区的转化，激发农村经济活力，推动区域"大众创业、万众创新"蓬勃发展。

（一）挖掘 AFNs 规模化服务平台的科技传播潜力

欠发达地区以基于区域媒体的 AFNs 规模化服务平台的线下网络为依托，积极落实科技特派员和农技推广员、农村科技创业行动；同时，加大对生产服务平台线上网络内容的完善和新功能建设，实现技术咨询的线上交流，构建基于"互联网＋"的农业科技成果转化通道，提高农业科技成果转化率，从而营造出"互联网＋"背景下的欠发达地区农村科技创业环境。

（二）搭建欠发达地区农村科技创业综合信息服务平台

政府部门要对区域农业科技创新进行扶持，负责建设科技创新综合信息服务平台，实现技术的需求与供给间的无缝对接。制定优惠政策，引导高校和科研院所的农业科技人才、科技成果、科技资源、科技知识等要素向农村流动，鼓励科技创新人才在农村从事农业高新技术应用投资和产业化。

（三）充分发挥农业产业融合发展服务平台的技术孵化和技术合作功能

农业产业融合发展服务平台的农业科技研发中心具有五大功能，即为绿色农产品生产基地建设提供技术保障，为农产品加工园企业开发新产品、采用新技术、攻克技术难关提供智力支持，为推进农产品交易物流现代化提供技术研发和应用服务，为科技成果转化为生产力提供孵化平台，加快实施"互联网＋"跨区、跨境合作。科技研发中心虽然具有政府支撑的性质，但也要遵循市场化运作的规律，通过政企合作做强做大，使其成为区域农业技术创新中心和技术应用中心，成为区域内重大农业科技创新、协作和应用推广项目的承接平台。

（四）积极参与各类农业科技创新联盟建设

欠发达地区在农业现代化后期获取一定的竞争优势后，要集中区域农业生产、经营和管理方面的优势资源，通过互联网资源共享平台建设和标准数据接口的建设，主动参与和嵌入发达区域或全国性农业科技创新联盟。按照"创新情境嵌入—创新网络嵌入—创新需求嵌入—创新项目嵌入—创新能力嵌入"的基本过程，逐步实现从联盟中的农业科技创新资源需求者到供给者的转变，提高对重大农业科研基础设施、农业科研数据、农业科研人才等科研资源的共享水平。

三　健全区域农业现代化的监管机制

（一）加强互联网平台数据真实性的监管

2015 年上半年，一亩田对公众发布了其平均每日 3 亿元、一个月近 100 亿元的成交额，受到了部分媒体的质疑。7 月 30 日下午，农产品 B2B 电商平台一亩田就近日数据被质疑作假进行了公开回应，其副总裁李国训称，平台上的部分数据只是测试数据，产品出现漏洞，前台展示的数据和后台交易的数据完全不同，并强调其平台日交易额不存在作假现象，并向媒体坦言，其网站确实还有一些产品和数据不够完善，"一亩田真正启动农产品 B2B 交易只有一年时间，在这段时间，公司一直在升级产品，一亩田战略是以移动 APP 为主，APP 平均每两周迭代一次，版本数多达 100 多个，每次新版本工程师都会发布一些测试数据。PC 网站更新相对较慢，还是去年 6 月的版本。即使是现在，一亩田 APP 和网站依然还可以发现不少 Bug，这一情况将随公司技术实力增强而不断改善"。①

这场数据风波实际上是更多地折射出了市场对农业电商经营绩效的质疑，同时也说明对于农业交易平台的监管存在不足。因此，在互联网服务平台发挥核心作用的欠发达地区农业现代化进程中，必须要建立完善的数据真实性监管机制，保证互联网平台的正常运行和合理

---

① 朱萍：《一亩田数据疑云背后：农业电商经营模式待考》，《21 世纪经济报道》，ht-tp：//it. gmw. cn/2015－07/31/content_ 16488812. html2015。

性竞争。

（二）加强农产品质量安全的监管

农产品质量安全是 AFNs 建设的根本出发点，也是欠发达地区利用后发优势与主流农产品供应网络进行竞争的源泉。在消费者越来越关注食品安全和互联网加速负面信息传播的背景下，农产品质量保障体系建设将成为贯穿欠发达地区农业现代化进程的核心。

（1）加强欠发达地区农产品质量监管部门的责任。欠发达地区政府职能部门要积极落实《农业部关于加强农产品质量安全全程监管的意见》，加快实施"互联网＋"助力农产品质量安全保障行动，建立农产品质量安全数据库，对农产品供应商实行质量安全分级认证管理制度；同时，做到农产品生产、加工、流通的全程信息化，全面强化农产品质量安全的网络化管理，切实保障农产品生产安全和消费安全。政府职能部门还要利用互联网提供的大数据，进行实时分析，建立农产品质量风险预警机制，并提高农产品质量安全应急处理能力，防止质量安全事故对区域农产品市场化造成大范围的负面影响。

（2）发挥四大服务平台的质量监控作用。适应性优势集成服务平台、AFNs 规模化服务平台、农业产业链集成服务平台以及农业产业融合发展服务平台基本都具有农产品、农资、技术服务等方面的质量责任备查功能，只是侧重点有所不同。通过不断完善这四大服务平台的功能，可以构建起全方位的产品质量认证、产地准入、产地准出等信息化管理模块，确保能根据产品的供应商或生产经营主体追溯到对应的质量责任人。

（3）落实四大平台运营商的监管责任。欠发达地区的质量管理部门要与适应性优势集成服务平台、AFNs 规模化服务平台、农业产业链集成服务平台以及农业产业融合发展服务平台的运营商合作，落实平台运营方必须具有的监督、审查和认证各类产品供应商质量和信誉的责任，确保不具有质量安全资质的农业生产、经营主体不能依托服务平台进行交易。

（4）推动区域农产品生产的标准化建设。AFNs 的农产品本身具有差异性，而农产品从田间到餐桌的流通链条长，让所有农业主体都真正参与标准化生产并不容易，但在 AFNs 规模化和农业产业链集成发展进程中，农产品的标准化生产是不可回避的关键问题。欠发达地区要充分利用"互联网 +"农业行动计划实施契机，在 AFNs 发展积累到一定优势后需要按照农产品标准化生产的要求，引进农业生产物联网系统，推进农产品安全生产信息化管理，从源头抓好各类 AFNs 农产品质量安全。在产地标准化方面，鼓励规模化 AFNs 生产基础建设，使特色农产品的生产尽可能向原产地靠近，并考虑相关的认证配套制度；在工艺标准化方面，考虑引入智能生产系统，使生产流程自动化，用综合的方式及数据指标固化农产品质量；在规格标准化方面，通过大数据统计分析，找到销售最好的产品规格，并适当提高根据用户需求调整规格的包装能力。

四 开展"互联网 +"惠农金融服务

"互联网"驱动的欠发达地区农业现代化路径设计已经充分考虑了欠发达地区资金投入的限制，但从长期来看，仍避免不了进行必要的交通基础设施、土地整理、城镇化、物联网以及各阶段四大服务平台建设等方面的投资，将面临较大的资金投入压力，而农业资金收益的周期长、收益率普遍偏低的特点又给资金投资方带来了很大的风险。《关于积极推进"互联网 +"行动的指导意见》中提出了开展"互联网 +"金融的重点行动方向，鼓励金融机构利用互联网拓宽服务覆盖面、积极拓展互联网金融服务创新的深度和广度。还进一步要求全面提升互联网金融服务能力和普惠水平，鼓励互联网与银行、证券、保险、基金的融合创新，为大众提供丰富、安全、便捷的金融产品和服务，更好地满足不同层次实体经济的投融资需求，培育一批具有行业影响力的互联网金融创新型企业。

互联网金融将互联网与金融的优势结合起来，服务于第三方对象，而"三农"领域的巨大人口红利及资本蓝海会吸引社会资本向农业金融领域不断流入。"互联网 +"金融将为解决欠发达地区政府和农业主体融资难问题提供一条可行的途径。然而，由于农业是大投资、长周期、收效低、高风险的行业，"互联网 +"金融与农业发展的深度融合需要较长时间的探索和尝试。《2014 年中国众筹模式上半年运行统计分析报告》中指出，农业领域的众筹模式只限于高端小众的路线，主要针对市场里难以窥见的产品，或者是一些精品蔬菜水果等。欠发达地区要想实现农业现代化的跨越式发展，要善于借助"互联网＋"金融平台寻求多渠道的资金支撑。欠发达地区开展基于互联网的农业众筹可能还需经历漫长、艰苦的市场培育阶段，区域内的农业经营主体、地方政府获得农业众筹的机会还将比较困难。但欠发达地区还是要尽快加快实施和参与"互联网＋"金融发展的布局，探索出适宜的金融合作模式。

（一）主动参与发达地区互联网金融平台的合作

欠发达地区要同发达地区的主要互联网企业建立合作关系，积极参与各种互联网金融平台的业务扩展，争取各种形式的天使投资、风险投资基金等对区域内其他"互联网＋"投资的引领作用。例如，阿里集团正在布局互联网与农业深度融合的产业链模式，计划将农村电商依托于旗下整个生态圈发展，支付宝、余额宝、招财宝、蚂蚁微贷等业务都已同农村挂钩，未来运用大数据将直接介入农村金融市场，满足农民的资金需求。"一亩田"既是交易平台，也是用户的增信平台，每一个用户通过一亩田交易后便开始拥有信用资产。在此基础上，"一亩田"也开始提供包括短期周转贷、订单农业贷在内的金融服务，同时结合农业市场，创新、提供更多的金融服务形式。云农场作为中国首家农业互联网高科技企业，近年来也逐步形成了"农资O2O＋农产品B2B交易平台＋农业高科技增值服务＋基于大数据"的供应链金融。[①] 欠发达地区政府部门和农业经营主体要采取积极措施，主动与这些互联网金融平台合作，尽可能创造出更多的互联网金融贷款机会。

（二）积极开展区域金融机构合作

国家鼓励各类金融部门对农民合作经济组织实施倾斜贷款政策。欠发达地区政府要与国有银行、大型商业银行、政策性银行进行协商，推动银行业、金融机构加快与农业现代化相关的金融产品和服务

---

① http://news.sina.com.cn/o/2015-07-28/102432154732.shtml.

创新；鼓励开发性金融机构为区域内的"互联网＋"农业重点项目建设提供有效的融资支持，加大贷款投放力度，建立面向本地区的、特有的"互联网＋"农业发展金融体系。

（三）积极利用国家财政支持政策

国家正在完善政策性金融支持模式，切实加大对农民合作经济组织的信贷支持力度。欠发达地区要积极争取国家科技计划、创新创业扶持计划、各类财政专项资金，为符合条件的"互联网＋"农业经营主体的发展筹备资金，支持适应性优势集成服务平台、AFNs规模化服务平台、农业产业链集成服务平台以及农业产业融合发展服务平台的建设。此外，欠发达地区政府还要向上一级部门争取出资，设立有关基金投向"互联网＋"农业，尽可能地建立"互联网＋"农业创新风险补偿机制，减少区域农业经营主体的创新创业风险。

（四）充分动员区域内外的社会资金

2017年中央一号文件指出，当前经济下行压力较大，财力增收困难，要想增加政府对农业农村的投入，就必须通过有效的整合和撬动社会资金。"整合"就是通过对存量资金进行统筹整合，集中力量把应该办的事情办好。"撬动"就是用财政资金作"药引子"，发挥四两拨千斤的作用，撬动更多的社会和金融资本，投入农业和农村的建设。欠发达地区要发展"互联网＋"金融相关的中介机构和民间投资机构，更好地满足区域农业经营企业和个人涉足农业现代化的投融资需求，特别是要引导发达地区社会资本投入与欠发达地区农业现代化相关的重大项目。

第六节　规避欠发达地区农业现代化的误区

农业现代化对区域农业经营主体的思想观念、经营方式和区域农业发展战略等方面提出了变革的要求。欠发达地区要准确把握农业现代化的发展趋势，重在寻找差距，循序渐进地打好基础，按照适应性优势挖掘、比较优势培育、竞争优势提升和竞争优势溢出等步骤，逐步建设 AFNs、完善农业产业链结构和运营互联网服务平台，理性地逐步推进区域农业现代化进程。然而，互联网高度渗透的现代社会更具有高度不确定性，随着农业现代化进程的推进，一些农业信息失真、网络安全、风险放大等问题逐渐产生。欠发达地区政府和经营主体要尽量避免发达国家和地区农业现代化进程中产生的一些问题，重点排除互联网惯性思维、互联网基础认知偏低以及电商创业泛化的干扰，确保欠发达区域能因地制宜，适时、适量、适度地与我国全面实现农业现代化的战略对接。

（1）避免"互联网＋"农业发展的盲目化倾向。

"互联网＋"农业受到国家政策的支持，也是欠发达地区推进农业现代化的重要手段，但"互联网＋"农业发展中蕴含的风险因素必须引起欠发达地区的关注。

1）国家宏观经济层面的风险。近几年来，很多风险投资大量集聚在了"互联网＋"领域，部分与"互联网＋"相关的高科技股估值特别高。在我国 A 股市场，目前 TMT 领域的公司本益比已经接近 100 倍，有的甚至达到数百倍，很多"互联网＋"题材公司存在严重的泡沫。但面对制造领域产能过剩、整体经济增长动力不足的现状，互联网作为我国经济增长的新引擎，有关制度红利将会随着行政改革的深入得到进一步释放，一段时期内还不存在"互联网＋"泡沫大规模破灭的可能。然而，欠发达地区必须清楚地认识到其中的风险，防止有关企业或部门盲目利用"互联网＋"农业的概念进行激进的改革。

2）欠发达地区"互联网＋"农业实践层面的风险。自然因素对欠发达地区农业生产的影响还将发挥主导作用。虽然 AFNs 能从一定程度上锁定区域城镇消费群体，降低了欠发达地区农产品的市场竞争风险，同时"互联网＋"农业也能为区域农业结构调整和农产品加速流通提供有力支撑，市场经济的内在契约性约束也越来越被农民所了解，但面对自然风险的不可控性，欠发达地区农业主体仍有可能被迫违约。当违约责任被农业主体归咎于互联网的负面性因素时，就难免会滋生抵触互联网的情绪，其结果不排除会出现"农业—互联网"的现象。

欠发达地区管理部门或农业经营主体容易忽略自身和区域发展的实际情况、市场需求以及经营环境的变化趋势，盲目地听从互联网从业人员或信息化人员的互联网化建议，导致企业互联网应用的投资规模、建设重点、发展路径与企业实际经营情况、当地互联网基础设施及市场发展现状不匹配。最终，给农业经营主体造成过多的沉没成本，甚至是互联网投资黑洞，拖累农业主体的正常经营。

（2）避免农业现代化的形式化倾向。

由于欠发达地区在互联网理念、农业主体素质、基础设施、经营习惯、区域文化等方面的阻碍，农业现代化在区域普及的速度和难度均较大。但是，欠发达地区农业主体在经历长时间的发展困境之后，面对农业现代化的政策导向，有可能放大其带来的机遇，而忽略了其实施的难度和风险。然而，在进行阶段性、运动式的参与和试经营运作后，如果没能及时看到收益，经常又会停滞发展，甚至是形式化发展，造成很大的人力、物力和财务的浪费。欠发达地区农业经营主体参与农业现代化建设要把握特色、挖掘潜力、逐渐突破，需要经历一个多阶段的过程。如果欠发达地区在政策导向面前仅仅是进行"互联网＋"农业的运动式发展，不仅会浪费本来就短缺的资金，而且还会丧失在"互联网＋"时代的新的发展机会，进而使其与发达地区农业发展的差距越来越大。

（3）避免农业现代化的过度电商化倾向。

在我国农业现代化实践中，发展最迅速、最引人关注的是农产品电子商务。很多农业经营主体认为开辟了电商平台，或者进行了网络营销就等于实现了"互联网＋"农业或农业现代化。农业现代化应该着眼于整条农业产业链集成以及三产的融合而不仅仅是其中某一环节的互联网改造。农产品电商只是"互联网＋"农业的一部分，也是农业现代化中的一个点，只能作为欠发达区域接触互联网、感受"互联网＋"农业发展效益的先导环节。农产品电子商务发展能迅速开展是因为其技术和商业运作模式比较成熟，能满足特定消费者的生态性消费需求以及消费的便利性，因而易被整体转型难度较大的农业经营主体所接受，也能起到立竿见影的效果。但是，互联网真正的作用在于通过便捷的市场化交易和越来越激烈的产品竞争来反向促进农业物流、生产以及服务的投资、标准化和信息化。倘若农业经营主体仅仅把电商当成一个新生业务渠道，或者把互联网业务当成一个新业务模块而非战略方向，则难免会产生与自身线下渠道恶性竞争的后果，导致内部资源耗损，而真正需要"互联网＋"投入的生产过程和产业链集成则要经历漫长的过渡期，从而使欠发达地区进一步落后于"互联网＋"农业发展浪潮。

（4）避免农业现代化基础投资失控倾向。

欠发达地区农业现代化要利用"互联网＋"实现升级，要在基础设施改造、新农人培养、服务平台建设和政策支撑方面进行大量的投资，这将会给很多欠发达地区农业现代化带来较为沉重的投资压力，这种压力最终会转化为农产品终端的消费价格。多数农产品是生活必需品，具有很高的消费价格弹性，高价位会削弱农产品的替代性竞争力，从而形成不利于 AFNs 建设和发展的区域经济环境。如果欠发达地区农业经营主体的基础改造成本、生产成本和管理成本较高，将会导致其终端产品价格超高，从而进一步抑制区域产品的消费。在这种情况下，无论是"有机食品"，还是"有机农场"都有可能会被更多的近距离城镇消费市场所拒绝，导致其优势无法发挥。"互联网＋"驱动的欠发达地区农业现代化之所以分为多阶段进行，其中很重要的原因就是避免高额的投资给区域政府和经营主体带来沉重的压力，从而失去改造现有生产或运营方式的积极性。欠发达地区只有在稳定区域市场，挖掘出一定的产品特色之后，才能有动力和实力进行较高的规模化投资。

（5）避免农产品生产中心化倾向。

从农业经营主体的角度看，最容易掌控的是农产品生产过程。互联网、物联网技术的发展使基础设施投资和技术改造变得相对容易，但"互联网＋"驱动的农业现代化不仅限于农业生产技术创新，更包括涉农体制机制创新、企业管理创新、市场运作模式创新、服务平台创新，如何将农业生产与"互联网＋"形态下的市场运作、管理变革联系起来，获得竞争优势，则是农业主体面对的难点问题。农业现代化要求经营主体从生产、市场运作、管理机制、组织模式等方面都要进行全新的升级，生产环节的智能化并不是农业现代化的全部。在资源有限的情况下，欠发达地区农业经营主体要围绕自身的技术、生产、市场现状，利用"互联网＋"手段，从生产、市场运作、管理机制、组织模式、物流等角度找到最具有能量的引爆点，将有限的资金投入到最能盘活整个农业产业链的环节上，快速地获得稳定的收益来源，再按照农业现代化的多阶段化思路，逐渐实现农业现代化的全面升级。

（6）避免忽视区域农民的经济利益倾向。

欠发达地区农业现代化不能借着"互联网＋"农业的概念引起一轮投资泡沫，关键点还是以 AFNs 建设为突破口，分阶段改造和完善区域农业产业链，并利用"互联网＋"技术优势服务于改造和完善过程，从而实现农业产业链升级和三产融合发展。在这个过程中，要充分调动区域传统农业主体、新型农业主体以及其他利益相关者的积极性。为此，需要将提高区域各类农业主体的收益与农业现代化进程统一起来，而不是打着农业现代化的旗号到农村去圈地。只有真正符合国家有关扶贫政策要求，将农业现代化与农业主体利益缔结在一起的农业现代化路径才能为农民增收提供实质性的帮助。如此，农业现代化才能获得区域农业主体发自内心的认可和参与的主动性，才能形成具有可持续性的农业现代化内生动力。

参考文献

［1］2017 中央一号文件：《中共中央——国务院关于深入推进农业供给侧结构性改革——加快培育农业农村发展新动能的若干意见》，《光明日报》2017 年 2 月 6 日，第 1 版。

［2］《2014 年中国农业互联网行业分析报告—问题及发展方向》，吾谷网，http：//news. wugu. com. cn/article/20141119/390474. html，2014 年 11 月 19 日。

［3］《产品电商站上风口，雷军看上一亩田》，《21 世纪经济报道》，http：//it. gmw. cn/2015 – 05/19/content_ 1570 8709. htm，2015 年 5 月 19 日。

［4］《农产品电子商务面临的三大问题》，比特网，http：//net. chinabyte. com/86/12646586. shtml。

［5］《云农场首席传播官田丰：探寻互联网 + 农业融合之路》，http：//news. sina. com. cn/o/2015 – 07 – 28/102432 154732. shtml。

［6］蔡昉：《在"全面"上着眼在"短板"上着力》，《中国农村经济》2016 年第 10 期。

［7］曹新武、李世成、谢树军：《比较优势与竞争优势在品牌农业中的运用》，《科技情报开发与经济》2008 年第 19 期。

［8］陈辉：《互联网 + 农业大潮来袭》，新华网：http：//news. xinhuanet. com/info/2015 – 05/31/c_ 134280 598. htm，2015 年 5 月 31 日。

［9］陈诗波、李崇光：《农产品绿色供应链管理与食品安全问题研究》，http：//jgxs. njau. edu. cn：8011/info_ Show. asp？ArticleID =702。

［10］陈文胜：《论中国农业供给侧结构性改革的着力点——以区域地

标品牌为战略调整农业结构》，《农村经济》2016 年第 1 期。

[11] 陈晓华：《"互联网＋"农业能解决三大问题》，新华网，ht-tp：//news. xinhuanet. com/food/2015 – 07/27/c_ 1116051704. ht-ml，2015 年 7 月 27 日。

[12] 程承坪、谢雪珂：《日本和韩国发展第六产业的主要做法及启示》，《经济纵横》2016 年第 8 期。

[13] 戴孝悌：《产业链视域中的法国农业产业发展经验及其启示》，《江苏农业科学》2012 年第 9 期。

[14] 丁勤、田甜：《〈垄上行〉：服务成就价值》，《中国广播电视学刊》2012 年第 8 期。

[15] 董越勇、管孝锋、陶忠良等：《应用先进实用信息技术促进农村基层信息化模式的构建》，《浙江农业学报》2011 年第 5 期。

[16] 高峰、亓秀华：《我国农业产业集群形成机理分析》，《青岛农业大学学报》（社会科学版）2008 年第 2 期。

[17] 高志敏、彭梦春：《发达国家农业社会化服务模式及中国新型农业社会化服务体系的发展思路》，《世界农业》2012 年第 12 期。

[18] 郭茹、原伟鹏、刘新平、张琳：《中国农村改革与农业现代化发展探讨——基于供给侧结构性改革的视角》，《改革与战略》2017 年第 2 期。

[19] 韩秉智：《以集约式经营为着力点突破西部欠发达地区农业发展的瓶颈》，《农业经济》2015 年第 2 期。

[20] 和龙、葛新权、刘延平：《我国农业供给侧结构性改革：机遇、挑战及对策》，《农村经济》2016 年第 7 期。

[21] 贺东航、牛宗岭：《"五化同步"引领综合扶贫改革》，《光明日报》2015 年 5 月 20 日，第 13 版。

[22] 胡志全、朱殿霄、侯丽薇、王东阳：《实现我国工业化与农业现代化协调发展的探讨——基于生产三要素的比较》，《农业经济问题》2016 年第 7 期。

[23] 黄建军：《我国农业产业集群发展的困境与对策》，《江淮论坛》

2010 年第 3 期。

［24］姜长云：《关于构建新型农业经营体系的思考——如何实现中国农业产业链、价值链的转型升级》，《人民论坛》2014 年第 1 期。

［25］李宾、孔祥智：《工业化、城镇化对农业现代化的拉动作用研究》，《经济学家》2016 年第 8 期。

［26］李春海：《新型农业社会化服务体系框架及其运行机理》，《改革》2011 年第 10 期。

［27］李海舰、田跃新、李文杰：《互联网思维与传统企业再造》，《中国工业经济》2014 年第 10 期。

［28］李克强：《用工业的方式发展现代农业》，中国政府网，http：//www. gov. cn/xinwen/2015－07/25/content_ 2902475. htm，2015 年 7 月 25 日。

［29］李飒：《农业技术创新对美国农业发展的贡献研究》，《世界农业》2014 年第 4 期。

［30］李微：《学习型竞争性联盟的不稳定性分析》，《科技进步与对策》2011 年第 15 期。

［31］李燕琼、张学睿：《基于价值链的农业产业化龙头企业竞争力培育研究》，《农业经济问题》2009 年 1 期。

［32］刘春香：《比较优势与竞争优势相结合：农业国际竞争力的分析框架》，《农村经济》2005 年第 5 期。

［33］刘定华、胡迎春、孙建星：《美国农业发展的特点及启示》，《农业发展与金融》2012 年第 11 期。

［34］刘丽伟：《美国农业信息化促进农业经济发展方式转变的路径研究与启示》，《农业经济》2012 年第 7 期。

［35］刘蕲武、张望、张峰：《从〈垄上行〉看地方电视台涉农栏目运营方式》，《新闻世界》2011 年第 6 期。

［36］刘松：《区域媒体驱动的农资流通网络绩效分析与优化》，《湖北农业科学》2015 年第 21 期。

［37］刘松：《区域农业竞争优势的培植与发展研究综述》，《湖北农

业科学》2013 年第 2 期。

[38] 刘松：《弱势农业主体发展模式研究》，《湖北农业科学》2014
年第 2 期。

[39] 刘昭云：《欠发达地区发展绿色经济的战略取向与对策研究——
以广东省梅州为例》，《国土与自然资源研究》2011 年第 4 期。

[40] 刘志民、刘华周、汤国辉：《特色农业发展的经济学理论研
究》，《中国农业大学学报》（社会科学版）2002 年第 1 期。

[41] 卢丽娟：《含退出期权的动态联盟控制路径规划》，《系统工程
理论与实践》2008 年第 5 期。

[42] 芦千文：《关于调整粮食安全保障思路的思考》，《山西农业大
学学报》2016 年第 7 期。

[43] 陆地：《〈垄上行〉成功因素解析》，《现代视听》2007 年第
2 期。

[44] 陆继霞：《替代性食物体系的特征与发展困境——以社区支持农
业和巢状市场为例》，《贵州社会科学》2016 年第 4 期。

[45] 罗丹、陈洁：《域外经验、当下状况与中国特色农业组织体系
构建》，《改革》2013 年第 3 期。

[46] 聂华林、杨敬宇：《特色现代农业是我国西部农业现代化的基
本取向》，《农业现代化研究》2009 年第 5 期。

[47] 乔颖丽、李云贤、吉晓光：《区域生鲜农产品产业链模式演进
的阶段性特征分析——基于比较优势理论与竞争优势理论的分
析》，《河北北方学院学报》（自然科学版）2009 年第 5 期。

[48] 苏德悦：《农村电商，借势互联网＋农业起飞》，中国信息产业
网——人民邮电报（北京），http：//news. 163. com/15/0728/
10/AVJRTPFJ00014AED. html，2015 年 7 月 28 日。

[49] 孙瑞玲：《中国现代农业建设的路径与模式选择》，《洛阳师范
学院学报》2008 年第 2 期。

[50] 田世海、高长元：《基于 Web Services 的高技术虚拟企业信息集
成》，《中国软科学》2006 年第 6 期。

[51] 王国立：《绿色发展如何用好优势》，《人民论坛》2011 年第

5 期。

［52］ 王录仓、武荣伟、梁炳伟、张钦、刘华军：《中国农业现代化水平时空格局》，《干旱区资源与环境》2016 年第 12 期。

［53］ 王铁：《论我国欠发达地区农业现代化进程中的突出问题及对策》，《前沿》2015 年第 1 期。

［54］ 王艳华：《"互联网＋农业"开启中国农业升级新模式》，《人民论坛》2015 年第 8 期。

［55］ 王宇：《调查称产粮大县多是财政穷县——危及国家粮食安全》，新华网，http：//news. sohu. com/20150823/n4195100 92. shtml。

［56］ 魏延安：《互联网农业的三大模式》，安徽农网，http：//www. ahnw. gov. cn/2006nwkx/html/201404/%7B3095DCBE－0D28－46A7－B384－7F54C443A989%7D. shtml。

［57］ 吴仲斌、刘斌樑：《准确把握新型农业社会化服务体系建设的四个关键问题》，《中国财政》2013 年第 8 期。

［58］ 徐立成、周立：《"农消对接"模式的兴起与食品安全信任共同体的重建》，《南京农业大学学报》（社会科学版）2016 年第 1 期。

［59］ 杨波：《"社区支持农业（CSA）"的流通渠道分析：基于和主流渠道对比的视角》，《消费经济》2012 年第 5 期。

［60］ 杨菲：《专家称富碳农业呼唤产业政策》，人民网——财经频道，http：//finance. people. com. cn/n/2014/0304/c1004－24527272. html，2015 年 3 月 4 日。

［61］ 杨涛、朱博文：《关注"小三农"：农资经销企业发展的基石——基于湖北垄上行新公社的案例》，《商场现代化》2012 年第 2 期。

［62］ 杨维汉、赵超：《让生产方式与生活方式更加"绿色化"——专家解读中央政治局审议通过的加快推进生态文明建设的意见》，《农业农村农民》2015 年第 4 期。

［63］ 杨秀蓉：《外生比较优势、内生比较优势与竞争优势的内涵分

析——以湖南农业为例》,《农村经济》2009 年第 11 期。

[64] 张成玉:《土地经营适度规模的确定研究》,《农业经济问题》
2015 年第 11 期。

[65] 张贵友、章辉:《欠发达地区现代农业发展问题与对策》,《宏
观经济管理》2010 年第 8 期。

[66] 张有闻、洪德良:《现代农业与欠发达地区农业经济增长方式
的转变》,《农业考古》2007 年第 3 期。

[67] 张照新、赵海:《新型农业经营主体的困境摆脱及其体制机制
创新》,《改革》2013 年第 2 期。

[68] 赵大伟:《互联网思维"独孤九剑"》,机械工业出版社,2014
年版。

[69] 赵树锋:《欠发达地区如何推进农业现代化》,《学习月刊》
2015 年第 11 期。

[70] 赵芝俊、陈耀:《互联网 + 农业:理论、实践与政策——2015
年中国技术经济学会农业技术经济分会年会综述》,《农业技术
经济》2015 年第 11 期。

[71] 朱萍:《"互联网 +"催生农产品线上交易万亿市场——一亩田
粘着泥巴搞电商》,《21 世纪经济报道,http: //epaper. 21so. co
m/html/2015 - 07/27/content_ 133910. htm? div = - 1,2015 年
7 月 21 日。

[72] Choi Y. H. , Kang D. W. , Chae H. , Kim. K. S. , "An enterprise
architecture framework for collaboration of virtual enterprise chains",
The International Journal of Advanced Manufacturing Technology,
2007, 35 (6): 1065 - 1078.

[73] Emanuele Blasi, Clara Cicatiello, Barbara Pancino, Silvio Franco,
"Alternative food chains as a way to embed mountain agriculture in
the urban market: The case of Trencher", *Agricultural and Food E-
conomics*, 2015, 3 (3): 1 - 13.

[74] F. F. Aidarbako, A. A. Barlybaev, U. A. Barlybaev, I. A. Sitnova,
V. T. Saitbatalova, "State support for the modernization of the indi-

vidual family sector of the rural economy（Based on the Example of the Republic of Bashkortostan）", *Studies on Russian Economic Development*, 2016, 27（3）: 291 – 297.

[75] F. Füsun Tatlldil, Ismet Boz, Hasan Tatlidil, "Farmers'perception of sustainable agriculture and its determinants: A case study in Kahramanmaras province of Turkey", *Environment, Development and Sustainability*, 2009, 11（6）: 1091 – 1106.

[76] Ina Opitz, Regine Berges, Annette Piorr, Thomas Krikser, "Contributing to food security in urban areas: Differences between urban agriculture and peri – urban agriculture in the Global North", *Agriculture and Human Values*, 2015（8）: 1 – 18.

[77] Kisan G. , Jonathan P. , Jan D. , "FAO/WFP crop and food security assessment mission national Association of Agricultural Economists Conference", Gold Coast, Australia, Zimbabwe, Food and Agriculture Organization of the United Nation, 9 August, 2010: 1 – 34.

[78] Liu S. , Gao C. Y. , "Methods for comprehensively evaluating the contribution of each partner to a high – tech virtual enterprise" // "2009 international conference on management science and engineering", Moscow, Russia: IEEE, 2009（1）,: 315 – 321.

[79] Liu S. , "Cooperation performance analysis and optimal solutions for a regional agricultural service network" // "8th international conference on service systems and service management", Tianjin, IEEE, 2011: 332 – 336.

[80] Loch D. S. , Boyce K. G. , "Balancing public and private sector roles in an effective seed supply system", *Field Crops Research*, 2003（84）: 105 – 122.

[81] Marion Casagrande, Joséphine Peigné, Vincent Payet, Paul Mäder, José Manuel Blanco – Moreno, et al. , "Organic farmers' motivations and challenges for adopting conservation agriculture in Europe",

Organic Agriculture, 2015 (10): 1 – 15.

[82] Michael E. Porter. , "Clusters and the new Economics of Competition", *Harvard Business Review*, 1998 (12): 77 – 89.

[83] Michaela J. Barnett, Weston R. Dripps, Kerstin K. Blomquist , "Organivore or organorexic? Examining the relationship between alternative food network engagement, disordered eating, and special diets", *Appetite*, 2016 (105): 713 – 720.

[84] Mohammad Hossein Anisi, Gaddafi Abdul – Salaam, Abdul Hanan Abdullah, "A survey of wireless sensor network approaches and their energy consumption for monitoring farm fields in precision agriculture", *Precision Agriculture*, 2015, 16 (2): 216 – 238.

[85] Organization for Economic Co – operation and Development, "Local economic and employment development: Business clusters promoting enterprise in central and eastern europe", OECD Publishing, 2005: 1 – 12.

[86] Qiguo Zhao, Jikun Huang, "Roadmap of agricultural modernization and intelligentization science and technology development. agricultural science & technology in China: A Roadmap to 2050", *Springer – Verlag Berlin Heidelberg*, 2011: 127 – 140.

[87] SASSI M. , "Agricultural convergence and competitiveness in the EU – 15 regions" // "The International Association of Agricultural Economists Conference", Gold Coast, Australia, 2006: 1 – 19.

[88] Schoonbeek L. , "A dynamic stackelberg model with production – adjustment costs", *Journal of economics*, 1997, 66 (3): 271 – 282.

[89] Shu – Chin Huang, John Lew Cox, "Establishing a social entrepreneurial system to bridge the digital divide for the poor: A case study for Taiwan", *Universal Access in the Information Society*, 2014 (9): 1 – 18.

[90] Sporleder, L. Thomas, "The Importance of the Food and Agricul-

ture Cluster to the Economy of Licking County Ohio", AED Economics Report (AEDE – RP – 0118 – 09). The Ohio State University, Columbus, Ohio, January 2009: 1 – 39

[91] S. Aciksoz, "The Cluster of Urban Agriculture: Case of Bartin – Turkey", *ARIM Bilimleri Dergisi*, 2009, 15 (4) 348 – 357.

[92] Theresa Schumilas, "Alternative Food Networks with Chinese characteristics", Canada, Waterloo,: University of Waterloo, 2014: 3 – 5.

[93] Thomas R., Christopher B. Barrett, Johan F. et. al., "Difficulties in African Agricultural Systems Enhancement?", *World Development*, 2009, 37 (11): 1717 – 1727.

[94] Zhibo Pang, Qiang Chen, Weili Han, Lirong Zheng, "Value – centric design of the internet – of – things solution for food supply chain: Value creation, sensor portfolio and information fusion", *Information Systems Frontiers*, 2015, 17 (2): 289 – 319.